清朝大崩溃

季宇 / 著

江苏凤凰文艺出版社

目 录

一、摄政王的悲哀 …………… 1

二、康熙历案与帝国闹剧 …………… 19

三、太平天国悲歌 …………… 51

四、捻军的最后一击 …………… 71

五、刘铭传的无奈 …………… 91

六、1898：短命的变法 …………… 115

七、袁世凯：权力的游戏 …………… 133

八、徐锡麟的血性 …………… 155

九、1911年的谋杀案 …………… 179

十、大清帝国 …………… 197

一、摄政王的悲哀

十二月的塞外已进入寒冬季节。朔风凛冽，万里荒漠，一片萧瑟。就在这样的天气里，从远离北京八百多里的喀喇城传来了皇父摄政王多尔衮的死讯。这个消息来得十分突然，自然引起种种猜测。据事后对外公布的消息说，摄政王狩猎时从马上摔下来，伤了膝盖，因为处置不当，抹以凉膏，导致病情恶化。但这种说法似乎很难让人相信。

喀喇城即今天的河北滦县。多尔衮病逝的时间是在清顺治七年（1650年）十二月初九日夜间，时年三十九岁。多尔衮由于常年征战，年逾三十之后，身体每况愈下。史料记载，他患有风疾、痰疾和偏头痛等多种疾病。不过，就在他离世的当年，身体尚健，起码表面上是如此。因为正月他还纳肃王之妻；五月，至连山迎朝鲜国之女成婚；虽然下半年生了一场大病，险些不起，但到十一月下旬，病情已有好转，此后他专程前往古北口外狩猎解闷儿，没想到十几天后便传出了死讯。

多尔衮是清太祖努尔哈赤的第十四子，他是对大清王朝的建立有大功的人。用清史大家孟森先生的话说，"清入关创业，为多尔衮一手所为"，并说"其功高不干帝位，为自古史册所仅见"。——评价之高，实不多见。

不过，如同众多历史人物一样，对于多尔衮有说好的，也有说坏的。虽然他定鼎北京，统一中原，厥功至伟，但他入关之初，推行三大弊政，对汉人的镇压也极为残酷，光一个"剃发令"就不知多少人头落地。可是，尽管负面的评价不少，但他的功绩谁也否定不了。大清的前身是后金汗国。它是由大清鼻祖努尔哈赤亲手开创。之后，皇太极继位，改女真为满洲，定国号为大清，两征朝鲜，三征蒙古，功劳也有目共睹。然而，真正率兵进关，入主中原，摄政七年，奠定了清帝国三百年基业的却是多尔衮。

纵观顺治朝十八年，前七年的朝政几乎是由多尔衮一人说了算。他不是皇帝，胜似皇帝，而他的悲哀也正在这里。因为权力再大，毕竟不是皇帝。帝与臣，一字之差，却差之十万八千里。其实，多尔衮本来是有机会当皇帝的。不仅有，而且还不止一次，但都阴差阳错，失之交臂，这对他来说不能不是一个遗憾。

天命十一年（1626年）八月，多尔衮的父亲、大清的开创者努尔哈赤死于沈阳以南的瑷鸡堡，终年六十八岁。关于努尔哈赤的死，有多种说法。最流行的说法是死于炮伤。自天命三年（1618年），努尔哈赤发动对明的战争以来，短短几年便横扫辽东，直逼山海关。明军望风披靡，溃不成军。然而，谁也想不到的是，小小的宁远城却成了努尔哈赤的伤心之地。

宁远，即今天的辽宁兴城，距沈阳约三百里。当时驻守宁远的是宁前道参政袁崇焕，他手上的兵力满打满算不过区区两万，面对努尔哈赤二十万大军，这几乎是一个绝望的抵抗。没有人认为他能守住宁远，包括他的上司高第（时任兵部尚书）在内。他下令袁崇焕撤回关内，不要做无谓的牺牲，但袁崇焕义无反顾，决心以死相拼。他说："官此当死此，我必不去。"意思是说，我是宁前道参政，与宁远共存亡是我的职责。我哪儿也不会去，我在此做官，就应当死在这里。这就是袁崇焕的回答，也是他的誓言。

民不畏死，奈何以死惧之？将不畏死，奈何以强惧之？一个人如果连死都不怕了，那结果就难以预料了。果然，袁崇焕创造了奇迹。他不仅守住了宁远，而且重创后金大军。这是一次不可思议的胜利，袁崇焕以自己的决心和勇气，击溃了强大的对手。而在这次战斗中，最大亮点便是他使用从澳门运抵的红夷大炮有效地杀伤了敌军，并使凶悍的八旗军付出了惨重的代价。从宁远退兵几个月后，努尔哈赤便含恨而死。

努尔哈赤一死，便有人说，他的死是由于宁远之战受炮伤所致，尽管后金拒不承认，但这种可能并不排除。红夷大炮，又称红衣大炮，是来自西洋的新式武器。这种火炮不仅射程远，而且炮口具有旋转功能，炮火覆盖面达二百七十度范围。1621年3月，后金连克沈阳、辽阳，形势危殆，崇祯皇帝急召西方传教士协造火炮。宁远之战前从澳门运抵该城的红衣大炮有十一门，炮手经过葡萄牙教官的训练，在战斗中发挥了极大的威力。《清史稿》中称："天寒土冻，凿城不隳，城上放西洋砲，（后金军）颇伤士卒，乃罢攻。"说明西洋火炮是造成后金"罢攻"的重要原因之一。另据《明熹宗实录》称，交战中明军大炮击中后金一大头目，手下官兵放声大哭，用红布包裹将其抬走。这个大头目是谁？《实录》中并未交代，不过有人认为，这个被击中的人可能就是努尔哈赤。这个推断不无道理。确实，如果不是努尔哈赤受伤，后金岂肯轻易退兵？

当然，这一说法只是推测，未有定论。关于努尔哈赤的死，另一说法是因"身患毒疽"而亡。据清太祖、高皇帝两朝实录说，虽然宁远失利，但努尔哈赤并未停止征战。他还发兵喀尔喀，帮助蒙古科尔沁部平乱。之后，当科尔沁部贝勒奥巴前来晋见时，他还亲率贝勒、大臣，出郊十里迎接，似乎看不出伤重的样子。《清史稿》上说："秋七月，上不豫，幸清河汤泉。八月丙午，上大渐，乘舟回。庚戌，至爰（瑷）鸡堡，上崩，入宫发丧。"从这些记载中都看不到努尔哈赤的死与炮伤有关。

尽管对努尔哈赤的死因存在不同看法，但宁远之战无疑是他心头之痛。《清太祖武皇帝实录》上说："帝自二十五岁征战以来，战无不胜，攻无不克。惟宁远一城不下，遂大怀忿恨而回。"《东华录》上也说，兵败宁远后，汗王曾不无唏嘘地对左右言："朕自二十五岁征伐以来，战无不胜，攻无不克，何独宁远一城不能下耶？"其懊丧之情，溢于言表。

努尔哈赤死后，汗位继承旋成焦点。由于努尔哈赤生前没有立储，这就留下了巨大的悬念。其实，努尔哈赤生前不是不想立储，而是没有找到一个满意的。他立的第一个太子是长子褚英。可褚英辜负了他的期望。他不仅心胸狭窄，跋扈嚣张，而且贪婪霸道，尤其是虐待诸弟，恃强凌弱，结果搞得天怨人怒，导致他的兄弟们联合诸臣一起向汗王告状。最后褚英被废，凄惨而死。

褚英死后，努尔哈赤第二个想立的是次子代善。代善与其兄长褚英为一母所生，手中掌握八旗中的正红、镶红两旗，军功卓著，地位显赫。当初努尔哈赤设立四大贝勒，以佐国政，代善位列首席，人称大贝勒。太子褚英犯了众怒被扳倒，那个联合诸弟和诸臣带头向父王告状的就是大贝勒代善。褚英一倒，代善上位的机会来了。然而，木秀于林，风必摧之。就在努尔哈赤有意立他为储时，一桩令汗王大动肝火的事发生了。

有人告发代善与大妃乌拉那拉·阿巴亥有染。这可是一个非同小可的罪名。阿巴亥是努尔哈赤的第四任大福晋，十二岁时嫁给努尔哈赤，年轻貌美，并为努尔哈赤生下了三个儿子，即英亲王阿济格、睿亲王多尔衮、豫亲王多铎。努尔哈赤欲立代善为储时曾说过："等我百年之后，大福晋（指阿巴亥）和诸幼子都交给大阿哥（指代善）收养。"他这话的意思是，在他死后代善可收娶大妃。按照满族父死子继、兄终弟及的婚俗，这本不是问题，问题是一切要等到努尔哈赤死后。可是，不知是有意还是无意，自此之后代善与大妃竟在暗中有了来往。也许他们认为这是迟早的事，可这却犯了大忌。有人一状告到努尔哈赤那里。罪证是大福晋多次给大贝勒送食物，还深夜造访大贝勒府，并在一些聚会时打扮得花枝招展，与大贝勒眉来眼去。这些证据虽然看上去并不那么充分，但努尔哈赤还是天颜震怒，不仅严厉处罚了大福晋，而且迁怒于代善。打这以后，代善当太子的希望便彻底断送了。不仅如此，经过这次打击，代善的心性也委顿下来，从此心灰意懒，一蹶不振。

那么，究竟是谁吃了豹子胆，敢于告发大妃和代善呢？而且这事不早不晚偏巧发生在努尔哈赤即将立代善为储的节骨眼上，这难道仅仅是巧合吗？

更蹊跷的是，这个告状者，地位并不高，只是努尔哈赤的一个小妃子，名叫德因泽，由于没有生育，就连《清史稿》都没有记载。可是就是这么一个小人物，居然不计后果，以下犯上，不仅告倒了大妃，而且告倒了即将为储的大阿哥。她哪来那么大的胆量和能量？她的动机是什么呢？难道仅仅是为了争宠吗？在她背后是不是有人指使呢？这些都引起了种种猜测。直到几年后，努尔哈赤病薨，皇太极登上汗位，人们又联想起此事，更相信这件事并不那么简单。如果说在这件事的背后有一只看不见的手的话，那么这只手最大的可能就是皇太极，因为他是这件事最大的受益者。试想，如果代善被立为太子，他还能够顺利地登上汗位吗？

两次立储未成，努尔哈赤失去了信心，开始另谋出路。天命七年（1622年）三月，他发表了八王共执国政的"汗谕"，即由八大贝勒共同主政。这大约也是没有办法的办法。据《满洲老档》载，努尔哈赤召集八贝勒说，八个人的意见总比一个人强，未来的国主由你们共同推举，就不会失败。如果继承汗王的人不听你们的话，你们可以换掉他，拥立听你们话的好人。这就是所谓"八王共治"的原则。按照这个原则，所有的军国大事都得由八王共同商议决定，包括汗位的继承，甚至连汗王本身的权力也要受到制约。在努尔哈赤看来，这是比立储更稳妥的办法，也可避免在他死后发生不必要的汗位之争。

努尔哈赤的想法当然是好的，不过在专制时代，再好的做法最后都得人来执行，这就不可避免要发生偏差。八王共治的原则同样如此。

所谓八王，即八大贝勒。清朝创业，以军队立国，军分八旗，每旗由一贝勒统领，号称八大贝勒。八大贝勒又称八大和硕贝勒。和硕，满语一方土地，而贝勒是清代贵族世袭封爵。和硕贝勒，意为一方之主。在后金时期，贝勒为汗王之下最高爵位（改清后始设亲王、郡王之衔，贝勒之位才降至亲王、郡王之下）。努尔哈赤登基之初，曾立四大贝勒，后又增设四小贝勒，统称八大贝勒。按照八王共治的原则，八王即八大贝勒享有同等权力，但实际上，四小贝勒的地位明显低于四大贝勒，而四大贝勒中影响最大的则是大贝勒代善和四贝勒皇太极。

皇太极是努尔哈赤的第八子，在四大贝勒中排序为四，故称四贝勒。皇太极本非其原名，而是来自满语"黄台吉"的音译。台吉，是蒙古部落首领的一种称呼，使用时前边可加"红"或"黄"。台吉译成汉语有王太子之意。皇太极继承汗位后，有人吹捧他说，此乃天意，因为黄台吉发音即为皇太子，继承汗位也理所当然。后来黄台吉写为皇太极，便成了固定的称呼。

皇太极继承汗位后，有人指责他的汗位系"夺立"，说这话的人就是多尔衮。因为努尔哈赤临终前曾留有遗命，汗位传于十四子多尔衮，由大贝勒代善辅政，待其成年后再行归政。如果按照这道遗命，登上汗位的将不是皇太极而是多尔衮。

然而，这道遗命并没有得到执行。因为它的真实性遭到质疑。努尔哈赤患病后，去清河疗养时，病情加重，准备返回沈阳，曾召大福晋阿巴亥来见。临终前，他口授了"多尔衮继位，代善辅政"的遗命，当时只有阿巴亥一人在侧。努尔哈赤死后，阿巴亥向诸贝勒传达遗命时，四大贝勒并不认可。不仅不认可，而且他们还拿出了另一道遗命。

这道遗命也是努尔哈赤口授的，内容是要求阿巴亥在汗王死后殉葬。遗命中说，大福晋丰美仪而心未纯善，常拂上意。汗王在时尚可制住她，而死后恐乱于国。因此，"我身后必令之殉"。这样的结果大出阿巴亥的意料。她不知道这道遗命真实与否，也不知道这道遗命是早已准备好的，还是在她口传汗王遗命后，四大贝勒拿出的一种反制措施。总之，她一下子被推向了绝境。尽管阿巴亥是一个聪明机巧之人，但她忘了一点，权力是荣耀，也是凶险。一方面是荣华富贵，另

7

一方面则是祸福难测，甚至引来杀身之祸。

阿巴亥当然不愿死，她对汗王的这份遗命同样表示怀疑，可四大贝勒手握重权。他们可以质疑她，而她却质疑不了他们。尽管她身为大福晋，享有国母之尊，但全无用处。万般无奈之下，她提出两个孩子年纪尚幼，需要照顾，请求诸贝勒放过她。阿巴亥说的是实情，当时她的三个儿子，除了阿济格十九岁，已成年外，多尔衮和多铎，一个十五岁，一个十三岁，都还年幼，但问题在于严酷的权力斗争没有丝毫的温情和怜悯可言。四大贝勒心中清楚，阿巴亥是一个危险的对手。除了汗王大福晋的身份外，她的三个儿子中，长子阿济格掌管镶红旗，次子多尔衮、三子多铎分别是正白旗和镶白旗旗主，在八旗中占了三旗，其势力超过了所有的贝勒，包括掌管两黄旗的皇太极。如果让她存在下去，将来他们母子内外结合，这对于任何人都是极大的威胁。因此，阿巴亥必须死，不论她是否口传遗诏，结果都是一样的，而口传遗诏只不过是加速她的死亡而已。

据《清列朝后妃传稿》载，在诸贝勒的苦逼之下，"大妃于辛亥（八月十二日，即努尔哈赤死后第二天）辰刻以身殉焉，年三十有七，与上同殓"，临死前，她哭着对诸贝勒说："吾年十二事先帝，丰衣美食二十六年，何忍离也，但吾二幼子，多尔衮、多铎，幸恩养之。"后自缢而死，一说用弓弦勒亡。

阿巴亥死后，她口传的遗命自然不作数了，之后皇太极登上汗位，多尔衮也失去了第一次称汗的可能。为此，他耿耿于怀，许多年之后，当他成为摄政王后，仍没忘掉这件事，并公开指责皇太极的汗位系"夺立"，显然这口恶气仍未出掉。

皇太极登上汗位后，在位十七年，崇德八年（1643年）驾崩。皇太极一死，多尔衮的机会又来了。如果说，多尔衮第一次与汗位擦肩而过，那时他尚年幼，看着母亲被逼生殉，他内心万般痛苦，却无法改变，只能以泪洗面。然而，这一次情况完全不同。此时的多尔衮已经三十二岁，不再是年幼无知的孩子，而且在皇太极执政期间，他先后参与征战蒙古察哈尔部和朝鲜，并在松锦之战中击败明朝著名将领洪承畴，立下无数军功，其羽翼渐丰，在八旗旗主中地位显赫，并位列亲王，成了皇位最有力的竞争者。

然而，要想登上皇位并非易事。由于皇太极生前没有立嗣，皇位的继承便由诸王共举。当时，有资格继承皇位的不在少数，然呼声高者有三，即礼亲王代善、睿亲王多尔衮和肃亲王豪格。在这三人中，代善虽然年资最高，但由于犯过错误，受过处罚，自感不足，努尔哈赤死后，他主动让位于皇太极，如今年事已高，早对皇位失去了野心，因此对于多尔衮来说，他最大的对手只剩下豪格了。

豪格是皇太极的长子，时年三十五岁，与多尔衮是叔侄关系。虽然他辈分小于多尔衮，但年龄却比乃叔大三岁。豪格久经战阵，军功突出，作为皇长子，在这场皇位争夺中，他得到了上三旗的誓死效忠。所谓上三旗，为正黄、镶黄和正蓝，由皇帝亲统，体制高贵，地位优厚，乃皇帝亲兵。皇太极死后，为了确保自身优势地位不变，上三旗誓死拥立豪格，甚至不惜以武力相向。这是豪格的一个优势所在。

不过，相比之下，多尔衮的实力也不弱。支持他的有正白、镶白两旗，还有他的胞兄弟英郡王阿济格、豫亲王多铎，也坚定地站在他的一边。除此之外，多尔衮还有一个优势，即太祖（努尔哈赤）死后曾有传位于十四子的说法，尽管这个说法是由大福晋阿巴亥口头转述，并没有得到认可，但这毕竟也是一种无形资本，为他增添了筹码。

除了以上五旗各自站边外，剩下的三旗（正红、镶红和镶蓝）尚在观望之中。不过，镶蓝旗旗主、郑亲王济尔哈朗暗中倾向豪格，而由代善父子统领的正红、镶红两旗中也有多人拥戴多尔衮，包括代善之子硕托和代善之孙阿礼达。

双方势均力敌。据《清史稿·索尼传》记载，太宗（皇太极）驾崩五天后，多尔衮曾召索尼至三官庙商议册立之事。索尼是清朝开国功臣，时任正黄旗甲喇章京（相当于参将），为正黄旗重臣。多尔衮找他来，就是为了试探他的态度，没想到索尼旗帜鲜明，一口咬定，先帝有皇子在，要立就立皇子。

索尼的态度当然不是代表他个人，而是代表了两黄旗的立场。多尔衮一听便深感事情棘手。果然，次日开会讨论继位之事时，两黄旗便提前布置。索尼前一晚已得知开会的消息，便与图尔格、图赖和鳌拜等两黄旗大臣盟誓于大清门，誓死拥立豪格，并布置两黄旗兵马围住大殿，形成威慑。

第二天开会的地点是在崇政殿的东庑殿（时皇太极棺木尚停放在殿内），诸王到达后，各按本旗位次而坐。会议一开始，气氛便极为紧张。索尼、鳌拜等两黄旗大臣抢先发言，认为父死子承，非皇子不立。多尔衮见此，并不慌张，尽管两黄旗大臣有备而来，但他早有准备，声称太祖有命，由八王共执国政，臣子不得发言。意思是说，你们资格不够，别在这里乱起哄。索尼等人无言以对，只好退下。剩下来参会的只有诸位王爷，而在诸王中，多尔衮的胞兄弟就占了三人。形势随即发生逆转，开始有利于多尔衮了。

此后，英郡王阿济格（多尔衮的胞兄）和豫郡王多铎（多尔衮的胞弟）先后发言，主张由多尔衮继位。多尔衮沉吟不语，正在考虑如何回应，多铎急了，说："若不允，当立我。我名在太祖遗诏。"所谓太祖遗诏是什么？并不清楚。或许是努尔哈赤生前留下了一份关于继承人的名单，也未可知。多尔衮说："肃亲王（豪格）也在遗诏，不独王（多铎）也！"从他这话判断，遗诏上的名字可能有多人。

多铎说，不立我也行，论长当立礼亲王（代善）。

哪知代善马上就推辞了。他说，睿亲王（多尔衮）答应继位，这是国家之福，否则当立皇子。我老了，哪能任此重任啊？

代善是会议的主持者，他的话虽然两边都不得罪，但仔细玩味，却话中有话，已有倾向于豪格之意。

这一来，豪格的砝码加重。本来局面大好，偏在这个节骨眼上，豪格犯了一个低级的错误。他看到局面翻转，以为事成定局，便故作姿态，假意推让，声称自己"福薄德浅"，难胜大任，并退出了会议。

豪格这样做当然不是要放弃皇位，而是以退为进，欲擒故纵。当年，他父亲皇太极就是这么做的。当时大家要推他继位，他便一再推让，直到众人反复劝进，来来回回折腾了好半天，等到做足了秀才欣然接受。自古谦让就被视作君王的美德，这是一种权力的游戏。然而，玩这种游戏也是有条件的。豪格不是皇太极，皇太极谦让有人劝进，可豪格就不一定了。果然，他一退出大殿就后悔了，因为诸王中根本无人来劝。这一来，麻烦大了，他退出去便进不来了。

眼看局势不妙，两黄旗大臣便一齐佩剑入殿，以死相挟，声称我们受先帝皇恩，如果不立先帝之子为君，我等宁可一死，追随先帝于地下。

面对两黄旗的咄咄逼人，代善以年老不干预政事为由，甩手而去。此后，双方陷入僵局，谁也不肯让步。会议持续多日，最终有人提出了一个折衷方案，即由太宗的另一个儿子，六岁的福临继位，济尔哈朗和多尔衮共同辅政，分掌八旗兵马。这个方案对双方来说，都有所迁就。一方面满足了两黄旗立太子的主张；另一方面，对多尔衮来说，排除豪格，而他作为辅政之一，执掌朝政，也是可以接受的。于是，双方各退一步，问题才勉强解决。

据《沈阳状启》和《清实录》中说，提出这一方案的是多尔衮，称他"思谋出奇"，主张"当立帝之第三子（应为第九子，指福临）"，但也有专家表示反对，认为提出这一方案的并非多尔衮，而是济尔哈朗。尽管这一说法存在争议，但结果对多尔衮都是一样的——在事隔十七年后，他再一次与皇位失之交臂，而且这一次是他距离皇位最近的一次。

福临继位后，关于多尔衮与皇位的话题并没有结束，相反却引起更多的议论。应该说，多尔衮让位于福临，是情势所迫。在当时两派"定议之策，未及归一"

的僵持局面下，如果坚持不退让，势必引起内乱，这是事实。但是，除了这个因素外，还有没有其他原因在起作用呢？皇太极有十一个儿子，除了早死的三个外，尚有八子。那么，为何在剩下的八子中，单单选中了福临而不是其他皇子呢？如果说，多尔衮想挑个年幼的皇子继位便于控制，那么，在福临之下，尚有五岁的第十子韬塞和三岁的第十一子穆博果尔。这其中原因何在？是不是另有玄机？

答案是肯定的。

世上没有无缘无故的爱，也没有无缘无故的恨，即便天上掉馅饼，也不会无缘无故地砸到头上。众所周知，同样生在帝王家，都是龙子龙孙，但皇子和皇子也不一样，有时甚至是天壤之别，原因自然各不相同。而福临上位，拼的是娘。

福临有一个好母亲，她的母亲就是历史上著名的孝庄太后。孝庄太后名叫布尔布泰，出生于蒙古科尔沁博尔济吉特氏家族。该家族的老王爷，即科尔沁部的首领莽古思，是一个有远见的人。他曾先后将自己的女儿哲哲，还有两个孙女布尔布泰和海兰珠嫁给了皇太极。姑侄三人同时嫁给一个人，虽然有悖于汉族伦理，但对北方游牧民族来说不是问题。在莽古思把女儿哲哲和孙女布尔布泰嫁给皇太极时，皇太极在努尔哈赤的子侄中并不是最突出的，在当时也不会有人想到日后他会荣登大宝。因此，要说科尔沁博尔济吉特氏家族是有远见的，一点也不夸张。此后，皇太极继承汗位后，科尔沁博尔济吉特氏家族又把另一位公主海兰珠（布尔布泰的姐姐）嫁给了皇太极，进一步巩固了与爱新觉罗家族的关系。

崇德元年（1636年）七月，皇太极改清称帝后，册封后宫五大福晋。在这五大福晋中，科尔沁博尔济吉特氏一门姑侄就占了三人，即中宫大福晋哲哲，东宫福晋海兰珠和西次宫侧福晋布尔布泰。虽然在五大福晋中，布尔布泰排名最后，但排在前两位的中宫哲哲和东宫海兰珠，一个是她的姑姑，一个是她的姐姐，这样的背景让她的影响力不可低估。

崇德三年（1638年）正月，布尔布泰产下一子，即皇太极的第九子，名为爱新觉罗·福临。在皇太极诸多的皇子中，福临地位尊崇，原因在于他的母亲位列五大福晋之中，虽然不是正宫所出，但较其他皇子仍要高出一头。因为包括皇太极的长子豪格在内，都是庶妃所出，无法相比。正宫大福晋哲哲一直没有产子，东宫福晋海兰珠虽产有一子（皇八子），但命运不济，产下数月便不幸夭折，连个名字都没落下。五大福晋中另两位福晋也没有皇子，只有布尔布泰生下了福临。因此从正宗角度而言，福临最有资格继承帝位，何况他的母亲还是后宫中势力很大，并得到中宫大福晋哲哲全力支持的科尔沁后妃呢？

由此可见，福临登上皇位，并不令人意外。意外的是多尔衮，居然心甘情愿地接受了这一现实。就算皇太极死后，由于各方力量相持，他不得不扶持福临继位，那么随后几年情况则完全不同。特别是清军挥师入关后，多尔衮的威望和影响已达顶点。不仅废除了八王共治的制度，而且排挤掉了另一个辅政的大臣济尔哈朗。他还逼死了豪格，把自己辅政头衔改为摄政，并废除诸王分管六部的旧例，将所有的权力都集中到自己一人之手。后来礼亲王代善病逝，朝中更无制约他的力量。此时的多尔衮可谓乾纲独断，一言九鼎，诸王贝勒、满朝文武已无出其右者。此时的他完全可以废掉福临，君临天下，把失去的皇位重新夺回来。而且他似乎也有过这样的打算，据说他私下里已准备好了龙袍，但最终并没有这样做。

那么，原因何在？历史上有各种说法，而其中最让人津津乐道的便是他与孝庄太后之间说不清道不明的隐秘传闻。

其实，关于多尔衮与孝庄太后之间的事，正史并无记载，更没见到确凿的文献资料，倒是稗史轶闻流传甚广，其中《清朝野史大观》中就有多处记述此事。

其一，多尔衮建都北京后，迎顺治母子入京，其"出入宫禁，时与嫂侄居处，如家人父子然"。当然，那时福临还小，并不懂事，但孝庄太后盛年寡居，认为多尔衮功劳大，且把帝位给自己的儿子，非以身相许不足以报答，"是以遂通焉"。

其二，多尔衮把世祖（福临）迎至北京，与大学士范文程密议，让太后下嫁于己。于是，范文程便在朝上提出倡议，说摄政王功高望重，而又谦虚自持，道德之崇高，确实为古来所无。我们的皇上虽然想报答，又没有办法报答。不过，摄政王既然把皇上视作亲生儿子，那么皇上就应该把摄政王看作自己的父亲。众说可乎？

众答可。

范文程又说，摄政王最近死了王妃，而皇太后又寡居无偶。皇上既然把摄政王看作父亲，就不能让父母分居两处，应该请摄政王与皇后同居一宫。

众又说可。

于是，群臣纷上贺表，由朝廷颁布恩诏，把这一喜事诏示天下。诏文节略如下："太后盛年寡居，春花秋月，悄然不怡。朕贵为天子，以天下奉养太后，只能奉养太后之身，无法奉养太后之心，而圣母因丧偶之故，整天处于愁烦忧郁之中，如此又如何教天下人行孝道呢？皇叔摄政王现刚鳏居，其身份容貌为中国第一人。太后颇愿纡尊下嫁，朕顺应母亲的意愿，敬谨遵行。一应典礼，令相关部门妥为筹办。"

其三，孝庄皇后下嫁睿亲王，以国母之尊，竟以嫁叔，不以为嫌，中国有史以来所未有也。顺治朝有国母下嫁礼仪请旨奏章，顺治三年（1646年）后，群臣上奏都称多尔衮为"皇父"，他的名字与皇帝名字并列。当时上谕也称摄政王为"皇父摄政王"。摄政王死后，其丧仪与皇帝同，并被尊为"成宗义皇帝"。此后，太后出居睿亲王府直至去世，而且死后也没有与先帝合葬。

以上诸条，言之凿凿，不容你不信。当然，除了《大观》一书，清人蒋良骐的《东华录》上也说到顺治临朝后给多尔衮定罪时，有"身到皇宫内院"一语。那么，问题来了，既然"下嫁"真实存在，为何不见正史记载，而那些所谓的诏书、奏章又至今无人见过？对此，野史中也有解释，说是乾隆朝时，大臣纪晓岚看到此事的记载，认为此类丑事不应流传，于是请示乾隆帝，将其删除，因此后世便很少有人知道这件事了。

对于这些说法，有人深信不疑。有好事者甚至凭空附会，认为早在皇太极在世时，多尔衮与太后就有了一腿，而皇太极死后，多尔衮之所以支持福临继位，也与私情有关。还有人大胆假设，认为皇太极的死，也可能是多尔衮和太后合谋暗害所致。当然，这种说法已近于荒谬了。

那么，太后究竟是否下嫁，这件事究竟是否存在？很多学者都持否定的看法。清史大家孟森先生在其《三大疑案考实》中做过详尽的考证。他认为，世传太后下嫁，唯一能见到的文字只有张苍水的那首诗。该诗有十首，其中一首写道："上寿称为合卺樽，慈宁宫里烂盈门。春官昨进新仪注，大礼恭逢太后婚。"合卺樽，指交杯酒；慈宁宫是太后的寝宫，大婚指太后下嫁。张苍水是南明遗臣，曾在南明鲁王政权做事。此诗写于顺治七年（1650年），名为《建夷宫词》，收在《苍水诗集》中，为当时人写当时事，似有所据。张苍水作为明朝遗臣，出于敌对的仇恨，凭借传闻而作此诗加以丑化，并不能令人信服。

这个说法得到了很多学者的认可。事实上，如果仅从"私情论"出发，并把多尔衮放弃皇位，保全福临归结于此，是根本说不通的。

多尔衮是一个枭雄似的人物。他才智超群，野心也很大。尽管他喜好女人，可他并不缺少女人。他的妻妾多达十数人，逼死豪格后，又把豪格之妃纳为己有。他的元妃去世后，他又派人到朝鲜去挑选王族女子为妃。诚然，孝庄太后为了保住他们母子的地位，向执掌大权的多尔衮示好，甚至产生某种情感，这种可能并不排除，但多尔衮绝不可能仅仅因为私情就放弃皇帝的梦想。

实际上，顺治继位后，多尔衮对于皇位并未死心。从现有史料看，这种推测并非空穴来风。《东华录》上说，福临继位三天后，多罗郡王阿达礼来对多尔衮说，你正大位，我就跟着你。固山贝子硕托也派人表忠心，说内大臣图尔格及御前侍卫等人都听我的，王可自立。后来，阿达礼和硕托又跑到代善家中游说，可老于世故的代善装聋作哑并不表态。之后，由于事情泄露，多尔衮便翻脸不认账，杀了阿达礼和硕托以掩盖真相。

多尔衮摄政七年，在这期间他是清王朝的实际统治者。在逐一清除异己之后，他大权独揽，权倾朝野，年幼的小皇帝已根本不在他眼里。他"初称摄政，次称皇父，继而称圣旨"，俨然太上皇。当他进入北京后，明朝百姓朝他三呼万岁，他并不制止。他下令建功德碑以彰显自己的功劳，他还公然无视皇权，把自己的仪仗搞得和皇帝一样，其王府也与皇宫无异。他还开创了文武百官向摄政王下跪参拜的先例，并把皇帝的印信违规放在自己的府中。顺治虽为皇帝，可朝野上下，"咸知有多尔衮，而不知有世祖也"。后来顺治曾抱怨道："睿王（多尔衮）摄政，朕惟拱手以承祭祀。凡天下国家之事，朕既不预，亦未有向朕详陈者。"此外，为了控制皇帝，多尔衮还反对给顺治请老师讲解学问，以至于顺治亲政后，连大臣们的奏章都看不懂。多尔衮的专权欺上，恣意妄为，不仅暴露了他的野心，而且也使小皇帝受到严重的威胁，以至于多尔衮当权时，顺治不得不伪装自己，整天嬉闹渔猎，做出一副没心没肺的样子，以麻痹对方，"使摄政安意无猜，得以善全"。

据德国人魏特所著的《汤若望传》中说，多尔衮为自己建筑的功德碑，所采用的大理石体积庞大，"碑重四万磅，碑下龟座七万磅"，是由传教士汤若望用新制的机器才把这两块巨大的石头运到地点，并竖立起来。其时，这位摄政王图谋最高权位，自为皇帝的心思已经明显流露出来。为了达到这一目的，他还计划建造一座城堡，将顺治皇帝囚禁其间。面对他愚狂的举动，无人敢于劝谏，最后还是汤若望上了一本。他从天象和各地政局不利的角度，劝说多尔衮放弃这一工程，才使他暂时搁置了这一计划。此后不久，天不假年，摄政王因病去世，笼罩在顺治头上的阴云才算散去。

然而，对于多尔衮悖逆，年幼的小皇帝并没有忘记。在他死后不到两个月，亲政不久的顺治便下令将其"削爵、撤庙享、罢谥号、黜宗室、籍财产入官"，几乎所有能够想到的严厉的处罚都加诸于他。意大利传教士《鞑靼战纪》中说，他们把多尔衮的尸体掘出来，用棍子打，又用鞭子抽，最后砍掉脑袋，暴尸示众。他的雄伟壮丽的陵墓也化为尘土。有人说，福临小皇帝为什么对多尔衮如此仇恨，大加挞伐，是因为太后下嫁，使他蒙受羞辱，才招致如此咬牙切齿的报复。

其实，这个说法并不确切。太后下嫁虽不是一件光彩的事，但按女真习俗，父死子继，兄终弟及，这样的婚制相沿已久，不足为奇，只是满人入关，逐步汉化，才视为不齿。而在清初，顺治不可能因为这件事而对多尔衮大加挞伐。

真正的原因还在于多尔衮生前的举止威胁到了皇权，对他的清算实际上是顺治皇帝在发泄多年来的压抑。悲哉，多尔衮！可以说，终其一生，他都在君与臣之间苦苦挣扎。至于他为何没有迈出最后一步，应该说，是出于多方面的考虑。顺治初年（1644年），大局未定。从外部说，清军入关，明朝和大顺军的残余势力尚未消灭。从内部说，虽然自己的权势越来越大，但一旦夺位仍有可能招致反对，并引起分裂。尤其是后宫皇太后，作为两黄旗的女主子，势力不可小觑。这些都使多尔衮不得不有所顾忌。是的，作为手握军政大权的摄政王，他可以为所欲为，一手遮天，但最后的底线万万不能触碰。当然，如果他能活得再长久一点，也许会是另外一种情况。不过，在他短暂的执政期间，尽管离帝位一步之遥，尽管做皇帝的野心一直潜伏于心，尽管他的内心也十分纠结，然而最终权衡利弊，没有轻举妄动。

应该说，这是一种无奈的选择，也是一种明智的选择。对多尔衮来说，虽然没有当上皇帝，也许是一种遗憾，但对大清王朝来说，未尝不是一件好事。相比之下，他比二百多年后洪宪称帝的袁世凯要聪明得多了。仅此一点，他就配得上政治家的称号。

二、康熙历案与帝国闹剧

杨光先死了，死在遣返回籍的路上。关于他的死，一说是死于背疽发作，一说是为传教士所害。

几百年来，人们站在不同的立场上对他作出各种评价。有人说他是疯子、小人、骗子、无赖、偏执狂，也有人说他是豪杰、壮士和奇男子。而我每次看到这个名字，就会想起鲁迅笔下的阿Q，嘴里唱着"手执钢鞭将你打"的模样，显得滑稽可笑。

明崇祯九年（1636年），四十七岁的杨光先走出家乡，来到京城。当时，国家正处于多事之秋，天灾人祸，盗贼蜂起，"山西饥，人相食"，南阳发生了母亲煮女儿肉吃的事情。各地揭竿而起，农民起义军声势浩大，天下大乱。更让朝廷不省心的是东北，后金国皇太极继位，改国号为大清，第三次举兵入塞，兵锋直指居庸关。明政权内外交困，风雨飘摇。就在这样的背景下，京城出了一件说大不大，说小不小的事件。

事件的主人公叫陈启新。他是淮安武举，家境贫寒，据说智商也不高，《明史纪事本末》称："启新本庸人。"可偏偏就是这个庸人，不知怎么灵光乍现，居然跑到京城来上书了。开始也没人理睬他，他便在正阳门外跪了三天，引起了崇祯皇帝的注意，及至看了他的奏疏，皇帝感到很新奇。陈启新在奏疏中说，现在国家用人有三大病，即"科举取人""资格用人"和"推知行取科道"（即通过考察学问品行选用科道官员），阻碍了人才的使用。因此，他提出要废除八股科举考试，扫清论资排辈的陋习，废除原先选用科道官员的办法，把真正有办事能力的人提拔上来。他还建议，减轻赋税，纾民之困，给大将以专有权，以便他们便宜行事，这样要不了多久，民怨就会平息，叛乱便会停止。也许是这个意见比较新颖，皇帝便说好，这是个人才，于是提拔他做了吏科给事中。

给事中属科道言官，品秩并不高，一般只有七品或从七品，可它的准入门槛却很高，非进士不能获得。也就是说你不是进士出身，那连资格也没有。更重要的是，这个官职地位尊崇，出入宫禁，常侍皇帝左右，备顾问应对，是能够和皇上说得上话的人。陈启新一个小小的武举，就因为胡说八道了几句便获此殊荣，破格提拔，这让很多人愤愤不平，尤其是那些进士出身的人（他们十载寒窗考上进士，这难道容易吗）。况且，陈启新在奏疏中还公然诋毁那些高学历的人，把他们归于"科目取人""资格用人"的"积横之习"之中。

于是，有人站出来反对了。他们说，陈启新乃一武生，"一言契合，立置清华"，诚不可取。因为这样导向不正确，会使投机分子纷纷效仿，"徒取一切可喜之术"，以至于"事事仰承独断而谄谀之风日长"。

他们的担心似乎不无道理。果然，没几个月，又一个武生李琎也来"投机"了。他上书说："致治在足国，请搜括巨室助饷。"意思是说，治乱没钱不行，请把富家巨室中的钱都搜括出来以助军饷。我的天啦，这不是要打土豪分田地吗？朝中一片大哗，都认为此议太过荒唐，认为"兵荒之故，归罪富家而籍没之，此秦始皇所不行于巴清，汉武帝所不行于卜式者也。此议一倡，亡命无赖之徒相率而与富家为难，大乱自此始矣"。

可是，皇帝对这些反对意见一概听不进去。不仅如此，他还非常恼怒。带头反对陈启新的工部右侍郎刘宗周，他的奏疏被扣了下去——"疏入，不报"。大学士钱士升也受到切责，以至于"引咎回籍"。御史詹尔选看不下去了，站出来为钱士升抱不平，上怒诘之，"声色俱厉"。尽管詹尔选坚持己见，当场辩驳，但皇帝愈加愤怒，最后詹尔选被"命颈系直庐，下都察院论罪"。

这场风波闹得沸沸扬扬，朝野一片哗然。其实，陈启新上疏并非偶然。他本是一个平常之人，哪来如此灵感？后来才得知，原来是政府中有人揣测上意，认为皇帝革新图存，必广开官位，不拘一格选拔人才，因此暗中授意陈启新，而太监曹化淳得知内幕，也从中协助，把陈的奏疏递给了皇上。他这样做的目的是想拉拢利用陈启新，打击异己。于是，这幕好戏便上演了。

崇祯十年（1637年）夏，即陈启新上书一年多之后，杨光先来到了京城。他一到立即卷入了这场纷争之中。那么，这事与他有关系吗？没有。他与陈启新素不相识，而且八竿子打不到边儿，况且他还是一个布衣，所谓"身不列于宫墙，名不挂于仕版"。虽曾世袭新安卫副千户，但此时已让职于其弟。可以说无官无职，根本用不着去管这闲事。可是，杨光先偏不如此。他不仅要管，而且还像打了鸡血似的，以少有的激烈态度一下子冲到了纷争的最前列，好像这事与他有天大的关系。当然，他这样做你可以说他是以天下为己任，也可以说他是为了出风头。总之，他不顾一切，全力以赴。

首先是上书弹劾陈启新，揭发他出身贱役，徇私纳贿，朝廷不予理睬。《杨公神道碑》中称"帝悉不究"。但杨光先并不罢手，紧接着弹劾升级，把矛头直指中极殿大学士温体仁。

温体仁何许人也？他是朝中首辅，权势极大。在陈启新一事上，他迎合皇上，压制反对派的意见，当然没起好作用。不过，温体仁把持朝政多年，甚得皇上恩宠，尽管"当国既久，劾者尤多"，而且这些弹劾他的人中不乏高官宗藩，但没有一个能告倒他的。相反，那些告他的人倒一个个下场很惨，不是遭贬、下狱，就是流放、廷杖。可是，杨光先根本不管这些。明知山有虎，偏向虎山行。而且他还破釜沉舟，不留后路，上疏那天让人备好棺材抬到了宫门外，大有不告倒温体仁绝不罢休的架势。这一下，朝野震动，皇帝也不能不理睬了。《明史纪事本末》载："上怒，廷杖戍辽西。"就是说将他打了一顿板子，流放辽西。此事轰动一时。

《始信录序》中说："当其（指杨）舁棺之日，赠诗者盈棺，廷杖之日，观者万人，靡不为先生称佛名号，而先生之奇始信天下。"可见影响之大！

这一状虽没告成，但从此杨光先告出了名气。

那么，杨光先究竟是何许人也？

据史料记载，杨光先，字长公，徽州府歙县人氏。他的先祖杨升原为钱塘人，洪武二十九年（1396年）中乡试，后任徽州府学，从此世代定居于徽州，"遂为歙人"。杨升有一个儿子，名杨宁，字彦谧，明宣德五年（1430年）进士，官至礼部尚书，后调南京刑部尚书。这是杨氏家族中官当得最大的一个，相当于正部长级。由于他的战功，子孙世袭新安卫副千户，传至杨光先已六代。

杨光先早年在家乡的生活，史料记载并不多。我曾多方查找，所获甚少。前不久去歙县在当地朋友帮助下，于县城斗山街找到一处杨家大院。大院已破败，当地人也不知此院主人为谁，只知原是一处官宦人家的住宅。但查《歙县志》，上有杨光先为"府城斗山街人"的记载，而斗山街在明清时是当地富商达官聚住区，而该街只有一处杨家大院，由此推断，此处应为杨光先的祖居无疑。至于杨光先是否在这里居住过，以及他早年在歙县的生活状况则资料不详。如今，我们只能在杨光先自述中找到一些零星的记述。据他自己说，他自幼性格不好（原话为"生性下劣"，"气质粗暴，毫无雍容敬谨之风，纯是鲁莽灭裂之气。与人言事，无论兵刑礼乐，上下尊卑，必高声怒目，如斗似争"），因此父亲告诫他，像你这种性格，如果做官，必遭杀身之祸。虽然父亲每天督促他读书，希望改变他的气质，但未能如愿。后来竟连科举考试也不让他参加，以绝其仕途。后来，他主动让出世袭职位，由其弟光弼承袭。用他的话说则是："守父教也。"不过，这只是他个人的说法。因为就在他放弃世袭职位后，并未守父教，老实待在家里，而是"子身入京师"，似乎另有所图，并不甘心就此碌碌一生。

杨光先入京，时为崇祯九年（1636年）。他一进京便参劾权贵，"舁棺自随"，一举成名。在他成名后,有人称他为"奇男子",把他比作黄山始信峰,称"先生之奇始信于后世";当然,也有人说他是小人、骗子,所作所为不过是沽名钓誉,借敢言直谏以博取高名。至于杨光先的动机究竟是什么,一时很难定论。但他出头参劾温体仁和陈启新,倒也顺应了当时的舆情。因为无论温体仁还是陈启新,都不是什么好人。温大学士把持朝政,奸庸误国,而陈启新也根本不是什么人才。他得到提拔后尸位素餐,什么事也不干,整天乘着破车,驾着老马,故作俭朴之状以迎合皇帝的心意。因此,杨光先的行动立刻得到朝野和士林的盛赞和追捧。特别是,在他参劾温体仁之后不到数十天,温体仁便倒台了,陈启新几年后也被追查,吓得逃之夭夭。虽然温、陈的垮台,其功劳不能直接记到杨光先的头上,但他从此声名雀起。崇祯十六年(1643年),即杨光先流放辽西六年后,明朝政权已江河日下,朝廷急需人才,有人向皇帝推荐杨光先。皇帝问:"是那个抬棺材的杨光先吗?"推荐人回答:"是。"崇祯说赶紧把他召回来,授大将军,但为时已晚。还没等杨光先回来,北京已经陷落,崇祯皇帝也吊死于景山之上了。

崇祯十七年(1644年),岁次甲申。这一年,清军入关,定都北京,因此纪年表上亦称顺治元年。改朝换代,大乱大变。这期间,一个小小的杨光先自然不值得关注。从顺治元年至十六年(1659年),整整十几年时间里,杨光先在做些什么?史料鲜有记载,只有德国人魏特所著的《汤若望传》中稍有提及。汤若望是西方著名的传教士,也是顺治十七年(1660年)教案中最主要的当事人。杨光先把他视为"主要仇敌"。魏特站在传教士的立场上,当然对杨光先没有丝毫好感。在他的笔下,杨光先是一个性格充满黑暗、诡诈、嫉妒和刻毒的老头儿。他说:"他(杨光先)做了一生诬蔑陷害,与毁灭洁白无过失的人们的事体。"他还说,受他陷害冤死的人有"百名以上"。他的打击目标主要是那些富有阶级,以至于那些人不得不花钱消灾。杨光先就是通过这样的无赖举动,赚了一份可观的家私。"满人战胜之后,他(指杨光先)又返回南京,照旧做他那诬蔑讹诈的事业,有一次几乎丧失了自己的脑袋。但是,他乘机逃亡北京,而在北京便获得了一位亲王的宠幸。这样,他便算有了资格,可以出入朝中,奔走于各衙门之间了。"

从以上文字看,明政权崩溃后,杨光先曾去过南京。他去南京干什么?崇祯十七年(1644年),南京是明朝陪都,曾建立过短暂的福王政权,持续了一年之久。杨光先去南京是否为了投效福王政权?不得而知;而他一次差点丢了脑袋,事出何因?也未说明。之后,杨光先又逃往北京,时在何年?又如何获得宠幸,如何出入朝中的?均语焉不详。但是,有一点几乎可以认定,杨光先结束流放后,并没闲着。他一直在四处活动,这再次说明他是一个不甘寂寞之人。当然,对于魏特的说法也有专家提出质疑。历史学家陈占山教授就认为,魏特的说法"因无他籍旁证,此说不可全信"。

准确地说,杨光先重新回到公众视野中应在顺治十七年(1660年)前后。这期间,他再次引起注意,是因为进京上疏,反对西教。明亡之后,杨光先重新回到京城已是七十老翁,但他好斗的性格依然未改。这一次,他是与西方传教士较上了劲,一门心思,死缠烂打。在他余生不到十年的时间里,这几乎成了他的全部生活重心。当然,杨光先这么做并非一时兴起,而是蓄势已久。

西方传教士早在明嘉靖年间就来到了中国澳门,但直到万历年间才进入中国的京城。最早来到中国京城的传教士是意大利人利玛窦。他曾两次进入北京,第二次才算留了下来。尽管他第二次进京并不顺利,一路上跋山涉水,费尽周折,中途还一度遭受拘押,在天津关了将近半年。但有幸的是,在他进京之后却受到了朝廷的礼遇。先是被安排住进了官方招待外国使节的四夷馆,后来又获准在宣武门内建造一座教堂,即今天北京的天主教南堂。有种说法,利玛窦在京期间曾受到万历皇帝的召见,但对此有人表示否定,认为皇帝从来没有召见过他,包括和他一起进京的西班牙传教士庞迪我。据说有一次,利玛窦和各国使臣一道进宫准备接受召见，但不知何因，皇帝并没有露面，最后众人只好失望地对着皇帝的龙椅行礼了事。尽管对于传教士，皇帝似乎没有给予足够的重视，不过对他们赠送的自鸣钟、钢琴和地图倒是颇感兴趣。这可能也是利玛窦获得皇帝好感的原因之一。在他死后，皇帝还赐予利氏一块墓地，以供其安葬。

西方传教士进入中国，并非一帆风顺，而是颇费周章。为了在中国立足，他们往往是以先进的科技文化为手段，来达到传教的目的。在经历了文艺复兴之后，西方的科技文化有了长足的飞跃。由传教士带入中国的先进天文学、兵工学、数学、地理学、医学和西洋绘画、音乐等等，打开了国人的眼界，具有很大吸引力。在利玛窦来华之前，中国人并不知道世界上有五大洲。利玛窦印行的《山海舆地全图》，首次让中国人接触到了近代地理学知识。他用铜铁制造天球仪和地球仪，讲解地球的位置和各星球的轨道，让人耳目一新。与利玛窦一起来京的西班牙传教士庞迪我还奉朝廷之命，帮助修改历法，并绘制了四大洲地图。这在一定程度上丰富了中国的科学文化，促进了中西方科技文化的交流。尤其是在天文历法方面，西方传教士所掌握的新的科技文化知识受到中国官方的极大重视。许多传教士，包括汤若望、南怀仁等之所以受到重用，都与精通天文历法有关。

中国是一个农业社会，历朝历代都对历法的修订十分重视。所谓历法，国之大典。因为历法不仅与农业密切相关，而且与天道、天象乃至国运不可分割。明代实行的《大统历》推验天象，屡屡出错，多年来修历的呼声不绝于耳。传教士进入中国后，他们带来的欧洲天文学方法经过推验显然更为先进。因此，崇祯二年（1629年），礼部奏请开局修历，得到批准。在礼部侍郎徐光启的主持下，设局于北京宣武门内，先后聘请多名传教士入局修历。这是过去从未有过的。在这些传教士中，最著名的一个就是汤若望。

徐光启是明末官场开放派的代表。他一向主张向西方学习，并对西方科技具有浓厚的兴趣，他早年跟随利玛窦学习多年，并受洗加入天主教，教名保禄。作为崇祯朝的礼部尚书和文渊阁大学士，他身居高位，但从历史上看，他在中外交流和科技上的贡献却远大于他的官职。他不仅翻译和整理过《几何原本》（前6卷）《泰西水法》《测量法义》《勾股义》等十多部西方科技著作，而且还编撰一部享誉中外的《农政全书》。该书具有很高的价值，与《齐民要术》等书一起并列为中国古代"四大农书"。在修历方面，徐光启也功不可没。他大胆聘用西方传教士，以西法为基础，对旧历进行全面改造，历时六年完成《崇祯历书》一百三十五卷。该书卷帙浩繁，工程浩大，不仅系统全面地译介和引进西方天文学体系，而且采用新的理念、新的计算方法和新的观察测量手段。如，它在计算方法上采用了几何体系，相较于中国传统的数学体系有了质的提升；它还采用了西方较为精确的天文数据和通行的度量单位，这也是一种新的尝试。虽然在成书前一年，徐光启已经去世，但经他审定的部分高达一百零五卷，占总卷数的百分之七十以上，其功劳显而易见。

从明末的情况看，西方传教士的传教活动已逐步打开局面，并卓有成效。尤其是利玛窦等人通过结交朝廷高官，巩固了自身的地位。在他之后，汤若望等人也受到朝廷的礼遇，并与部分政府高官保持了良好的交往。有学者统计，明末士大夫中秀才以上入教的有三百多人，其中一品官员十四人，进士十人，举人七人；另有皇室成员一百四十人，太监四十人。至于普通民众则人数更多。早在万历三十八年（1610年），利玛窦去世时，北京的天主教徒已达四百多人，而全国的教徒人数则达两千人之众。

虽然如此，但反教的风波从未停止，激烈的文化冲突也不断发生。在利玛窦去世六年后，礼部侍郎沈榷，连续三次上疏，发起了对传教士的激烈攻击。他以"散布异端邪说，反对儒学经典""宣扬天主，而不承认皇上的权威""秘密结社，图谋不轨"等罪名向朝廷提出指控。这些罪名都上纲上线，大得可怕，任何一条都足以置对手于死地。更可笑的是，他还把信徒手划十字，视为发动叛乱的暗号加以揭露。尽管这些指控证据并不充分，但还是受到了保守势力的强烈呼应。南昌三百多名秀才签署了一份请愿书，请求皇帝禁止传教，驱除异端。这股风潮来势凶猛，而此时朝中东林党正在失势，而阉党魏忠贤为了打击东林人士，也与沈㴶结成同盟。面对这一局面，徐光启也无能为力。此时他官阶尚低，仅为翰林院检讨。虽然上疏为天主教辩解，但人微言轻。万历四十四年（1616年）七月，皇帝下令禁教，逮捕或驱逐教会人士，史称南京教案。

南京教案发生不是偶然的。在这之前，民间已发生大小教案五十余起。这一方面说明，西教在明末传播迅速，另一方面也说明信教和反教的矛盾在不断积累，最终不可避免地爆发出来。

南京教案发生后，天主教受到了一定的打击，但传教活动并未停止，而且传教士的境遇也没有想象的那么糟，部分传教士甚至继续受到朝廷的礼遇。这也可以看出，明朝廷对洋教的态度还是比较宽松的。到了崇祯年间，情况进一步好转。此时，徐光启升任礼部尚书，授东阁大学士，入参机务，受到重用。在他主持历局期间，先后起用传教士龙华民、邓玉函入局修历。邓玉函死后，他又奏请朝廷，聘用汤若望、罗雅谷到局任事。传教士的影响进一步扩大，而汤若望也正是从这时起逐步脱颖而出。此后他名望日高，成为与利玛窦齐名的明末清初最著名的传教士，向有"利汤"之称。

汤若望出生于德国一个贵族家庭，早年受过良好的教育，天资聪颖，知识广博，这为他日后来中国传教提供了便利。明天启二年（1622年），汤若望受耶稣教会的派遣进入中国。这一年他刚入而立之年。不久，汤若望来到北京，以其数理天算等方面的知识引起朝中人士的关注，此后他被徐光启引入历局。明亡清兴，他继续主持历局工作多年，对明末清初的历法修撰作出重要贡献。正因为如此，他在明末和清初都受到朝廷重视，而在清朝初年，他受到的恩宠更是史无前例。

这也是他后来遭到杨光先和保守派猛烈攻击的原因之一。

公元1644年，即明崇祯十七年、清顺治元年，北京经历了一个极为动荡和混乱的时期。三月，李自成大军围攻北京，传教士一片恐慌，开始陆续撤离，只有汤若望一人仍留守城中。北京传教会会长龙华民在撤离前曾劝说汤若望一块儿离开，但汤若望没有听从。他想尽自己的职责保护教堂和教友。事实上，他真的做到了。面对闯兵烧杀奸淫，不少教民纷纷躲进教堂避难，尤其是一些女教友在他的保护下躲过了一场劫难。对于这些农民起义军，汤若望显然没有好感，他称他们为"强盗"。据他在回忆中说，他曾被带至匪首处，罪名是有人告发教会藏有大量财宝，这是"强盗们"最感兴趣的东西。所幸的是，告发者并未得逞，那个号称"二王爷"的闯兵首领并没有为难他。他称呼汤若望为"大法师"，并把他带入内室，以茶酒款待。从二王爷那里回来后，他的安全便有了保证。一个月后，清军攻入北京，起义军仓皇败退。临走前，他们奉命四下放火，打算烧掉全城。但在大火弥漫之中，唯有天主教堂没有着火，尽管"匪兵"曾七次向教堂投掷火把，但这些火把都自行熄灭了。汤若望把这一奇迹归功于信仰的力量。因为他一直都在向天主祈祷，他还把一些圣牌、圣像投到了房上，以求天主的庇佑。

五月一日，清军进入了这个他们曾经多次围困而无法得手的北京。明朝的文武百官和百姓在饱受起义军的祸害之后，不仅没有进行任何抵抗，而且还有不少人出城五里以外跪迎清军。现在，这些明朝的敌人竟像解放者一样受到了欢迎。清军统帅多尔衮入城时，人们更是山呼万岁。

然而，对汤若望来说，麻烦并未过去。满族军队刚进城不久便下达了一道命令，要求所有的北城居民必须在三日之内限期迁出，这当然也包括耶稣教会的教士。

汤若望请求得到恩免。因为一来教堂无法搬走；二来教堂内有许多圣书、圣像以及供研究之用的仪器设备，数量甚大，其中仅欧洲书籍就有三千卷，三天之内根本无法搬迁；此外，汤若望还保存了一大批印制历书的刻板，这些刻板一经移动必致损坏。他来到内阁举行会议的大殿外，向新政府求情。此时大殿前已跪满了人，汤若望也在人群中跪了下来，等待呈递禀帖。不过，人群很快就被驱散了，卫兵们用皮鞭和棍棒抽打他们，把他们从大殿前赶走，只有汤若望被留了下来。之后，一个姓范的大臣走到他的面前，接过他的禀帖，看过之后向他询问了一些情况，然后便让他回去，第二天再来听候批复。

据《汤若望传》记载，他回去不久，便有两个满族官员前来核实情况，发现汤若望所禀俱实。第二天，批复便下来了。一个官员当面向他宣读了公文，不仅准许他继续留住北城，而且还以皇帝的谕令，要求八旗各部谨遵此命，不得滋扰。汤若望拿到公文，如获至宝。当即回到住所，这时糟糕的情况正在发生：一些满人已经占据了教堂，正在进行布置。他们俨然主人，一见汤若望就把他往外赶。可当汤若望亮出上谕时，他们才一个个目瞪口呆，被迫离去。此后，汤若望把那道公文悬于教堂门前，这如同一把上方宝剑，从此无人再敢骚扰了。

汤若望无疑是幸运的，无论是被他称作"强盗"的闯王军队，还是满族的新政权，都没有为难他。然而，他当时并不知道，更大的幸运还在等待着他。

有一种说法是，汤若望与新政府建立起良好的关系，始于他的主动报效。为了报答清政府的保护之恩，他向多尔衮进呈了修历建议，并受到多尔衮的重用。而另外一种说法则是，多尔衮主动找到他，请他出山帮助修历。不论哪种说法正确，都与修历有关。

历法的重要性不言而喻，一个新朝的建立能否与天象合一，则是长治久安的标志。满人入关前有自己的历书，但他们的历书科学程度不高，错误较多。建都北京后，钦天监的官员们为了向新政府示好，忙不迭地向摄政王多尔衮进呈改制的明朝历书，但摄政王对此很不满意。因为这部历书舛错百出，既不能上合天象，亦不能下应地事。后来，他听说欧洲人汤若望做过较好的历书，便下令把他找来。

钦天监的官员们当然不想去找汤若望，故意拖延此事。明崇祯年间，钦天监推算不合天行，日食失验，皇帝一怒之下，"欲罪台官"，差点把钦天监的官员给办了。后来，徐光启奏请设局修历，引进西人，钦天监中的旧员逐渐受到冷落，自然是对汤若望等传教士心怀不满。尽管他们拒不执行多尔衮的指令，可是汤若望还是被找来了。当内廷的差官把他领进宫时，他并不知道召他所为何事，及至见到摄政王多尔衮本人后，方知为了修历之事。于是，他们进行了亲切交谈，这次会面是他们友好交往的开始。汤若望决定进呈新修的历书，并报效新朝。

汤若望进呈的新修历书是在《崇祯历书》基础上修订的。该书由徐光启和李天经先后主编完成，是明代修历的重要成果，全书一百三十五卷。虽然此书早在崇祯七年（1634年）业已完成，但直到崇祯十六年（1643年）才颁诏通行天下，造成这个结果的原因是保守派的反对，他们认为历书采用西法，不合祖制，致使崇祯帝首鼠两端，犹豫不决，迟迟未予颁行。等到决定颁行时，大明江山气数已尽，因此这本历书并没有真正用过。不过，对于《崇祯历书》，汤若望是再熟悉不过了。因为他曾亲自参与修订，深知这部历书的得失所在。虽然它在某些方面，参用西法，具有新的突破，但由于保守思想的影响，并未真正打破《大统历》的系统框架。在某些方面，甚至不得不削足适履，以迎合旧制，以至于一些先进的西方理念和技术并未运用到位，推验多误。汤若望在向多尔衮进呈这部历书时，也把此书的优劣详细作了报告，并建议在此基础上进一步修订。他还把自己用新法推验出来的本年度八月初一的日食时间和图像进呈，请求派员测验。多尔衮听了很高兴，他把钦天监官员送呈的历书也交与汤若望过目，并请他做出专业评判。第二天，经过检查，汤若望找出该历书存在的七大错误，并当面向进呈该历书的钦天监官员们一一指出，令他们无言以对，深感颜面无光。

七月，朝廷批准汤若望的想法，准其在明历基础上修订新法。这部新法摄政王亲自定名为"时宪历","以称朝廷宪天义民至意"。八月初一，日食来临之际，摄政王派大学士冯铨等官员同赴观象台测验，结果回回科误差一小时，而大统历所标日食图像竟有一半差错，只有汤若望的新法，时间、图像均与实际一一契合。这是一次有力的证明。德国人魏特把这称之为一个"为全国所知晓的胜利"。冯铨与同去的官员无不惊叹。他们上奏朝廷，对汤若望高度赞誉。皇帝也下诏褒奖，谕云："旧法岁久自差，非官生推算有误，新法既密合天行，监局宜学习勿怠玩。"这是对汤若望的新法天算的充分肯定。

满人敬天畏天，对天算人才充满敬意。在他们看来，深谙天象之人也能通晓尘世的一切，而历法的良善也关系到社稷的千秋万代。因此，汤若望的地位得到确立，并受到清王室的尊崇。在准确预测日食三个月后，朝廷还决定授予汤若望钦天监监正一职。朝旨云：汤若望掌钦天监监印，该监所有人员和事务悉听调遣。

钦天监是观察天象，推算节气，制定历法的官方机构，监正为最高长官。对于这项任命，汤若望一再推辞。因为他的主要任务是传教而非其他，故而不想把过多的精力耗费于官场。可是，朝廷并不准许。有人甚至善意地提醒他，不要一再坚辞，因为这样很可能会被误解为他仍然效忠于前朝。汤若望只好接受了任命，成为第一个由西方人出任的掌管国家历法的最高官员，而从一个受聘的外籍专家到朝廷命官，这无疑是一个根本的转变。

顺治二年（1645年）十一月，经过数次修订，在汤若望主持下，修编完成了《时宪历》一百卷，由清政府批准实行，而汤若望修历有功，朝廷特加太常寺卿衔，以资褒奖。此后他不断获封。先是受封通政使司通政史（正二品，服俸加二级），后又诰封为光禄大夫，恩赏其祖先三代一品封典。应该说，这是汤若望最辉煌最荣耀的时期。

然而，谁也想不到的是，进入康熙朝后，仅仅几年时间，他便从天上跌落地下。一桩因历法而起的大案使他锒铛入狱，险些人头落地，而这桩大案的发起者就是杨光先。

杨光先是明末清初反西教的急先锋。有人总结他一生干过两件大事，一是劾权贵，一是尊圣学。前者是指他崇祯十年（1637年）抬棺弹劾温体仁和陈启新，后者便是指他反教排教，发起康熙四年（1665年）的历法大案。两者相比，无论持续时间长短，还是影响大小，前者都无法与后者相比。有人鼓吹说："先生之奇，不在于劾权贵，而在于尊圣学。"称他参劾西教的奏疏是"生民以来，圣圣相传"，"诚古今来不再见之鸿文，真足与天地并垂不朽"，比汉宋以来的儒学经典"功高百蓰"，"甚至不在孟子下矣"。简直把他捧上了天。

那么，杨光先究竟做了什么，竟受到如此追捧？

事情得从顺治十六年（1659年）说起。此时杨光先已经重新来到北京。如果说，在他来京之前经过了一段消沉，那么，从顺治十六年（1659年）起，他的知名度陡然增高，原因就在于从这段时间起，他开始着手他的所谓"尊圣学"的事业，并于康熙四年（1665年）掀起了一场轰动全国、震惊世界的排教大案。

杨光先反对西教由来已久。这从他的文章中可以明显看到。不过，他的排教活动在明末似乎并不突出，史料记载也不多，直到顺治末年才迅速升级。其口诛笔伐，风云一时，俨然成了反西教的头面人物。

从现有的资料看，杨光先的一系列讨伐"檄文"，包括一些奏章呈文，约二十篇，也大多写于顺治末年和康熙初年。后来这些文章汇辑成册，定名为《不得已》。何为不得已？按杨氏的说法，就是"士大夫者，要主持世道也"。如何主持世道？就是要"正三纲，守四维"。如今洋教盛行，而我举世学者，竟无人敢于纠正。邪教之力，如此之大！照此下去，"三光晦，五伦绝矣"，"此而可已，孰不可已"！这就是他的所谓"不得已也"。也就是说，面对西教猖獗，他不能再沉默了，也不能不站出来说话了。

杨光先的反击开始了。从顺治十六年（1659年）起，他先后写了《辟邪论》《距西集》《摘谬十论》等数篇文章，向天主教发起猛烈的攻击。他在文章中声称，西人耶稣会，非中土圣人之教，"实西域七十二种旁门之下，九十六种邪魔之一"，公然宣称万国均为邪教后裔，这是要灭我中华祖先，其所谓天主、亚当、夏娃等纯系无稽之谈。圣母玛利亚生子耶稣，非婚受孕，居然童身未坏，岂不荒谬至极？男女媾精，万物化生，人之常道也。世间惟禽兽知母而不知父，可耶稣邪教竟有如此荒诞不经之说！他还指责耶稣是"叛国渠魁"，事败正法，钉于十字架上，本是大快人心，可其邪心不死，居然三日复生，这不是愚弄信徒，胡说八道吗？他还把当时著名的传教士和中国信徒，如南怀仁、安文思、潘进孝、许之渐、许谦等人，逐一点名，痛加批判。

在火力对准天主教的"荒唐教义"和"歪理邪说"的同时，他还从历法入手，对汤若望等传教士毫不留情，大加挞伐，指控他们"假以修历为名，阴行邪教。延至今日，逆谋渐张"。他还责骂徐光启为"邪臣"，因为就是他违反海禁之令，把汤若望等举荐于朝，才使他们有了今天的地位。为了引起官方警觉，他还从国家安全的角度大声疾呼，指出惑众妖书公开刊行，邪教徒分布各省咽喉，结交士大夫为羽翼，煽动诱骗小人为爪牙，受蒙蔽者越来越多，像水从高处流下，可"朝廷不知其故，群工畏势不言，养虎卧内，识者以为忧"。他还把天主教比作白莲教，诬其暗中结社，图谋不轨，说教徒张贴十字架极有可能是一种妖术，而使用望远镜明为观察天文，实则十分可疑。

杨光先的这些文章极有煽动性。为了扩大影响，他把《辟邪论》《距西集》印行五千册，四处散发。其所产生的效果，用他的话说是"朝野多谬许之"。也就是说，大多数人都表示赞许。后来，他的《不得已》印行时，有人称杨"实为本朝第一有识有胆人"，赞其书"正人心，息邪说"，"持论锐利"，实为"第一有关名教、有功圣学、有济民生之书"。据史料记载，此书印行后，西人以重金购之，每部二百金,"悉为焚毁,欲灭其迹"。至雍、乾年间"传本已鲜",极为珍贵,由此也可见影响之大。

当然,对于杨光先来说,这些声讨只是开始。或者说,只是一种战前的热身,为了从思想舆论上先声夺人。到了顺治十七年(1660年),他的正面强攻开始了。

这一年的五月和十二月,他先后两次上疏,弹劾汤若望等传教士。第一次上疏,史料不存,难窥其貌,而第二次上疏,其文稿以《正国体呈稿》为题收入《不得已》集。该疏从历法入手,控告汤若望两大罪状。其一是暗窃正朔,盗窃名器。原来,汤若望完成《时宪历》一百卷进呈朝廷时,首页写了"依西洋新法"字样。在杨光先看来,大清之官,修大清之历,历面上怎么能写"依西洋新法"?这是不尊皇上,而把西洋奉为正朔。对此,他早在五月第一次上疏时,就纠弹过此事,可汤若望置若罔闻,不知检举改正,以赎不臣之罪,而是坚持不改,"是藉大清之历,以张大其西洋","罪不容诛矣"。

其二,新法推闰有误。其中特别提到将立春提前一天,"是不应立春之日而立春,应立春之日而不立春"。每年立春,皇上都要进行迎春大典,这是何等重要的大事!现在新法居然弄错日期,淆乱盛典,其"亵天帝而慢天子,莫此为甚焉",这是该杀之罪!

最后,他总结说:"总之,西洋之学,左道之学也。其所著之书,所行之事,靡不悖理叛道",而天主教人之狼子野心,"谋夺他国,是其天性"。如今他们呼朋引类,外集广澳,内外沟连,不可不防。如果任其"党与炽盛","不几养虎自贻患哉"!

但是,这两次上疏均未达到目的。第一次是"不得上达",第二次则是"礼部未准"。究其原因,乃与汤若望此时恩宠未减,地位稳固不无关系。

汤若望从顺治朝到康熙初年,不仅深得皇父摄政王多尔衮的信任,而且与孝庄皇太后及小皇帝福临本人都关系亲密。汤若望学识丰厚，对于天文、地理、制造、火器和医学都有相当的研究，这使清皇室对他尊重有加。有一次，皇太后生病，派人来咨询汤若望。汤若望当时并不知道病人是谁，但听了来者讲述，知病情不重，乃取铜牌一枚让来人带回让病人佩戴，不久太后病愈，后来太后一直戴着这枚铜牌，以为佑护。还有一次，顺治帝的皇后患病，也被汤若望治好。这些都使皇太后对汤若望心生崇敬，并尊其为义父，而顺治帝也尊称汤为玛法，即满语祖父。顺治临朝后，对汤若望更是礼遇有加。除了加官晋爵，恩赏不断，还经常召汤进宫，或亲临馆舍，与之交谈。顺治帝是一个勤学的皇帝，由于年幼娇养失学，临朝后发愤苦读，五更起读，至晚不辍，前后九年，几曾呕血。在与汤若望的交往中，他经常向汤若望请教天文、历法等方面的问题，并征询有关军国大事方面的意见，双方来往密切。考虑到汤年事已高，顺治不仅免除他君臣跪拜之礼，还专门为他备下一个舒适的软椅，而汤若望每每进出宫廷也"有如家人父子"一般。汤若望一度还想劝说顺治皈依天主教，但未能成功。

这些礼遇和厚待，除了个人之间的感情和信赖之外，也与清初宽容的宗教政策不无关系。满族信奉萨满教，但入关以后，对汉人的佛、道、儒三教并不排斥，允许其与萨满教并存。历史学家陈垣先生说，清初顺治、康熙对天主教并不认可。顺治帝看过天主教书籍后大不以为然，认为荒唐悠谬之说，无逾此书。康熙也说过此类的话，但这并未妨碍他们对天主教采取宽容的态度。

由于受到清皇室的礼遇，汤若望在清初的地位一直受到重视，他的意见甚至对皇帝本人也有影响。杨光先在文章和奏疏中多次说到"邪教之力如此重哉"，以至于"举世学人，不敢一加纠正"，"事关万古纲常，愤无一人请讨"，他要"不惜齑粉""忿不顾身"云云。这些话虽有夸大成分，但也并非凭空所指，从中亦可见汤若望的影响之大。

顺治十六年（1659年）的两次参劾虽然失败了，但杨光生并未罢手，一边四处活动，积极准备，一边等待时机。这期间，他又一口气写了多篇排教文章。从收入《不得已》的文章篇目看，有《与许青屿侍御书》《选择议》和《孽镜》等。这些文章与他前期写的文章一脉相承。在《与许青屿侍御书》中，他对《天学传概》一书全面批判，声罪致讨。《传概》是一本宣扬天主教教义的书，由传教士利类思和安文思所著，后经李祖白润色，并以他的名义印行出版。李祖白，字然真，系天主教徒，教名约翰，官至钦天监监副（一说为钦天监夏官正），是当时公认的中国最有才华的天算学家。书中提出天主上帝，开辟乾坤，天下万国尽是德亚国（古犹太国）之子孙，这引起杨光先极大愤慨。他认为，如果耶稣为天主，那么在他出生之前，即中国汉哀帝以前则为无天之世界吗？而我中华祖先尧、舜又被置于何地？我大清之天下来自于三皇五帝之正统，如今竟成了"邪教之苗裔"？这不是"谋叛本国，明从他国"吗？至于皈依西教，不得供奉祖宗牌位，更是非圣之文，毁我周孔礼教。"如此妖书，罪在不赦。"杨光先对此非常气愤，文中多次出现"祖白之胆何大也""祖白之头可斩也"之类的激愤之词。

《传概》刊行时，书前有一篇许青屿做的序言，对天主教大加赞赏。许青屿是顺治朝进士，官至御史，为清初名臣。由于许青屿名气很大，"此序出未二月，业已传遍长安"。杨光先对此极为不满。他在文中公开向许叫板，指责他身为圣门贤达，天子谏臣，居然对于这样的妖书，不发竖眦裂，掷书于地，反倒为之作序，这是不尊孔孟，得罪名教，必遭后世唾骂，而先生之名也将累于一序。后来，康熙四年（1665年）排教案发生时，许青屿因此序受到牵连，不过有后世学者考证，《传概》之序系伪作，并非出自许青屿手笔。这已是另外的话题。

《与许青屿侍御书》系杨光先这期间所写的一篇重头文章，而同一时期所写的《孽镜》和《选择议》也值得一提。《孽镜》主要火力集中在攻击西洋新法上。比如，他嘲笑新法把大地说成一圆球，上下四方布列国土，虚悬于太空之内。照此说法，地球上边的人和地球下边的人岂不要脚对脚了吗？这样的荒唐之说竟然也能骗人，因此他要像高悬照妖镜那样，以照出"新法之妄"。不过，从今天看来，由于对近代科学缺乏了解，加之思想上的对抗，此文东拼西凑，词不达意，多处暴露了杨光先的无知和可笑。

至于《选择议》则是拿荣亲王的葬期说事，认为阴阳五行之理，相克相化，用对了凶可化吉，用错了则吉反变凶。荣亲王之命属火，以水为杀，应选二木生旺之月，避水克火，"此化难生恩之法也"。可现在所选的葬期犯了三杀：月犯生杀，日犯党杀，时犯伏吟，四柱无一吉者，不知依何书何理而选？幸好用在葬数月之王（按，《清世祖实录》称荣亲王生下四月而薨，所以杨文称之为"数月之王"），若用之宦庶之家，"其凶祸不可言矣"！这篇文章篇幅不长，言辞也不激烈，看似无足轻重，实则却成了后来扳倒汤若望等传教士的重磅利器。这是后话。

从顺治十七年（1660年）至康熙三年（1664年），前后四年有余。这期间，杨光先虽然没有上疏，但对西教展开的持续猛烈的思想舆论攻势从未停止。他不是一个人在战斗，在他的背后支持他的有朝廷高官、太监、士绅阶层以及钦天监中反对汤若望的势力。这股力量十分强大。他们彼此呼应，不断地制造事端。顺治元年（1644年），任命汤若望为钦天监监正的谕旨下达后，竟被礼部扣压不发。直到第二年，顺治皇帝发现汤若望的奏疏中没有署上监正的头衔，经查发现是礼部从中作梗，立即予以严斥，礼部这才不得不办。对于皇上的谕旨居然也敢阳奉阴违，抗旨不发，原因就在于礼部尚书恩格德从中作祟。

恩格德是一个痛恨西教之人，而钦天监直属礼部管辖。恩格德对汤若望的任命从一开始就不赞成。汤若望到任后，公正严厉，对礼部并不言听计从，这使恩格德十分不快，不久又因荣亲王葬期之事双方撕破了脸，闹到了最高层。这事的起因是礼部误用时辰（将辰时误用午时）从而导致荣亲王未能在吉时下葬，这就犯了大忌。荣亲王是顺治第四子，生下三月（一说四月）而薨，连名字都没来得及起。不过，这个早夭的皇子来头却不小，他的母亲就是顺治帝的爱妃，死后追封为孝献端敬皇后。说起孝献端敬皇后，一般人可能会感到陌生，但一提到董鄂妃，知道的人就多了。她是顺治帝最宠爱的妃子，民间有许多关于她的传说。其中一个说法是，她原是江南名妓董小宛，但这个说法并无根据。《清史稿·后妃传》中说："孝献皇后董鄂氏，内大臣鄂硕女，年十八入侍。"这可能是一个比较靠谱的说法。顺治帝对董鄂妃的宠爱，史料中有很多记载。说她初封贤妃，一个月后晋皇贵妃，顺治帝还为她的晋封大赦天下，死后追封为皇后。所谓"眷之特厚，宠冠后宫"，毫不夸张。董鄂妃死后，顺帝痛不欲生，差点自杀，后来传说顺治出家也与此有关，可见对她是一片痴情。

董鄂妃生下的唯一一个儿子就是荣亲王，虽然产下数月便死去，但为了安慰自己的爱妃，顺治帝仍追封这个不幸的王子为和硕荣亲王。亲王加"荣"字极为高贵，在清代十二等封爵中列为头等，有清一代也只有两位亲王获此殊荣，而这个早夭的荣亲王就是其中之一。不仅如此，顺治帝还下令为其建造了一处规模宏大的亲王园寝。这一切，当然都是看在他娘的面子上。

然而，就是这么一个顺治皇帝如此看重的事，葬期却被搞错了。按《汤若望传》中的说法，搞错葬期的是恩格德，他擅改下葬时刻，并谎称这是根据钦天监选定的时间。这件事的后果相当严重，因为按照风水学的说法，死者在吉时下葬，关系到子孙永享荣华富贵，兴旺发达，反之则会灾祸无穷。

可怕的是，这个说法似乎得到了验证。因为荣亲王下葬不久，董鄂妃便一病不起，驾鹤西去。更糟糕的是，四个月后顺治帝也随之病薨。这种不吉利的事情相继发生，随着误用葬期的事被揭发出来，事情的性质便变得极为严重。恩格德为了逃脱责罚，把责任一股脑儿地推给了钦天监，声称是他们误报了时辰。这一来，作为钦天监监正的汤若望不得不站出来澄清事实了。他具折奏明朝廷，指出错误的葬时并非由钦天监所误报，而是由礼部所擅改。这一来，作为礼部尚书的恩格德便难脱干系，朝旨处死。汤若望出于好心，向皇上求恩，恩格德方获恩赦，免除死刑，革职充军。与恩格德一起遭受处罚的还有礼部一干人员，如郎中吕朝允、笔帖式额勒穆等。

应该说，在这件事上汤若望并无过错，他出来说明情况也是不得已而为之。钦天监机构下设四科：一是历科（原名时宪科），二是天文科，三是漏刻科，四是回回科。其中历科最为重要，其职责是掌管天算天象与编定历书等事务。该科之下又分三组，其中一组就是专为祭祀等活动选定吉日的。荣亲王在错误的时间下葬，汤若望如不禀明事实，不仅钦天监负有责任，而且他的属下也难逃追究。可是，他这样一来，便把恩格德和一班礼部大员彻底得罪了。

除了礼部不满汤若望外，钦天监内部也对汤若望任职十分抵触。在清代以前，钦天监一直是大统历和回回历的天下。大统历明初由开国元勋刘基（字伯温）进呈，名为《戊申大统历》，修于元时，有明一代一直沿用。传教士们习惯地称它为中国历法。回回历产生于环地中海地区，由穆斯林天文学家创立。早在元代就进入中国，在中国历法史上占据重要地位。元明两代，朝廷设有回回司天监，为官方天文机构之一。明洪武年末期，回回司天监撤销，并入钦天监，在监下设回回历科。该科成员均由回民历学家担任，采取世袭制，职名为回回历士，而在钦天监内部则实行大统历、回回历双轨制，一直沿袭至明末清初。

明朝成化以后，大统历推验屡误，随着修历呼声不断增高，徐光启引用西人修历，大统历逐渐衰落。不过，回回历由于自身独特的体系并未被取代。清初，汤若望出任钦天监监正时，仍保留了回回科的设置，并且允许他们按照自己的方法进行观测，并定期向朝廷呈报结果。

不过，好景不长。顺治三年（1646年），汤若望下令禁止回回科进呈推验结果，这引起了回回科的恐慌。在这之前，由于推验屡误，回回历法的信誉已大幅下降，他们在监局的世袭地位也受到威胁。面对这样的局面，他们当然心有不甘，开始联合监局内的保守力量,包括天文科、漏刻科的部分反西教人士,处心积虑制造难题,并以一些极为幼稚和恶劣的理由攻击西方的天算科学,试图搞倒汤若望。虽然他们得到了礼部部分官员的暗中支持,但都没有成功。不过,这些"捣乱分子"(汤若望语)也的确制造了不少麻烦。汤若望不得不花费大量精力来对付他们。有一次,他们状告汤若望出任钦天监监正不合法,因为没有找到关于他任命的谕旨。内阁会议对于这样的指控当然要进行审理。在审理过程中,汤若望被带到院子的太阳下暴晒,竟致患了头疾,三日未愈。好在这份谕旨后来从文档中找了出来,那些告他的人才没有得逞。对于这些接二连三的捣乱,汤若望不胜其烦,在高层的支持下,他决定把那些"捣乱分子"一一革除,并对监局内的人员进行了调整补充。一些受到汤若望信赖的(其中大部分为基督教信徒)走上了各级岗位。除此之外,汤若望还革除陋习,整顿秩序,清除监内的无用人员,对傲慢无理的满族官员加以责罚,从而逐步站稳脚跟,使钦天监的工作按照自己的意志运转起来。

顺治十四年(1657年)四月,原回回科秋官正吴明炫上书弹劾汤若望,鸣冤叫屈。他说臣祖上来自西域,自隋便被"授为日官",专司历法天象,每年推算,定期呈报,是为定例。可顺治三年(1646年),本监掌印汤若望废除回回科进呈定例,但臣发现汤若望新法所推七政,存在谬误,事关象占,"不敢不据实上闻"。最后,他强烈要求恢复回回科,"以存绝学"。朝廷受理此案后,派人验证,结果发现吴明炫指摘新法谬误,所告与事实不符,被判"诈不以实",险些丢掉性命。

这是一次失败的尝试。吴明炫碰得头破血流,而回回天算家的阵营也受到严重挫败。此后,他们表面上消停下来,没有发起公开的进攻,但暗中仍在积蓄力量,伺机反扑。就在这期间,杨光先来到京城,他们一拍即合。杨光先攻击西教甚力,虽"好高论大言,稍通历法",但天算艰深,非其所长。为了扳倒汤若望,他曾试图寻求"羲和旧官",即钦天监中的汉人官员的帮助,但并未得到响应。杨光先对此很不满，他曾在文章中指责这些人"尽叛其家学而拜仇人作父"。所谓"家学"，即大统历，而"拜仇人作父"，则是说他们投靠了汤若望。他还用"反摇尾于贼跖，以吠其生身之祖考"来挖苦讥讽他们。

由于汉官不给力，杨光先颇感失望，但他很快就与回回科官员建立了盟友关系。据清人彭孙贻《客舍偶闻》云，杨光先与吴明炫为同郡人，两人相善。明炫自谓知历，每次交谈，历数汤若望新法之误，杨光先闻之大喜。他正愁找不到懂历法的人为他提供炮弹，现在有了吴明炫这个"知历"之人，自然是求之不得。

吴明炫，又名吴明烜，后者因避康熙名讳而改。有史料把明炫、明烜误认为兄弟二人，实则不确。吴明炫曾任回回科秋官正，康熙历案发生后，他一度重回钦天监任监副。可以肯定的是，在康熙历案中，他是一个举足轻重之人。有人甚至推测，杨光先一系列反对西洋历法的文章，在策划、撰写和润色上可能都与他有过商量，并得到过他的帮助。这种可能并不排除。

在吴明炫的支持下，经过一番精心准备，杨光先终于再次出手，向西教发起了新一轮的攻势。一场惊天大狱从天而降，不仅震惊了全国，而且震惊了整个西方基督教世界。由于此案因历法而起，又被称作康熙历案。

康熙历案，起于康熙三年（1664年）七月，至康熙四年（1665年）三月结案，前后八个月。与以往不同的是，该案一是立案快，二是审判规格高，三是处罚严厉。

康熙三年（1664年）七月二十六日，杨光先具疏题参，状告汤若望等人图谋不轨，传妖书以惑天下，请依律正法。状告当天，堂司官便收下状子。八月初五日，密旨下部，谕礼部、吏部会审。次日，汤若望等传教士便到案受审。从立案过程看，前后不到十天，可见立案之速。

从审判过程看，此案先是礼部、吏部会审，之后刑部再审，再之后三法司复审，最后由亲王、辅政大臣、大学士、六部九卿和八旗都统等组成的御前会议进行终审。审判的程序十分繁复而漫长，而且经历了诉讼上的一切例行手续，并由最高的御前会议裁定。其规格之高，称得上是所谓的"一等大狱"。

从判决结果看，汤若望和七名钦天监官员处凌迟，五人斩首。与此同时，天主教被宣布非法，在京传教士一律充军，各省传教士则押送广州，驱除出境。这个判决可以说极其严厉，对西教堪称是一次毁灭性的打击。

出现这样结果也许让人意外。从顺治十七年（1644年）五月到康熙三年（1664年）七月，前后四年有余，杨光先使出浑身解数，上蹿下跳，试图扳倒汤若望，均告无果，可在康熙三年（1664年）七月，仅用半年时间便达到了目的。其实，说意外也意外，说不意外也不意外。中国是一个官本位社会，尤其是皇权统治时期，君临天下，一言九鼎，任何纷争，包括学术纷争，最终水落石出都取决于高层的态度。杨光先的胜利同样如此。

顺治十八年（1645年），福临病薨，其子玄烨继位，年号康熙。康熙皇帝继位时年仅八岁，由四大辅臣佐政。顺治死后，汤若望顿失奥援，而四大辅臣中保守势力占据上风。其中鳌拜和苏克萨哈都仇视西教，提倡复古。尤其是苏克萨哈，在德国人魏特的笔下，他"是最恶劣种类的基督教仇视者"。此时，恩格德，那个因擅改荣亲王葬期被流放的前礼部尚书也回到京城。朝中形势大变。杨光先也许正是瞅准了这个时机，兴起了大狱。

八月初六日，审判开始。到案的有汤若望、南怀仁、利类思、安文思等传教士和李祖白、潘尽孝、许之渐、许保禄等汉人。李祖白，即前边提到的《天学传概》一书的作者；许之渐，即许青屿，是为《天学传概》作序的翰林御史；而作为太监，许保禄的罪名则是帮助散发《天学传概》一书。杨光先的指控主要集中在三点：一是谋叛本国。在《时宪历》封面上竟书"依西洋新法"，暗窃正朔之权，以尊西洋。二是妖书惑众。声称天主上帝，开辟乾坤，污我国人乃邪教之子

43

孙。三是邪教布党京省。散布圣牌、圣像、十字架，以及教义等宣传品阴谋叛乱，并在澳门等地建立巢穴，"逆形已成，厝火可虑"。审判之初，主要围绕谋反展开，但这些指控，证据并不充分。

此后的审判又进入历法层面。由于天文学是一门专门的学问，不仅杨光先本人一知半解，那些审判官们也全是外行。面对一群外行，再好的争辩也无异于对牛弹琴。于是，传教士们提出你们控告新法虚妄谬误，那么，康熙四年（1665年）1月16日，恰逢日食。当时，西法、大统和回回三派都已进行推算，并将结果呈报礼部。谁对谁错，只要拿出来验证一下即可见出分晓。主审官员批准了这一提议。结果在众目睽睽之下，只有新法完全正确，而大统和回回均存误差。这一来，主审官们大为尴尬。此后，传教士们又提出要验证春分时刻，他们再也不敢接受。为此，杨光先辩解说："日食准否事小，谋夺他国事大。"他还说："宁可中夏无好历法，不可使中夏有西洋人。"这就偷换了概念，把学术之争引入了政治斗争范畴。接下去，为了保证审判有效地进行，他们开始在汤若望进呈二百年历、错用荣亲王葬期等事上大做文章。这些本属枝节问题，但却可以随心所欲借题发挥，乱扣帽子。

这样的审判对于传教士们简直就是一种折磨。作为首犯的汤若望，此时已是七十三岁高龄，加之不久前身患重病，"他的肢体麻痹瘫痪，甚至口舌结塞，而右手不能运用"，完全成了一个半残废之人。在审判中，他只能依靠他的学生南怀仁为他抗辩。南怀仁出生于比利时贝当城，十八岁时受洗加入天主教，精通天文、数学。三十四岁来到中国，先是在西安传教，后被汤若望召至北京，供职于钦天监。他是汤若望之后最著名的传教士和天算学家。康熙二十一年（1682年），他受到朝廷重用，官至钦天监监正，累加工部侍郎，是传教士中任职最高的官员。不过，当时他只是一名普通的传教士。由于他并非朝廷命官，因此在审判中，他与利类思、安文思和许保禄被系上九条锁链。这九条锁链三条系颈项，三条系臂腕,三条系腿足。这是重犯才上的刑具。由于南怀仁是四人中最年轻的,因此系他的锁链也最重。汤若望与李祖白等人,由于是朝廷命官,开始还受到优待,未上刑具,可等到案子转至刑部时,这种优待也取消了,就连重病在身、行动不便的汤若望也被毫不留情地系上九条锁链。

旷日持久的审判使病情不断加重的汤若望苦不堪言,但他坚持不认罪,不断为自己申辩,但他的抗辩毫无作用。因为审判过程只是一个形式,而结果早在审判开始前便已预设。据《汤若望传》说,为了赢得这场审判,杨光先和他的党羽们大肆贿赂,整个官司中花费白银四十万两,而回教徒贡献的宝珠就有十八颗之多。这种说法究竟有多少根据,不得而知。但最后的结果却是他们希望看到的。

康熙四年(1665年)三月,先后有二百余人参加的御前会议做出了最后的判决。对于历法之争,判词完全一边倒地站在了杨光先一边。最可笑的是判词中有"所摘十谬,杨光先、汤若望各言己是,历法深微,难以分别"之语,既然是"难以分别",又如何做出判决?其实,这也不难,只要在判词中采信杨光先的一面之词,而对汤若望一方的辩解只字不提,便可达到目的。因为对于那些复杂艰深的历法术语,也没有多少人能弄明白,包括那些审判官在内。真正让人明白的罪状只有两条:一是汤若望进二百年历,"俱大不合"。因为天佑皇上历祚无疆,难道我们皇帝的江山只有二百年吗?显然这是用心不良。二是,汤若望选择荣亲王葬期,"不用正五行,反用《洪范》五行,山向年月,俱犯忌杀,事犯重大",而且后果极为严重,导致皇贵妃和皇上先后薨逝,这是存心要毁我大清,实属大逆不道。

杨光先等人的策略收到了效果。其实,前一条罪状完全是欲加之罪,何患无辞,而葬期一案早在顺治朝就有定论。可在恩格德的运作下,如今完全翻了过来,不再是礼部误用时辰,而是钦天监"不用正五行,反用《洪范》五行"导致的恶果。这样一来,责任便完全落到钦天监的头上。在审判中,南怀仁极力为汤若望辩护，他说即便这个错误是钦天监造成的，也不能归咎于汤若望和其他受审的官员，因为在监局内他们只负责天算部分的工作，从不过问吉日的选择。然而，这样的辩解根本无人愿意去听。

康熙四年（1665年）三月，最终的判决下达了：汤若望和钦天监七人凌迟，五人斩首；在京传教士充军，各省传教士押送广州，驱逐出境。现在，只待最后一道手续，即呈奏皇帝批准便可执行了。传教士们的命运似乎已经注定，所有人都认为在劫难逃。他们在狱中互相鼓励，抱着为信仰而死的信念，并视殉教为一种无上的光荣。然而，就在这时，意外的事发生了——北京城和京师附近连续发生了天象异变。

据《清史稿·灾异志》记载："三月初二日，京师地震"；"初四日，锦州地震"；"四月十五日，滦州、东安、昌平、顺义，地震两次，房垣皆倾。"地震带来了极大的恐慌。另据《汤若望传》描述：就在判处汤若望死刑的文件呈送皇上与太皇太后时，是日11时，"北京便起了一阵地动，摇撼全城之建筑。由地内隆隆发出雷鸣之声。城内房屋之倒塌者不计其数，甚至城墙亦有百处之塌陷。连汤若望牢狱之墙壁，亦皆倒塌。城内多处地面裂成隙口，东堂房顶之十字，亦被震落于地。同时陡起劲风一阵，吹扫城市。地上吹起之灰尘，遮天蔽日，使北京顿成黑暗世界。人们俱由屋内窜至街上，看守传教士们之狱卒，亦皆惊窜逃亡。而宫殿中之纷乱则为最烈，皇上及太皇太后，所有宫中之妇女，宦竖太监，以及其他之大人物，俱皆逃至屋外，露宿于帐篷之中。这一次地动之后，同日还又继续发生三次，在以下三日中，每日皆发生一次"。

除此之外，早在康熙三年（1664年）冬，正当礼部和吏部会审汤案时，彗星便开始出现，而且持续两个多月才熄灭。利类思在《不得已辩》中有"星变者再，地震者五"之语，可见那段时间星变和地震之频繁。面对天象示警，朝廷宣布大赦天下，但汤若望等传教士并不在赦免之列。太皇太后这时发话了，认为对汤若望等人处分过重，并说先帝在时对汤若望恩宠有加，你们难道非要置他于死地吗？这位太皇太后就是一直把汤若望视为义父的孝庄皇太后，她是顺治的母亲，康熙的祖母。后宫的干预使辅政大臣们不得不对此案进行改判。

第一批获得赦免的有利类思、安文思、南怀仁和许保禄，他们被释放出狱；汤若望从轻处置，由凌迟改为斩首。看来，辅政大臣们仍然不想放过汤若望。可是，四天后，在太皇太后的干预下，此案再次改判，刑部宣布汤若望对荣亲王葬期并不知晓，情有可原，死罪可免，决定取消死刑，释放出狱。至此，西方传教士全部得到了赦免，但是，钦天监的汉人官员就没那么幸运了。李祖白等五名汉人官员仍被斩首。不过，许青屿（那个为《天学传概》作序的）由于不是教民，仅作削籍处置。据陈占山《杨光先评传》说，审判结束后，政府对传教士做如下处置：仍准汤若望等四位原来在京的传教士留居北京（原判为充军），但禁止传教；其他由全国各地押解至京受审的二十多位耶稣会士、多明我会士和方济各会士等，均押赴澳门。"以杨光先为代表的中国落后保守势力的排教活动，至此基本上达到了预期的目的"。

康熙历案后，西方传教士从钦天监中被尽数清除，朝廷任命杨光先管理钦天监，先是任他为右监副，杨光先一再推辞，五次叩阍辞疏。朝廷皆不准。在辞疏中，杨光先提出种种理由，所谓"六不敢受职之畏""二不敢受职之羞"，概而言之，即自己学识不够，难以胜任。他在奏疏中说，官以"钦天"名，必精于历数历理者，而他是"止知历理，不知历数"，"但知推步之理，不知推步之法"。这一点，他倒是有自知之明。的确，仅凭他对历法的那点皮毛知识，捣乱尚可，办正事万万不能。因此，接到任命，他吓得"汗流浃背"，无论如何不敢接受。但是，朝廷以为他是谦辞，五次驳回他的奏疏，不仅如此，还把授予他的监副改授为监正。

这一来，杨光先骑虎难下了，只能走马上任。上任之初，他罢西洋新法，试图恢复大统历，由于得不到相关人员的支持，加上大统历本身错误百出，此举困难重重。此后，他不得不寄希望于回回历，奏请吴明炫（此时已改名为吴明烜）为钦天监监副，以为臂助。

转眼三年过去了。十四岁的康熙皇帝开始亲政，朝中风气大变。康熙是个勤政好学的皇帝，从幼年开始便不分寒暑，昼夜苦读。除了对中国传统学问手不释卷，精研深读外，他对西方科技也颇感兴趣，并对天文、地理、算学等进行过认真研究。康熙历案发生时，他尚年幼，当政后重新审理此案，凭借的正是自己对天算学的深入了解。他曾这样说过："尔等惟知朕算术之精，却不知朕学算之故。朕幼时，钦天监汉官与洋人不睦，互相参劾，几至大辟。杨光先、汤若望于午门外九卿前，当面赌测日影，奈九卿中无一人知其法者。朕思，己不知焉能断人之是非，因自发愤而学焉。"

康熙对西方科技的虚心学习态度使杨光先的日子不好过了。在这之前，钦天监的工作屡屡出错。康熙五年（1666年）的两次日食都出现误差，引起非议。是年二月，杨光先奏请朝廷，请求采用北齐的候气之法，可这一千二百多年前的古法早已失传。杨光先四处延访，两年未果。与此同时，历法错误越来越多。

朝廷此时又想到了西洋新法，由于汤若望已病逝，决定起用他的学生南怀仁治理历法。康熙七年（1668年）七月，钦天监呈奏新制的康熙八年（1669年）七政民历。该历由吴明烜按回回历体系制作。结果其中出现两次春分、两次秋分，而且算错了闰月的时间。南怀仁发现后，具疏题参。可是，这份奏报起先遭到了辅政大臣的扣留。此时，四大辅臣中索尼、苏克萨哈已死，剩下鳌拜和遏必隆两人，同旗结党，把持朝政。尽管他们横加阻挠，但这份报告最终还是到了康熙皇帝的手中。

这是一个历史性的转折时刻。康熙皇帝下令调查此事。谕旨要求各派历法人员放下门户之见，本着谁对听谁的原则，"务须实心，将天文历法详定，以成至善之法"。根据康熙的谕旨，一次由各派历法人员参加的天算大会召开了。据《汤若望传》中记，这次大会召开的时间是康熙七年（1668年）圣诞节后的第二天。经过激烈的辩论，西洋新法完全占据上风，而杨光先和吴明烜所修的七政民历错误百出，受到极大的孤立。

在事实面前，杨光先仍然强词夺理，进行狡辩。会后觐见皇帝，南怀仁提出，应进行一次实地验证，以资证明各派方法的对错与优劣。对于这一提议，两名辅政大臣也无法反对。验证的结果很快出来了。在大学士图海等二十多位官员的监督下，"南怀仁所言悉应，吴明烜所言悉不应"。这是一次完美的胜利，西法的优越性和科学性也得到了充分的证明。

不久，杨光先被罢职，交刑部议罪，上命夺官免死。而南怀仁接替监正一职，继汤若望之后重新执掌钦天监。

康熙八年（1669年）五月，鳌拜案发下狱，遏必隆也被治罪。此后，南怀仁上疏，状告杨光先、吴明烜依附鳌拜，捏词陷人，诬告汤若望，致李祖白等无辜被戮，请求平反昭雪。下议政王等议，判杨光先斩刑，吴明烜杖流。后康熙念杨光先年老，免其死，遣返原籍（于返籍途中死于山东），吴明烜则杖责四十释放。与此同时，在康熙历案中受到牵连的传教士和有关人员均予平反，官复原职，恢复名誉。礼部还以皇帝的名义对汤若望修墓立碑，举行隆重的公祭仪式。一场轰动一时、前后长达十年的大案终于尘埃落定，画了句号。

杨光先死了，但他的故事并没有结束。康熙四十五年（1706年），由于礼仪之争，康熙下令全面禁教，传教士在中国的好日子结束了。它标志着一个较为开放时代的结束，并宣告了闭关锁国的开始。随着这个时代的到来，杨光先的地位开始逐步提升。历朝历代都有儒学名家不吝溢美之词，对其大加赞赏。一时间，

49

杨光先成了反教的楷模、时代的英雄。不过，对于这样的人，用今天的眼光来看，似乎不难做出判断，相信读者心里也自有一本清账。鲁迅先生早就说过："他（指杨光先）大约以为好历法专属于西洋人，中夏人自己是学不得，也学不好的。"可悲的是，这样的人今天还大有人在。是的，作为一个旧时代的标本，杨光先虽然早已远去，人们甚至不再记得他的名字，但他的阴魂似乎并未散尽，仍在四处飘荡，一俟时机成熟，就会借尸还魂，跳出来折腾一番，这样的例子倒也并不少见。

# 三、太平天国悲歌

咸丰元年，1851年。这一年八月，一个二十六岁的青年农民在家乡参加了太平军。他一把火烧了自家的房屋，和他一起加入太平军的还有他的兄弟。据这位青年后来回忆说，由于家中贫寒，父母养他兄弟二人，十分艰难。"家中之苦，度日不能"，他很小便以"种山帮工为食"；八岁至十岁间，曾随舅父读书，后因家贫中辍，不得不随父母"寻食度日"。这种缺衣少食、毫无指望的生活注定了这个青年日后要走上一条反抗的道路。因此，当太平军路过他的家乡时，宣布大家有食同享，他便毫不犹豫地投入了造反的洪流。

这个青年名叫李以文。也许你会对这个名字感到陌生。是的，1851年的9月，当他加入太平军时，起初只是一个普通的圣兵，直到几年后他才逐步崭露头角，成为太平天国后期最著名的统帅之一。1859年12月，即李以文参加太平军八年后，他被封为忠王，天王洪秀全用黄缎子亲书"万古忠义"四字相赐。不过，此时的李以文已不叫李以文，而改名为李秀成了。

李秀成是个极具军事天赋的人。在他初登领导岗位时，就很少打败仗，几乎就是一个常胜将军。如果在唐太宗手下，他会成为郭子仪；倘若在朱元璋手下，他会成为徐达，或者常玉春。然而，生不逢时，他偏偏生在洪天王的手下，这就注定了他的悲剧下场。

一个人再有能力也无法摆脱命运的安排，但个人的才华有时会在历史进程中大放异彩。

李秀成就是如此。

1856年，天京发生内讧，太平军元气大伤。清军借此时机，卷土重来，任命和春接替兵败自杀的向荣，出掌江南大营。两年之后，和春调集八万重兵，联营一百三十余座，挖沟筑壕，与此同时又在江中用舢板构筑水营，星罗棋布，环环相扣，把江宁周围百余里围得水泄不通。

为解天京之围，太平天国实施"围魏救赵"之计，四处出击，先后在浙、闽、鄂、皖、赣等地攻城拔寨，多方袭扰，诱敌分兵。

其实，太平军的战略并不是什么新东西，不过是几年前太平军一破江南江北大营时的老套路。当时和春的前任向荣就中了太平军的分兵之策，最后被太平军一举击败。然而，奇怪的是，和春居然没有接受教训，他并没有意识到危险的到来。作为一个军事指挥官，意识不到危险，实际上就是最大的危险。

果然，和春开始迭出昏招，一步步走进了太平军设下的圈套。他先是派兵援浙，后又派兵援闽。但太平军并不恋战，打了就走。他们神出鬼没，多点开花，湖北、江西、安徽也先后闻警。和春就像一个消防队长，忙不迭地四处扑火，随着太平军的指挥棒团团乱转。

就在和春四处分兵之时，太平军英王陈玉成和忠王李秀成两大名将突然挥师南下，三克扬州，二破江北大营。和春闻报，急派江南提督张国梁率部驰援，但太平军并不恋战，很快撤出。直到这时，和春还没有真正识破太平军的意图，相反，局部的胜利倒使他忘乎所以，放松了警惕。

1860年春，正在皖境作战的李秀成突然率部斜刺里杀入浙江，并迅速向省城杭州发起猛攻。警报传来，和春急派主力张玉良部驰援杭州。可是，还没等张玉良部逼近杭州时，李秀成突然一个漂亮的回马枪，剑锋直指天京城下。

据史料记载，李秀成是3月19日进攻杭州的，24日——仅仅五天之后，便撤了出来。但他诱使江南大营分兵来援的目的却圆满达到了。

致命的打击终于降临了！

李秀成撤离杭州后，迅速北上，一路过关斩将，以迅雷不及掩耳之势，连下高淳、溧阳、句容、秣陵关，直逼天京。与此同时，太平天国的另一主将陈玉成也率部自安徽全椒挥师东进。两路大军，"十道并进"，猛扑天京外围的江南大营。

直到这时，和春才明白自己上当了，但悔之晚矣。5月6日，太平军二破江南大营。所谓为山九仞，功亏一篑。转瞬之间，和春苦心经营的数百里长围顿时土崩瓦解，化为乌有。

太平军乘胜扩大战果，发起著名的西征。忠王李秀成挥师南下，席卷江浙，势不可挡。两江总督何桂清、江南提督张国梁、钦差大臣和春、江苏巡抚徐有壬、浙江巡抚王有龄，以及杭州将军瑞昌等高官名将都先后败在他的手下，而且一个个都死得很惨。

应该说，这是李秀成最鼎盛的时期。他的战绩辉煌，威名远播，令清军闻风丧胆。然而，就在和春战死后，清廷任命曾国藩接掌江南军务。李秀成碰上了真正的对手。

曾国藩是晚清赫赫有名的人物。他是湖南人氏，同进士出身，曾在朝中任礼部侍郎兼兵部侍郎。不过，咸丰十年（1860年），在江南大营二次溃败之前，他的地位远没有后来那么显赫，他所领导的湘军也不过是一支民团性质的非正规部队。

然而，时势造英雄。由于江南大营一溃再溃，清廷对绿营兵的无能表现失望至极，为了挽救局面，不得不倚重湘军，而曾国藩的地位也迅速提升。1860年4月，朝廷赏加曾国藩兵部尚书衔，署理两江总督。6月，实授两江总督，以钦差大臣督办江南军务，江南水陆各军均归节制。此时，曾国藩已成为执掌东南半壁军政大权的最有权势的人物。

李秀成的劲敌出现了。与曾国藩相比，李秀成几乎没有任何优势可言。1851年，李秀成加入太平军时，曾国藩已官至礼部右侍郎兼兵部右侍郎。这一年，李秀成二十六岁，而曾国藩已年届不惑。要论学问，曾国藩是同进士出身，而李秀成只读过两年书。当然，年资、阅历和学识并不决定一切，问题是曾国藩不仅年资、阅历、学识在李秀成之上，而且眼界、能力和胸襟也远非李秀成所能比，这就是李秀成最终败在他手下的原因之一。

有史家认为，曾国藩的才干，太平天国诸将中无人能及，除了洪仁玕之外。洪仁玕是天王洪秀全的族弟，自幼喜读经史，兼及天文历数，涉猎甚广。后至香港，留心西学，眼界大开。1859年他辗转来到天京，受到洪秀全的重用，命其总理朝政，加封为"开朝精忠军机顶天扶朝纲干王"。在天朝各级官员将领中，洪仁玕无疑是最有学识和眼界的，他所编著的《资政新篇》令人耳目一新，其中许多超前的先进理念，直到今天，仍令史学家们赞不绝口。然而，从严格的意义来说，洪仁玕只是一个理论家，不是一个实干家。他的许多先进理念只是停留于纸面上，从未得以实施。而且，由于他一到南京，身无寸功，便得到累累加封，这也引起了以李秀成为首的太平军诸将不满，虽有天王宠信，但他的计划却常常受到牵制阻挠，根本无法实现。

曾经有人假设，如果李秀成能与洪仁玕联起手来，以李的带兵能力，加上洪的战略眼光，完全可与曾国藩相匹敌，并使咸同年间的战局发生重大改变。但这种假设几乎没有可能。李秀成与洪仁玕不和，这是众所周知的事实。他也看不起洪仁玕，甚至不屑看他写的书，认为不值一提。李秀成以战功起家，在天朝最困难的时候，他挺身而出，发挥了中流砥柱的作用，可他晋封忠王却迟于洪仁玕将近八个月。天王的亲疏远近让他颇感不快。后来他在供述中抱怨道，咸丰九年（1859年），军情紧急，他守浦口日久，"内无军饷，外又无救兵"，天王疑他有变，甚至将他母亲和妻子押为人质。后又传说他有投清之意，"恐我有变，封我忠王，乐我之心，防我之变"。言下之意，封他忠王并非天王心甘情愿，而是情势所迫。

咸丰十年（1860年）的局势，由于江南大营的崩溃而变得错综复杂。太平军横扫江浙，使南方岌岌可危，临危受命的曾国藩这时尽管困难重重，但他并不慌乱。当各方都认为应该迅速出兵江浙时，他却把目光紧紧地锁定了长江岸边的古城安庆。

在曾氏看来，扭转战局，重在上游。用他的话说，即"固上游以规下游，防三省以图吴会"。这是他对当时总体局势的一个最重要的判断。

所谓上游，即指长江上游，其中包括武汉、九江和安庆。有人曾形象地比喻说，长江好比是一条长蛇，武汉为头，安庆为身，而天京则为尾。固上游，就是要先夺武汉、安庆，进而攻占天京；防三省，则指防住湖北、江西和安徽，之后江苏可图。

为了实现这一意图，湘军先是力克武昌，三进三出，最后得手。此后，又倾其主力杀向安庆。

安庆，又名宜城，是长江中游的一个重镇，地理位置十分优越。它东接皖南，北连皖东；南靠长江，与九江相连；西联湖北，与黄梅、蕲春、英山三县交界。自康熙六年（1667年）安徽设省后，安庆一直是省城所在地。太平天国建都南京后，安庆的战略地位变得极为重要。由于位于宁汉长江黄金水道之要津，它既是连接武汉和天京的纽带，又是天京的西大门。

因此，曾国藩认为，欲破金陵，必克安庆。按照他的计划，第一步克武汉，第二步夺九江，第三步便是占安庆。而其中最重要的一步就是拿下安庆。

安庆乃武汉、九江之门户，夺取安庆，就像扎下一根钉子，不仅切断了金陵的饷糈供给，而且也隔断了"江淮各贼"与天京的联络。因此，1860年春夏之交，在武汉、九江得手之后，曾国藩便指挥湘军主力全力包围安庆。应该说，这一部署立足全局，高屋建瓴，是解决时局的关键所在。

可是，江南大营溃败后，常州、苏州等地先后失守，朝廷急于挽救东南，连电湘军援吴，这就给曾国藩的部署带来了极大的困扰。当时，湘军主力只有万余人，另有各地勇营万余人，兵力十分有限。如果率兵援吴，就必须放弃安庆，这是曾国藩极不情愿的。

当然，对于曾国藩的想法，很多人感到不解，包括湘军内部。他们认为江苏远比安徽重要，无论从政治还是从经济角度来说都是如此。

胡林翼就劝说曾国藩，江浙不能不救，否则两省之民抱怨不说，"其毁誉，其悲悯之怀，与吴越人仰望之苦"，也令人不忍。但曾国藩认为，以现有兵力支援江苏，不仅于苏无补，而且会破坏整个战略。他一再强调说："安庆一军，目前关系淮南之全局，将来即为克复金陵之张本。"说到底一句话，就是安庆太重要了，非拿下不可！

7月间，李秀成大军攻克松江，直逼上海，形势更加危迫。朝廷谕旨急如星火，一再催促，令曾国藩体察情形，进兵苏常。但曾国藩坚持既定方针，一边应付朝廷，一边继续全力攻打安庆。好在此时北方一片大乱。英法联军攻占天津，两宫西狩热河。朝廷忙于议和，一时间无法东顾，这就给了曾国藩回旋的余地。此后将近一年时间，曾国藩专注于上游，死死地咬住安庆。

这一来，太平军坐不住了。安庆的重要性，曾国藩知道，太平军同样知道。对于天京来说，安庆除了战略位置重要之外，它还是太平军兵源、饷源的重要供应基地。在江南、江北大营长围天京的那段日子里，要是没有来自安庆的供应，天京早就支撑不住了。

因此，太平军十分看重安庆。自1853年攻克安庆后，就一直牢牢死守。太平军惯于流动作战，许多城市前脚打下，后脚撤出，并不重视地方政权的建设。除了天京之外，很少在其他城市长久立足，但安庆是一个例外。太平天国干王洪仁玕就说过"安庆一日无恙，则天京一日无险"，实乃精辟之语。

面对湘军死磕安庆，天京高层极度不安。按照太平军原定计划，是先夺取长

57

江下游苏杭沪地区，巩固后方，消除后顾之忧，然后再乘胜向上游进发，会攻武汉。这个计划是5月间在天京军事会议上制定的。但在执行中遇到了一系列问题。先是李秀成在攻克苏州之后，向上海进发，遭到洋人的干预，不得不改变计划，转而进攻浙江嘉兴等地。

此时，安庆在湘军的围困下已岌岌可危。9月25日，英王陈玉成赶到苏州与忠王会面，商讨下一步战略。会上，陈玉成重提救宜（安庆）计划，认为安庆万分危急，必须派兵驰援；但李秀成的看法是，进攻杭州，实比救援安庆更为迫切。用他的话说，苏杭好比鸟之两翼，光有一只翅膀是飞不起来的。

事后有分析认为，陈玉成主张救援安庆，本身并没错；李秀成主张先取杭州，同样也有道理。问题是陈玉成和李秀成都有私心。

对于陈玉成来说，安庆守将叶芸来是他的部下，他不能见死不救；而李秀成的小算盘是一心想在苏浙扩展地盘，发展势力，因而对救援安庆并不热心。

如此分析，听上去似乎都有道理，其正确与否，姑且不论。不过，二王的分歧却导致了太平军战略计划的重大改变。

据李秀成回忆说，八月（农历）中旬，"天王严旨颁到，命我赴上游"，领军扫北。这就是说，在忠王与英王的分歧中，天王站在了后者的一边。当然，天王的态度与干王洪仁玕有极大关系。干王原来是主张先夺取苏杭沪地区，巩固后方，然后再乘胜向上游进发，会攻武汉，但这时鉴于安庆局势危急，他改变了原先的想法，同意放弃下游转而进攻上游。这就使太平军5月间制定的战略计划完全发生改变。

李秀成对于这样的改变，内心是有抵触的，但在天王的严旨之下，他只能执行。太平军新的战略即远袭武汉，援救安庆。其要点是，乘湘军重兵云集安庆，武汉空虚之时，集中优势兵力奔袭武汉，迫使湘军回援，以解安庆之围。会议一结束，太平军立即行动，杀向湖北。这就是太平天国史上著名的第二次西征。

西征行动与太平军对付江南大营的办法如出一辙，几乎就是一个完整的翻版和拷贝。虽然仍是老套路，但却击中了湘军的要害。

太平军的西征战役打响后，陈玉成大军经由苏北、六安等地杀向湖北，李秀成大军则由皖南插入江西。太平军来势凶猛。从1860年12月至次年3月间，曾国藩的祁门大营几度遇险。12月底，李秀成、李世贤、杨辅青三路会攻祁门，身陷绝境的曾国藩甚至写下遗书，准备以死殉职。而在次年3月，李秀成第四次进攻祁门，距祁门仅二十余里地，使曾国藩文报不通，饷道断绝，再次陷入绝境。如果此时太平军全力会攻，后果不堪设想。然而，就在这关键时刻，李秀成竟撤围而去，全功尽弃。

李秀成开始犯错误了。这种错误只有在高手对决中才会出现，但对李秀成来说，失误的出现并非战术原因。有分析认为，李秀成是害怕湘军悍将鲍超。因为12月初，李秀成曾在休宁柏庄岭被鲍超击败，折损四千余人。还有分析认为，李秀成此次出兵的目的"并非欲争此处，实上湖北招兵"。但这些说法并非真正原因，真正的原因是他对"二次西征"始终不感兴趣，更多的是注意保存自身的实力，故而丧失大好战机，使曾国藩绝处逢生。

1861年3月，就在李秀成部转战皖赣之间时，陈玉成大军一路过关斩将，攻克湖北黄州，距汉口仅百里之遥。此时武昌的守军仅有三千余人，而湖北巡抚胡林翼则远在安徽作战。群龙无首，实力悬殊，武昌城内乱成一团。

消息传来，许多人都主张立即救援武汉，但曾国藩坚持不为所动。因为他早就看出了太平军的意图。如果分兵救援，正好中了太平军的计谋。事后，他在家书中写道："此次贼救安庆，取势乃在千里之外……贼之善于用兵，更狡更悍。"

然而，让人不解的是，就在武昌空虚，势难再保之时，太平军突然顿兵不前了。一般认为，这是洋人干涉所致。确实，英国参赞巴夏礼赶到了黄州，当面要求太平军立即停止军事行动。他的理由是，太平军攻打武汉会损害列强的贸易，破坏他们的商业利益，因为事涉外交，陈玉成只得停止行动，并向天京请示。

其实，洋人干涉只是一方面原因。更重要的原因是李秀成行动迟缓，从而导致了计划被迫中止。按照原定的方案，太平军两路大军，一路由陈玉成统率，一路由李秀成指挥，两军会师湖北之后再向武汉发起进攻。然而，当陈玉成的大军兵临武汉城下时，李秀成的部队却迟迟不见踪影，按照预定计划发起的攻击亦无法进行。

李秀成进军迟缓，后来广受诟病。有人认为，他是阳奉阴违，有意对抗"中央"。当然，对此说法也有人表示反对，这里不予置评。

客观事实是，李秀成比陈玉成晚了三个月，才率部进抵湖北鄂城。而此时安庆已危在旦夕，陈玉成不得不回师直接救援安庆。这就导致了太平军的作战计划再次发生改变。等到李秀成赶到湖北时，见陈玉成业已回师，便也退回江西，旋即返回浙江。至此，西征计划完全没有达到目的。

思想决定行动。西征的失败固然有外部因素，比如洋人干预等等，但最重要的还是太平军内部出了问题，特别是领军的陈玉成和李秀成思想不统一。李秀成想的是一鼓拿下江浙，包括上海，建立稳固的后方，但他的想法没有得到高层的支持。因此，他在行动上便表现得消极被动，一再出错。相比之下，曾国藩却是高手上阵，棋看三步。在武汉危急关头，很多人都劝他分兵武汉。可曾国藩丝毫不为所动，认为安庆得失关系全局之成败，除了胡林翼紧急调兵赴援外，围攻安庆的湘军主力丝毫未减。他指示其九弟曾国荃等围攻安庆的湘军将领，"勿弛安庆围，须坚守"，甚至说出了"吾但求力破安庆，其它得失，在所不惜"的话来。

曾国藩如此坚定，一方面是对安庆志在必得，另一方面是他识破了太平军的意图。自古成大事者，皆有一股狠劲，曾国藩就是如此。在长达一年多的战局中，他始终咬住安庆不放，以不变应万变。与曾国藩相比，太平军的计划却一变再变，最终导致了重大失利。

应该说，从这一刻起李秀成已经败在了曾国藩的手下，其严重的后果很快显露出来，但明眼人心里清楚，李秀成不是败在军事上，而是败在眼界和胸襟上。说到底曾国藩毕竟是一个以天下为己任的经国之才，而李秀成虽贵为忠王，但本质上和天王洪秀全一样，充其量都还是一个农民。

从5月开始，安庆大战进入了白热化。双方不断调兵遣将，投入了大量兵力。战斗极为惨烈，前后持续数月。直到9月5日，安庆在坚守一年后终于失守。太平军主将吴定彩及叶芸来等二万多将士全部阵亡。

安庆失守对太平天国来说是一场真正的灾难。它使西线太平军主力丧失殆尽，而天京也失去屏障，危在旦夕。有人认为，安庆之失是太平天国走向最后灭亡的重要转折。为此，李秀成受到多方批评。主持朝政的太平天国干王洪仁玕认为他消极参战，不顾大局，先是不能如约与英王陈玉成会师武汉，致使戎机一误再误；此后，又不执行五路救皖战略，由湖北回师江西，竟不救皖而入浙，致使安庆不守。他在信中说，不要以为手握苏杭两省，便可高枕无忧。"夫长江者，古号为长蛇，湖北为头，安省为中，而江南为尾。今湖北未得，倘安徽有失，则蛇中既折，其尾虽生不久。"

但对干王的批评，李秀成并不接受。在他看来，敌势未消，与其决战，并非上策，而剑走偏锋，直取苏杭，倒可出奇制胜。

客观地说，李秀成的思路倒也不无合理成分，而且从客观效果看，苏杭失守也的确给曾国藩造成了极大的被动。特别是杭州失守后，李秀成十万大军，三路包围，七路并进，把上海团团围住。如果得手，东南半壁江山将尽归太平军之手，局面也将为之一改，足以抵消失去安庆的重大损失。但让曾国藩感到庆幸的是，李秀成的计划却在进攻上海时遭受重大挫折。

1862年夏季，苏南战局发生逆转。进入8月，在曾国藩的指挥下，湘军水陆并进，水师由彭玉麟督率，连续攻陷下关、江心洲、蒲包洲，直抵天京护城河口；陆路则由曾国荃统领，一路推进，逼近雨花台。天京为之震动，天王洪秀全一日连下三道诏书，急令李秀成火速回援。

此时，李秀成久攻上海不下，暂时退守苏州。他在苏州召开紧急会议，分析局势，认为湘军包围天京，淮军进逼苏南，太平军两面受敌。眼下当务之急，是要做好长期防御的准备，而不是与敌硬拼。只要大家团结一心，坚守两年，清军久顿坚城，必无斗志，尔后我军可实施反攻，一举将其击溃。出席会议的众王都对李秀成的见解表示赞同，但方案报到天京后，洪秀全龙颜震怒。他指责李秀成消极避战，下诏严厉斥责。诏云："三诏追救京城，何不启队发行？尔意欲何为？尔身受重任，而知朕法否？若不遵诏，国法难容！"

据李秀成回忆说，主逼如此，不得不执行，只得调抽兵马，回师天京，无心顾及苏杭之事。他还把母亲及家眷送至天京为质，以"表我愚忠"。

8月中旬，李秀成大军启程回援，并按天王之令，向围攻天京的湘军发起反攻。9月初，太平军在雨花台一带与湘军展开鏖战。战斗持续了一个多月，一直打到10月中旬。毫无疑问，这是一场愚蠢的消耗战，太平军投入主要兵力，损失巨大，却毫无建树。

10月间，由于伤亡过大，加之断粮，李秀成被迫撤军。这让洪秀全大为不满，下诏严斥，并将李秀成革去王爵。

李秀成颇感冤屈，但也无可奈何。此时的洪秀全早已不是当年金田起义时的洪秀全了。他专制多疑，昏庸堕落，已经听不进任何不同意见。他的荒唐和固执甚至到了不可理喻的程度。有人惊诧道，此洪秀全乃彼洪秀全乎？因为前后相比，简直判若两人。这对太平天国来说，显然是一个最大的危机。

1847年，洪秀全创立了拜上帝会，开始了他的伟大事业。那时的他，胆略过人，振臂一呼，地动山摇。一位伟人说过，哪里有压迫哪里就有反抗，而且压迫得愈狠，反抗得愈烈。洪秀全的压迫来自于三次科考落榜。就在十年前，他第三次科考落榜后便一病不起，连续高烧四十多天。在昏迷中，他做了一个奇怪的梦。梦见自己升了天，还梦见了一个奇怪的老者。

　　这个老者长得何样？洪秀全在《太平天日》中告诉信徒们，此人头戴高边帽，身穿黑龙袍，满口金须，垂于腹上，相貌魁梧，身材高大，双手放在膝上，坐姿甚为严肃——他就是后来洪秀全心目中的"天父上主皇上帝"。

　　六年后，洪秀全再次参加了科考。这是他第四次，也是最后一次参加科考，但等待他的仍然是失败的结果。西方心理学家阿德勒（精神分析三巨头之一，新弗洛伊德主义代表人物）有一个著名的学说，人在极度自卑的情况下，往往会产生超越。这是所谓的"补偿心理"在起作用。洪秀全的情况似乎也吻合了这一理论。

　　在连续遭受落第的挫败之后，洪秀全找到了新的补偿途径，他开始热心地研读起宗教著作。其实，要说著作，严格讲还谈不上。那只是一套九本的小册子。这是洪秀全第三次参加科考时，在广州大街上无意中得到的。当时，有人在免费散发这套书，洪秀全也拿了一套。这套书的书名叫《劝世良言》。

　　《劝世良言》是一本宣传基督教教义的通俗读物，作者叫梁发。此人是一位华人牧师。他的文化程度不高，英文水平也有限，因此，这本书编得很成问题。它对基督教的解释并不准确，不仅存在不少误读，而且还想当然地加入了许多中国本土文化的内容。对此，传教士马礼逊就说过，此书虽是根据他的《圣经》译本编著而成，但书中用语"不免染有彼国固有之异教色彩"。

　　尽管如此，这本书还是给了在失败中走投无路的洪秀全以极大的精神抚慰。他开始"大彻大悟"，决定皈依"上帝"。当然，他的上帝就是六年前在梦中与他相遇的那个穿黑龙袍的老头儿。

找到了精神支柱，洪秀全开始为自己神圣的目标而奋斗了。他著书立说，传教布道。这期间，他写了一系列的书。其中最著名的有"三道"，即《原道救世歌》《原道醒世训》和《原道觉世训》。这是洪氏宗教理论的核心所在。在这套理论中，洪秀全自称是天父耶和华之子，基督耶稣之弟。他的使命是救苦救难，并宣称清帝是"阎罗妖"，在诛杀之列，而世人均为上帝的子女，平等的兄弟。他还仿照摩西十诫，订立天款十条，入会者必须遵守。洪秀全的好友冯云山和族弟洪仁玕等人最早入会，成了该会的骨干分子。

1847年，洪秀全前往广州，拜见了美国传教士罗孝全，希望得到他的施洗。但罗孝全发现洪秀全对基督教的理解完全是一知半解，有些地方甚至错误百出，与基督教义风马牛不相及。其实，这一点也不难理解。洪秀全是自学成才，他的理论是在《劝世良言》基础上创立的。而《劝世良言》本身就先天不足。

基督教认为，天父上帝只有一个儿子耶稣，可洪秀全却创造性地发明上帝有六个儿子。老大是耶稣，老二是他本人，以下类推，他的结拜兄弟冯云山、杨秀清、韦昌辉、石达开为三、四、五、六子。不仅如此，他还别出心裁，声称上帝还有一个女婿，这人就是他的妹夫萧朝贵。

对于这套无中生有，违反教义的篡改，西方传教士当然不能接受。可洪秀全却不以为然。他认为这些传教士未免孤陋寡闻，只知其一，不知其二。他还振振有词地说，我和上帝在梦中见过面的，你们谁又见过呢？

西方传教士们无言以对了，认为这未免太滑稽了！在基督教的经典和教义中，这是不可能的事，因为上帝是灵体，是无形的，不可能被人看见。

但洪秀全始终坚持自己的看法。实际上，他并非不知道自己的错误。在罗孝全处，他有机会完整地读到了中译本《圣经》，并得到了罗孝全的辅导和讲道。但此时，他已无法更改自己的理论，因为这样会使自己的信徒们产生混乱，不利于他的革命事业，同时为了维护自己的权威，他也不愿放弃自己是上帝之子、耶稣之弟的神圣地位。

在广州度过三个月之后，洪秀全带着遗憾和固执回到家乡。他没有得到受洗，但这并不影响他的事业发展。拜上帝会迅速壮大。

曾经见过洪秀全的外国人这样描述说："洪秀全号称太平王，身材颇高，被太阳晒成紫铜色的脸上，带着勇敢和自信的神情。他的年纪大约四十多岁，胡须和头发已经斑白。据说他有极大的勇气，虽然他的声调带着广州口音，却没有人知道他的真实姓名，也不知道他生在何处。"

当时围绕在他身边的不乏各种人才。除了杨秀清、萧朝贵、冯云山、韦昌辉外，还有"相貌奇丑，极瘦，肤黑如炭"的石达开。虽然石氏是一个文人，太平天国早期的文告大多出自其手，可在军事方面，他的才能一点也不比他的文采逊色。

这是一个优秀的团队。朝气蓬勃，充满生机，气吞山河，摧枯拉朽。他们喊出了"成者为王"的口号。"天下者人人之天下，非一人之天下。万世不易，世所未闻。"

然而，自打建都天京后，洪秀全像是变了一个人。他似乎忘掉了自己的理想，当年的锐气也荡然无存，一头扎进深宫再也不出来了。他曾经宣布要建立的美好国家，要实行的改革政策，也都置诸脑后。他所提出的《天朝田亩制度》曾受到多少史学家热烈追捧，可近年来人们才不得不承认它只是停留在文字上，说说而已，从来没有实行过。相反，他沉浸于极度的奢华和享乐之中。在他身边的女人不计其数。据他的儿子被俘后供称，他有八十八个母后，这已超过了"三宫六院七十二妃"的标准。他在宫中的雕花大床尺寸惊人，横直八尺，而妻妾由于太多不得不采取编号管理。

据李秀成回忆，天京事变后，洪秀全变得更加多疑，除了洪姓诸王，他谁也不信。早在1859年，他驻守浦口，由于军情紧急，天王就曾将他的母亲和妻子押为人质。这一次，他主动将家眷送至天京，也是为了解除天王的猜疑。可是，即便如此，洪秀全仍然对他不放心。不仅如此，他还变得越发固执和不可理喻。李秀成后来在自述中写道："主不修德政，尽我人生一世之愚忠对天。"是啊，除了"愚忠对天"，他还能怎么办呢？

1864年，战局已经变得无法收拾。由于太平军大队北上造成了苏南兵力空虚，这就给了淮军可乘之机。从1862年10月开始，淮军便大举北上，连克青浦、嘉定、常熟、昆山、江阴、苏州和无锡等地。短短不到一年时间，苏南战场便全线崩溃。

到了7月间，天京已被清军团团围住，失败的情绪四处蔓延。早在苏锡常相继失陷之后，李秀成退守丹阳时，他的堂弟李世贤便派人前来，劝他另做打算，千万不要回京。李世贤乃太平天国侍王、李秀成的忠实部下。此时，他正屯兵溧阳。在他看来，国势崩坏，天王昏庸，而京中朝政已为洪姓诸王所把持，此时回京无异于殉葬。他恳求李秀成前往溧阳，主持大计，共谋出路，但李秀成没有接受。

看到李秀成不听劝说，李世贤真有些急了。他知道忠王回京必无好结果。急切之下，他甚至打算出兵，强逼李秀成前往溧阳。但李秀成得知消息后，却轻车简从，提前赶回了京城。

李秀成后来回忆说："那时，我弟李世贤兵屯溧扬（阳），劝我前去，别作他谋，不准我回京。我不肯从。其（指李世贤）欲出兵前来，逼我前去，不欲我回京。后见势不得已，见我母亲在京，难离难舍，骨血之亲，故而轻奇（骑）连夜赶回京。"

李秀成赶回天京后，还抱着一线希望，试图说服洪秀全，放弃死守天京的愚蠢做法。在太平天国生死存亡的关头，这不失为一个明智的选择，也是一个保存实力，徐图再展的正确方针。到京的第二天，他便上殿启奏，陈述局势严重，必须采取果断措施。

李秀成说:"京城不能保,曾国藩兵困甚严,濠深垒固,内无粮草,外救不来,只有让城别走。"

洪秀全一听大怒,他指责李秀成贪生怕死,心怀二心。李秀成连忙跪下,再次陈奏,晓以利害。他向天王分析说,如今湘军占雨花台,南门之道绝;占江东桥,西门之道绝;占七瓮桥,东门之道绝;下关失,粮道亦绝。而城中,文者多、老者多、小者多、妇女者多、食饭者多、费粮饷者多,能战之兵却少,总之已无法再守。

他大声疾呼:"我主若不依从,合城性命定不能保了!"

洪秀全一听更加生气。他怒斥道:"朕奉上帝圣旨,天兄耶稣圣旨下凡,做天下万国独一真主,何惧之有?"

他还赌气说:"不用你奏,政事也不用你管。你想走就走,想留就留,一切由你。朕铁桶江山,你不扶,自有人扶。你说无兵,朕之天兵,多过于水,何惧曾妖者乎?你怕死,便是会死。政事不与你相干,朝政由我次兄勇王执掌,幼西天王出令。有不遵者,合朝诛之!"

话说到这个份上,李秀成知道再说什么已无用了。天王执迷不悟,已是油盐难进。于是,他仆地哀求,只求一死。

李秀成说:"请吾主一刀杀我,免我日后被俘受刑。为主臣子,未闲半刻,今将国之事启奏,主却如此责我,我愿死在殿前,尽心报答我主!"

洪秀全不予理睬,宣布退朝。李秀成回忆说:"如此启奏,主万不从。(我)含泪而出朝门,合朝众臣前来善劝。次日天王其知自过,赐下龙袍,以安我心。"

尽管洪天王事后表示了歉意,并赐下龙袍,但此时的他,昏庸固执,已无药可救。不仅听不进任何意见,而且不论何事,都鬼迷心窍,声称"有天所定"。除了天父、天兄、天王之外,军称天军,民称天民,国称天国,营称天营。好像他的一切都有天护佑，不可战胜。至于什么"万国独一真主""铁桶江山""朕之天兵，多过于水"之类，已近于胡话。

由于长期围困，城中缺粮已达极点，死者甚众。李秀成奏报天王，请求降旨，妥筹办法。洪秀全的回答竟十分可笑。他降旨说，没有粮食吃，那就吃甜露吧，此物可以养生。

所谓甜露，出自基督教神话。据《旧约》载，以色列人出埃及，一天晚上，旷野中有鹌鹑飞来，遮满了营。早晨，在营的四周地上出现露水。当露水上升之后，留下了有如白霜的小圆物。以色列人不知道是什么，便互相询问。这时，摩西便说："这就是耶和华给你们吃的食物。"

此时，洪秀全搬出所谓的基督教甜露，不禁让人目瞪口呆。众臣无人相信，都说："此食物不能食得。"

天王说："取来做好，朕先食之。"

众人面面相觑，无言以对。李秀成被捕后，曾在《自述》中抱怨说："（天王）入南京之时，称号皇都，自己不肯失志，靠实于天，不肯信人，万事具（俱）是有天。"

然而，天并不能拯救天国，包括洪秀全自己。6月1日，天王病故。据说，天王患病是食甜露所致，时间约在"三月将尾，四月将初"，当时病状已重，可他仍然信天，不肯吃药，结果病情加重，一命呜呼。用李秀成的话说，"此人（指天王）之病，不食药方，任病任好，不好亦不服药也"。洪秀全信了一辈子天，最后还是被天害了。

洪秀全死后，其长子洪天福登基，朝政更加败坏，洪姓诸王把持朝纲，胡作非为，并对李秀成极尽排挤之能事，天京局势愈加危殆。

天作孽，犹可违；人作孽，不可逭。正所谓灭六国者六国也，非秦也；族秦者秦也，非天下也。梁启超有云，假如让李秀成与洪秀全换一地位，则今日之域中，安知为谁家之天下耶！但这种假设毫无意义。后来，李秀成在牢中回顾天国得失成败时，曾悲叹曰："自乱于己，内外慌张，为将为臣，无法挽就（救）。"

7月19日，在洪秀全死后一个多月，太平天国终于走到尽头。就在这一天，天京陷落了。据说，是日午时，湘军挖地道至城下用火药轰塌城墙，从东门至北门，出现多处缺口。"隧道内所装火药爆裂，万雷轰击，天地为动，城壁崩坏廿余丈。"湘军呼啸奋登，前仆后继。李秀成扑救不及，眼看大势已去，众人泪流满面。李秀成心念幼主，直奔朝门。此时，幼天王已经失魂落魄，从宫内奔出。跟他一起跑的还有他的两个弟弟，分别为三弟光王、四弟明王。由于情况紧急，李秀全无法兼顾，只得丢下光王、明王，独护幼天王一人。出城前，他先带着幼主回家辞别母亲和家人，众人流涕不舍，但李秀成这时已顾不得他们了。危难时刻，李秀成再次表现了他无愧于"忠王"的称号。为了保护幼主突围，他还将自己的战马让给了幼天王，自己则换了他的"不力之骑"，这也是后来造成他被俘的重要原因之一。

天京破城后，战况极为惨烈。城中军民十余万奋起抵抗，"无一降者"。火光冲天，刀光剑影，喊声震耳，血流成河。李秀成在乱军中护送幼天王冲出城去，遇湘军追杀，被迫分兵两路，一路护送幼天王逃离，一路由他殿后掩护。

混战持续了整整一天，人饥马乏，兵士失散。李秀成由于把战马让给了幼天王，自己换坐的劣马此时已"不能行走"。他只好弃马，徒步逃上一座荒山，在一座破庙内暂避。天亮后，一个打柴人发现他，厄运由此降临。

这个打柴人名叫王小二。当地村民回忆说："他（王小二）是个不成户的东西，在丁村做田。"他发现忠王后，便去报告了陶大来。陶大来是八村的村董，他胆子大，很会来事。太平天国来了，他挂太平天国的旗子；官兵来了，他挂大清朝的旗帜。见风使舵，左右逢源。听了王小二的报告，陶大来便领人赶来。他从李秀成随身携带的物品上得出结论，此人定为太平天国大官，于是将他骗下山送交清营。

据史料记载，李秀成被俘地点就在今天的南京东南方山，其藏身的破庙名为海会寺。中华人民共和国成立后，南京文史机构曾对此展开调查，据一个名叫陶明才的当地老人回忆说，陶大来是他祖父辈，他捉了忠王送交湘军大营，受到曾九帅奖赏，"曾九（曾国荃）大人与他平坐吃茶，赏他功牌札子"，给足了面子。然而，一代名将李秀成就这样毁在了他的手中。

同治三年，公元1864年7月22日，李秀成在被捕后的第三天，被曾国藩杀害，终年四十一岁。

李秀成被俘后的表现历来存在争议。不可否认的是，他在大牢中一度有过"乞活"之念，当曾国藩从安庆赶来，以礼相见，他亦为之所动。特别是在其匆忙写下的《自述》中不乏软弱诡媚之言，一直为世人所诟病。对此，贬之者骂他是叛徒，而挺之者却挖空心思为其辩解，认为李秀成这样做只是为了争取时间，与敌斗智而已。

对此，笔者不予置评。不过，对于历史人物，我们无须拔高，亦无须贬低，只需实事求是，还其本来面目即可。诚然，按今天的标准，李之行为确实存在污点；不过，从他被俘后的整体表现看，仍不失男儿本色，令人敬服。下边仅摘录赵烈文日记（赵乃曾国藩的亲信幕僚，他的日记系亲身经历，其真实性自不待言）几条，读者不难做出判断。

其一，听说抓住了伪忠王（指李秀成），中丞（指曾国荃）亲自讯问，我（赵自称）急忙赶至中丞那里，只见兵勇割其臂上的肉，"鲜血直流，忠王不为所动"。

其二，当晚，我与周朗山至伪忠王处，与他谈了良久。问他为何不早投降？李秀成答："朋友之义尚不可谕，何况受了天王的爵位！"我问："你现在打算怎么办？"李秀成答："死耳……"

其三，"傍晚，李秀成被绑赴法场，谈笑自若，作绝命词十句，词句无韵而俚鄙可笑，交给监斩者庞省三，叙其尽忠之意，然后就诛。"

四、捻军的最后一击

"小阎王"是张宗禹的绰号,他是西捻军的最高统帅。关于他的背景材料大致如下:一、他是安徽蒙城雉河集(今涡阳)人;二、生卒年龄不详,约生于清嘉庆、道光年间;三、成分地主,家有良田千亩。

如果从"阶级论"出发,他完全不应该走上反抗的道路。但性格即命运,张宗禹从小就是一个不安分的人,单从外号"小阎王"便可见一斑。他的父亲是个恪守礼教之人,平日对他管束甚严,可结果适得其反。张宗禹自幼不爱读书,并厌恶科举,年稍长便与捻众交往。不久因为一件小事,他离家出走,投奔族叔张乐行,并跟随其转战南北。

张乐行是捻军早期著名的领袖,别号老乐,安徽涡阳人。早在太平天国起义之前,他已是淮北十八股捻首之一。咸丰三年(1853年),太平天国建都南京后,各地捻军纷纷起义响应,并在安徽北部雉河集会盟,公推张乐行为盟主。四年后,张乐行正式接受太平天国领导,被封为"沃王"。从此,捻军与太平军遥相呼应,并肩战斗。

捻军,又称捻子,或捻党。该组织最初起于安徽、河南一带,后逐渐发展至山东、江苏地区。他们"结则为捻,散则为民",经常一股一股地活动,故被称作"捻子"。所谓捻,即拧成一股,结为一体之意。

同治三年(1864年),由于叛徒出卖,张乐行遇害。此后,张宗禹继续坚持战斗。天京陷落后,南方的太平军基本肃清,但北方捻军却开始了新的联合。由于皖北根据地大量丧失,加之清政府的严厉剿杀,新的局势使分散的捻军又重新聚集到了一起。11月下旬,西北太平军的首领,遵王赖文光、淮王邱远才率两部太平军数千人，在皖北与捻军主力二万多人会合，一些太平军、捻军残部也闻讯赶来投奔，从而组成了一支以赖文光为首的统一的新捻军。据赖文光在《自述》中说，当时江北剩下来的捻军有数万，皆为蒙（城）亳（州）之众，其头目有任化邦、牛宏升、张宗禹、李蕴泰等，众人共推他为首，决心"誓同生死，万苦不辞"，"披霜蹈雪，以期复国于指日"。

赖文光是广西客家人。据说他是洪秀全之妻赖皇后的族弟。天王在金田起义时，他就跟随麾下，时年尚幼，但已英姿勃发，崭露头角。东王掌权时，他曾遭到排斥，在天京闲居数年，及至东王死后，他才又恢复权力。天京陷落后，他撤往北方，手下仍有数千之众，并具有较高的威望。正因为如此，皖北会师时，他才理所当然地被推为领袖。

对于起义军来说，当时的局势极为严峻，新的会盟无疑给大家带来了希望。此后，捻军重新开始活跃起来。其中著名的将领有任化邦、张宗禹。任化邦号鲁王，张宗禹号梁王，他们的王爵究竟是太平天国所封，还是他们自称的，历来存在争议。不过，二人的重要性不言而喻，他们与赖文光一起并称为捻军后期的"三大巨头"。

新捻军组建后，仍然保持原有的五旗军制，即用黄、白、红、蓝、黑五色军旗加以区分，但战术却有了重大改变，即易步为骑，采用流动战术。所谓易步为骑，就是改步兵为骑兵，以两条腿变四条腿，这就极大提高了作战机动性。他们呼啸来去，神出鬼没，像旋风一样驰骋于豫、鲁、苏、皖的广大地区，使清剿的清军追不上，打不着，只能干瞪眼儿瞧着他们纵横来去。

当时在北方负责剿捻的清军统帅是大名鼎鼎的蒙古亲王僧格林沁。早在同治元年（1862年），朝廷便授僧格林沁为钦差大臣，节制直、鲁、豫、鄂、皖五省兵马，目的就是要他迅速扑灭"捻患"。

僧格林沁的蒙古马队，号称天下无敌。在镇压太平天国北伐军时，占尽优势，令人生畏，捻军一开始也处处受制，损失惨重。然而，当捻军进行重组、改变战术之后，僧格林沁开始遇到了新问题。这个新问题就是：你有马，我也有马；你能跑，我也能跑。可跑与跑却不一样，一个是主动跑，一个是被动跑。捻军处处占据主动。他们想走就走，想打就打，忽东忽西，形踪飘忽，往来迅疾，而僧王爷只能跟在屁股后边，被他们牵着鼻子走，整天东奔西突，疲于奔命。

捻军的战术很明确，就是利用精骑善走的特点，"以走疲敌"。这一来，他们的目的完全达到了。可傲慢自大的僧王爷却不服这口气，他心里想，我堂堂蒙古马队能跑不过你们这些乱匪？我还不信了！于是，一根筋到底，穷追不舍，不达目的，誓不罢休。

有人劝他不能这么蛮干，部队会被拖垮的。僧格林沁大怒，抖着胡须骂："你这是扰乱军心，长他人志气，再说一句，看本王爷宰了你不可！"说着，拔出马刀，劈倒了身边的一棵小树。众人一看这阵势，都吓得闭上嘴巴，不敢再劝了。

于是，猫捉老鼠的游戏继续进行下去。

可捻军并非老鼠。他们也不是吃素的，瞅准了机会便会反咬一口。他们常常在运动中寻找战机，利用有利地形，出其不意，突施冷拳。不打则已，一打便是正着。等到清军大部赶到时，他们又倏忽而去，再次不见踪影。如此一来，僧王爷疲于奔命，吃尽了苦头，一败邓州，再败南阳，三败鲁山，损兵折将，死伤无数。

朝廷非常失望。两宫有一次召见恭王爷，问起战事。

太后说："听说僧王又吃败仗了？"

恭王答："正是。"

太后说："蒙古马队不是厉害吗？为什么灭不了捻匪？"

恭王答："捻匪极其狡诈。"

太后叹了一口气，说："僧王还有这个能耐吗？"

恭王无语。

于是，便有了调用曾国藩的打算。

其实，朝廷原先并不想调用曾国藩。同治元年（1862年）以后，湘、淮军渐成气候，曾国藩集军政大权于一身，朝廷隐约感到了不安。在这种情况下，他们非常希望培养满蒙亲贵的势力，以此达到与湘、淮军的平衡。和春、向荣先后死去，当时朝中有实力、有威望的满蒙将领所剩无几。其中最有名的一个是僧格林沁，一个是胜保。可这两人中，无论军功和地位，后者都无法望前者项背。因此，朝廷蓄意扶持僧格林沁。同治元年（1862年），命他以钦差大臣节制五省兵力（比曾国藩还要多一省），就是要拿他制约曾国藩。而一向傲慢自大的僧王爷也从没把曾国藩和他的湘军放在眼里。他曾放言说，若论战斗力强弱，"皖军为上，豫军次之，楚军（湘军）为下"。这明摆着是在贬低老曾。

同治三年（1864年），天京陷落后，对于清王朝来说，形势一片大好。尽管捻军还在扑腾，但在当权者看来不过是小鱼小虾，已不足为患，一鼓荡平，只是早晚之事。相反，倒是曾国藩的湘、淮军羽翼渐丰，成了一块心病。因此，天京一破，朝廷便开始了大规模裁军，其重点当然是要撤裁湘、淮军。然而，对于僧格林沁的部队不仅不裁，反倒不断补充增加，其用意不言自明。

可是，僧格林沁太不争气，北方捻军越闹越大，他却束手无策。朝廷打算派曾国藩前来，这让他深感脸面无光，而最气人的是，曾国藩的话还说得难听。他说，湖北已有僧格林沁和湖广总督官文两大钦差，再派他去，实无必要，且三个钦差"萃于一隅"，岂不要让"贼匪"轻视？言外之意，一是耻笑僧格林沁和官文无能，四百里内两大钦差，厚集重兵，却拿捻军毫无办法；二是真要我去也行，另两位得走人，否则三大钦差挤在一块，还不够丢人现眼的哩！

僧王简直气坏了！可气归气，现状却无法改变。就在朝廷欲调曾国藩时，捻军已离开湖北，一阵旋风似的刮向了河南。接着，他们又在河南接二连三地重创了僧格林沁所部。1865年3月间，捻军忽然北上，由黄河故道进入山东，数日之内便穿越曹县、菏泽、定陶、郓城、巨野、济宁等地，直逼直隶边境。朝廷下诏痛责僧格林沁无能，说他"玩寇纵敌"，任捻北来，僧王爷一肚子委屈，却有苦说不出。

为了挽回败局，他下令穷追不舍，一心要找到"捻匪"与之决战。从3月底到5月初，僧格林沁率部从河南追到山东，又从山东追到河南，之后再由河南追到江苏，再由江苏追至山东。短短一个多月，狂奔数千里，经常是一昼夜追赶一二百里。马队快，步队每追不及，疲困之极，累死者达数百人之多。

就这样，僧格林沁仍嫌速度太慢。他下达死令，马不停，人不歇，非得追上捻军不可。至于他自己也够以身作则，每日"寝食俱废"。有时累极了，便在道旁小憩片刻，"饮火酒两巨觥"，喝下后接着上马再追。有笔记称，僧王日夜追敌，常数十日不离马鞍，手累不能抓缰绳，便用布带将手捆于马上。其求胜心切，由此可见一斑。

可是，人毕竟不是铁打的，马也不是铁打的，时间长了谁也受不了。但僧王一意孤行，刚愎自用。从好的方面说，他是一不怕苦二不怕累，忠于职守，骁勇好战，可有勇无谋，跋扈鲁莽，尤其是缺乏科学态度，却是致命弱点。曾国藩早有预见："此于兵法，必蹶上将军。"他的话不幸言中。

1865年5月17日，疲惫不堪的僧军追至山东曹州，在菏泽高楼寨一带遭到捻军伏击。数万捻军主力呼啸而起，三路掩杀。清军迅速溃败。当天夜里，僧格林沁率少数亲随，冒死突围，此后失联。第二天早上，人们才发现他的尸体躺在麦田里，"身受八伤"。据杭州将军国瑞报告称，僧王是在激战中被长矛刺中坐骑，坠马落地，被贼匪所害。其阵亡处在曹州府城西北十五里，地名吴家店。而指挥这场伏击战的就是鲁王任化邦和小阎王张宗禹。

高楼寨一战，不仅葬送了僧格林沁，而且也使他的王牌马队毁于一旦。捻军声势大张，兵锋迫近京畿。清廷闻报，异常震撼，紧急调整剿捻方略，谕令曾国藩前往督师。

曾国藩到任后，根据僧格林沁失败的教训，归纳总结出了捻军的活动特点，即"打圈圈之法"，然后有针对性地制定了一套作战方略。其要点为：以静制动。你捻军不是能跑吗？好，你跑我不跑。我重点设防，先把你围起来，然后再加以剿灭。用他的话说，这叫"以有定之兵，制无定之贼"。

具体做法是在捻军经常出没的豫北、皖北、苏北、鲁南四省十三府重点防守，然后将这些点连成一线，形成一个大口袋，将捻军装在袋中，逐一消灭。

这一想法固然是好，可实施起来难度却很大。首先它需要四省督抚驻军齐心合力，同心同德，否则一点突破则前功尽弃。

然而，各地督抚守将各怀私心，谁也不愿牺牲地方利益。于是，各自为政，任由捻军纵横自如。时间一长，久而无功。朝廷急了，便开始追究责任。可是，各地督抚又把责任推给曾国藩，说他消极畏敌，未尽职守。他们还拿他与僧格林沁相比，说什么僧王爷再不济，人家鞍马劳顿，没功劳还有苦劳，而今他曾大帅倒好，安居徐州，风不吹雨不淋的，倒是气定神闲，可捻匪却愈加猖獗了。

面对无端批责，曾国藩大呼冤枉，可他一张嘴说不过多张嘴。面对腾章四起，谤议盈路，不禁大感头疼。

为了改变局面，他不得不对原先的战略加以修订。即在重点设防之外，增设运河、沙河与贾鲁河防线。曾国藩认为，贾鲁河、沙河是捻军闯入山东、皖北必经之地，只要扼守住这道防线，捻军的行动就会受限，然后，"各分汛地，层层布置"，便可渐逼渐紧，最终把捻军驱逐至豫西山多田少贫瘠之处，加以歼除。

应该说，这一方案比先前的方案改进了不少，也更加完善。但是，你想得好不等于做得好。计划再好也得人来执行。就在曾国藩千辛万苦，好不容易将千里长堤修筑起来之后，一天夜里，捻军大队突然冲破开封以南防线，向东奔突而去。守护堤防的河南防军几乎是一击即溃。千里长堤，铁壁合围，转瞬化为泡影。

计划再次受挫，于是抨击之声又起。就连李鸿章也对这一做法的可行性表示了质疑，甚至讥讽这种"修墙筑堤"之法，说是"闻者皆笑其迂"。他还写信给刘秉璋说，古有万里长城，今有万里长墙，不意秦始皇在千年之后，竟然遇见公等知音了。这话显具挖苦之意，虽是对刘秉璋说的（刘为河防之策的热心筹划者之一），实则却是暗讽曾国藩。

面对这种局面，曾国藩一筹莫展，又气又恨。在给曾九弟的信中，他无奈地表示，数万大军"想与敌交一下手而不可得，可恨之至"！想当年，轰轰烈烈的太平军都被他打下去了，而如今面对擅长"打圈圈之法"的捻军，他却无能为力，难建寸功。随后不久，"匪氛更炽"。捻军分为东西两股，一股深入山西，一路挺进河阳。朝廷焦急万分，不得不对剿捻人事做出重大变动，即令李鸿章前往接任曾国藩。

同治六年（1867年）2月李鸿章走马上任了。自咸丰三年（1853年）以来，清廷为剿捻先后派遣了二十二个统帅，到李鸿章已是第二十三个。这其中有亲王、总督、巡抚、总兵不等，一个个你方唱罢我登场，结果都难竟其功。现在，轮到李鸿章登场了。

此时的李鸿章信心满满，志在必得。但是，让他没想到的是，就在他刚上任不久，捻军就当头给了他几棒。

1866年12月间，就在李鸿章督师前不久，捻军在杞县、河南一带分为东西两支：一支由赖文光、任化邦率领，继续周旋于山东和中原一带，称为东捻军；一支由张宗禹率领，前往陕甘，联络回众，称为西捻军。

捻军一分为二，这是战略上的重大调整，也是形势所迫。当时清军调集了大量军队，集中于苏、鲁、豫、皖地区，进行围追堵截。捻军虽然挫败了曾国藩的多次围堵，但局势并未改观，相反更加严峻。在此情况下，赖文光认为"独力难支，孤军难立"，特命梁王张宗禹等率部"前往甘、陕，连结回众，以为犄角之势"。

对于捻军的分兵之策，史学家历来有不同的评论。一种认为，这无疑是削弱自身的错误做法，从而给了清军逐个击破的条件；而另一种则认为，分兵陕甘，联络回众，扩大了捻军的基础，有利于进一步开展斗争。

究竟哪种说法正确，其实很难做出判断。不过，就在李鸿章督师不久，便从湖北传来消息，东捻军主力正在安陆臼口镇一带集结，李鸿章闻讯便立即调集各路大军开始向安陆进发，计划就地围歼。这是李鸿章上任后实施的第一个战役部署。各路大军包括刘铭传、张树珊、周盛波、鲍超以及郭松林的新湘军，总兵力达到七万之众。朝廷对此寄予厚望，认为"鄂省地势非平旷，马力不能施展，若各军四面夹击，齐心并力，必可痛挫其锋"。李鸿章也回奏称，"圣上英明，指授机宜，极其透彻"，"目下军势既集，网罗已张"，必将就地围剿，痛歼其匪。

然而，他的话音未落，接二连三的打击便接踵而至了。先是郭松林的新湘军在罗家集中了埋伏，之后张树珊部又在杨家河全军覆没，张树珊战死。事情到此还没完，不久，尹潞河之战爆发，号称"淮军第一名将"的刘铭传同样大败而归。紧接着，东捻军又在蕲水歼灭湘军彭毓橘部。仅仅半个月，湘、淮军便接连大败，损兵折将。这让李鸿章极为震惊，无地自容。这时，轮到曾国藩看笑话了。他在给九弟信中说："人都说捻子善避兵，只怕打不着。我则说，不怕打不着，只怕打不胜。即便鲍超、刘铭传等与之相遇，胜负也很难说。"

出师不利，使李鸿章开始清醒下来，不得不认真研究对策，并调整作战方略。原先他对曾国藩的所谓"河防"不屑一顾，说是"闻者皆笑其迂"，并讥讽古有万

79

里长城，今有万里长墙，不意秦始皇在千年之后竟遇知音，但在接二连三地吃了败仗之后，他才真正领会到曾国藩的良苦用心。对付捻军，光从陆路围剿显然不够，而利用河防，限制其流动，则不失为有效之策。直到这时，李鸿章才认识到，还是老师的手段高明啊！此法虽笨，但笨法自有笨法的道理。于是，他决定仿效曾氏"筑墙之法"来对付捻军。万里长墙终遇知音！但知音者，已非曾氏，而是他李鸿章了。

1867年春，东捻军从湖北突围进入河南南阳一带。当时他们面临两个选择：一是北上陕西，二是西下四川。可是由于陕西就食困难，而四川路途遥远，赖文光与任化邦等人磋商之后，决定东上山东，进入富庶的胶莱一带。

战略专家认为，这一决定实际上存在重大失误。因为它给了李鸿章利用运河和胶莱河作防线围剿捻军的机会。

从1867年6月，李鸿章在认真研究和部署之后，决定实施"倒守运河"之策。所谓倒守运河，就是将原来的东岸设防转为西岸设防。为了保险起见，他设下了两道防线：一道是胶莱河防线。其战略目标是困敌于胶莱海隅，加以歼灭。第二道是运河防线。此防线的战略目标是，万一捻军突破胶莱防线，则利用运河防线，继续围歼。

为了确保这一计划的实行，李鸿章亲自巡阅运河，沿途察勘，并督修长墙。"炎风烈日之中，弁勇昼夜兴作，劳苦异常"，"七月初间，运西长墙一律完整"。接着，李鸿章又调集数万重兵，其中包括淮军的全部主力，以及山东、河南、直隶等地的部队，层层设防，铁壁合围。

但是，尽管他周密部署，还是未能达到目的。原因是山东巡抚丁宝桢并不配合。就在他指挥各路军马层层合围时，东捻军却在胶莱防线的北端突破鲁军防线，渡过潍河。李鸿章几个月的精心筹划转瞬化为泡影，他又气又恼，指责丁宝桢

"慢师轻敌",玩忽职守,可丁宝桢并不买账,随即以牙还牙,攻击李鸿章调度不力,"纵贼误敌"。他还把责任推到淮军身上,认为潘鼎新部行动迟缓,救援不力,而李鸿章"徇私诿咎,倒置是非",完全是推卸责任。

虽然李鸿章身为钦差大臣,专办剿匪事宜,但他管不了丁宝桢,后者作为一省大员也根本不听他的话。

说到底,这是个体制问题,或者说是中央与地方的矛盾。李鸿章早在督师伊始,就曾提出统一事权,明确地方权限,以防掣肘,可他的想法根本无法实现。曾国藩督师时就因地方掣肘,一事无成,现在轮到李鸿章吃苦头了。

丁宝桢是晚清名臣。他是咸丰三年(1853年)的进士,历任编修、知府、巡抚,后来官至四川总督。《清史稿》称他"严刚有威"。很多年后,他出任山东巡抚时,曾杀了慈禧身边宠宦安德海,为民除害。其铁面无私,刚正不阿,盛传一时。李鸿章碰上他,算是遇到硬茬儿了。两人腾章相诋,你来我往,朝廷不耐烦了,于是各打五十大板:下令李鸿章"交部议处",丁宝桢摘去顶戴,革职留任。这是清廷惯用手法。不过这一顿板子,倒把李鸿章打醒了。是啊,这么闹来闹去,对谁都没有好处。眼下要紧的是尽快消灭捻军,建功立业。否则,曾国藩前车不远。

李鸿章脑子转过弯来后,便不再认死理了。他开始主动讲和,首先进行自我批评,认为大敌当前,应该一致对外。丁宝桢也是个吃软不吃硬的主儿,冷静下来之后,也以和解的姿态做出了回应。此后,双方达成共识,一致决定加固运防,共同对敌。

然而,就在这时,朝中有人对运防提出了质疑,认为这玩意儿曾国藩过去搞过,李鸿章现在又搞,但都没搞出什么名堂,所谓劳而无功,不如罢之。

李鸿章一听这话就急了。如果说,几个月前,他还是运防的嘲弄者和否定者的话,那么,现在已是坚定的捍卫者了。在他看来,灭捻者,非运防不可,除非另有更好的办法。至于运防眼下尚未奏效，问题不在运防，而是另有原因。他上书陈述理由，请求不罢运防，认为现在需要的是耐心，千万不能朝令夕改，否则前功尽弃，军心亦为之动摇。

李鸿章的请求最终得到了采纳。对于东捻军来说，这实在是一个不幸的决定。从9月初至11月下旬，短短的两个月间，淮军在加强运防的前提下，施展了猛烈攻势，以刘铭传为首的四支精锐的游击之师以骑制骑，以快制快，接连获得了胜利。尽管东捻军突破了胶莱防线，但仍被困于狭长的运河防线之内，无法摆脱淮军凶猛的追击，在连续不断的打击下，损失惨重。

9月间，李鸿章移师济宁，做进一步部署。此后不久，东捻军在山东境内频遭重创，被迫向江苏北部游走。刘铭传部紧追不舍，一路跟进。据报，11月17日，在日照的追击战中，铭军击中任化邦的右耳，尽管伤势并不严重，但李鸿章仍然很重视，并专门向朝廷报告了此事。

任化邦，小名任柱，安徽蒙城人，小捻子出身，自幼就跟随叔父舞枪弄棒，加入了捻军。他的哥哥、弟弟，包括妻子在内，都是清一色的捻军。任化邦勇猛善战，高楼寨打死僧格林沁、罗家集重伤郭松林、杨家河击毙张树珊、尹潞河大败刘铭传，这些战斗都是任化邦亲自指挥的。在捻军内部，他的名气甚至要超过赖文光。李鸿章把他看作死敌，认为他是"亳州积年巨捻，最为凶悍之首逆"。

日照之战中，任化邦被淮军枪弹所伤，但所幸未及要害。负伤后，他率部迅速退至苏北赣榆，然而刘铭传跟在后边紧咬不放。为了改变被动局面，任化邦决定利用淮军远道疲乏，对其实施伏击。11月19日下午1时左右，铭军与善庆马队来到了赣榆城下。他们找到了当地老百姓，打听捻军去向，得知捻军已向青口一带退去。

刘铭传下令继续追击。此时，天降大雾，四野昏暗，数步之外不见人影。铭军行进之中，突闻喧嚣四起，只见大队捻军黑压压地从四面围扑而来。一时间，杀声震天，地动山摇。

铭军立即展开反击。刘铭传与善庆分头迎敌。洋枪队连环施放，火光冲天，捻军正面的冲击虽然被抵挡住了，但很快又有大队捻军从铭军身后包抄过来。

在运动中伏击敌军，这是任化邦的拿手好戏。无论高楼寨，还是尹漋河，他都频频得手。这一次也如法炮制。

然而，就在双方激烈拼杀之际，捻军突然不战而退，队中有人惊呼："鲁王中弹了！"随着喊声，只见一伙人护着一具尸体向后狂奔而去。

铭军乘机追杀，捻军大败。

事后据报，捻军败退是因为任化邦在战斗中不幸身亡。杀死任化邦的不是淮军，而是捻军内部出了叛徒。此人名叫潘贵升，系任化邦手下内五营头目，他在安邱之战后被刘铭传收买（刘许以三品花翎，并赏银二万两）。于是，潘某等人乘着激战之际实施了暗杀计划。马队哨官邓长安受命从背后开枪，任化邦中弹身亡。李鸿章后来在报告中称："任逆被枪子洞穿腰肋，登时毙命。"

任化邦的牺牲是捻军的重大损失。在东捻军中，任化邦与赖文光可谓最佳搭档。一个善战，一个善谋。李鸿章曾评价说："任柱马步贼为最善战，赖汶（文）洸（光）为最善谋，两逆狼狈相倚，固结不解。"任化邦战死后，赖文光顿失臂膀。此后，起义军开始一蹶不振，连遭败绩。12月间，淮军主力在寿光给予了起义军致命打击。这一仗，东捻军几乎被打光，残部仅剩数百骑跟随赖文光冲破六塘河，沿运河南下奔逃，最后在扬州瓦窑铺一带被围，赖文光不幸被俘。时间是1868年1月5日深夜。

赖文光被俘后，在扬州英勇就义。至此，东捻军全军覆灭。李鸿章甚为得意，他在给朝廷的奏折中称，东南五省全境肃清，所有捻逆全股扑灭。

然而，就在东南捷报频传之时，西捻军张宗禹部已在陕西越过黄河，进入山西，并将剑锋指向畿辅。

自 1866 年秋，出于战略需要，捻军分为东西两支，张宗禹便一直是西捻军的统帅。其部约有五万之众。他们入陕，一路所向披靡，11 月便打到西安城下。陕西巡抚刘蓉的湘军接连大败，朝廷急调左宗棠督办陕甘军务，率部驰援。由于久攻西安不下，1867 年 2 月，张宗禹率部进入渭北，与回民起义军联合作战，并继续采用流动作战方式，飘忽不定，来往闪击，搞得左宗棠焦头烂额，疲于奔命，却一无所获。

左宗棠乃湘军名帅，他才华出众，果断干练，但恃才傲物，目空一切，也是出了名的。他自比诸葛亮，并以"老亮"自号，但他这个诸葛亮遇上捻军却没了脾气，抓又抓不住，打又打不着，只得徒唤无奈，忧愤不已。李鸿章曾讥讽他说，张总愚（这是李鸿章对张宗禹的蔑称）、任柱，虽是天下无赖子，但老亮绝非敌手！

1867 年 11 月，张宗禹转战陕北，连续攻占安塞、迁川、绥德等州县，就在这时传来了东捻军的告急文书。此时，任化邦在赣榆遇难，局势岌岌可危。为了援助东捻军，张宗禹本打算直接发兵苏、鲁，但考虑到那里清军云集，不易得手，于是决定施围魏救赵之计，率部直插京畿，以迫使清军回防。是年年底，西捻军从陕西渡过黄河，由晋南进入豫北，再由豫北转向直隶，并在冀南渡过滹沱河。到了次年的正月，进抵定州，威逼京畿。

清廷为之震动，急调各地勤王之兵十万之众，集结于直隶，实施围堵。当各地清军蜂拥而至之时，张宗禹才得知东捻军已全军覆没，他们的救援行动已失去意义。

于是，他召集众将商议，认为直隶为险境，不易久留，必须速回陕北，与回军会合，以免被清妖围困，重蹈东路军覆辙。

计议已定，西捻军开始迅速回撤。他们计划从河南退回山西，再由山西退往陕西。然而，由于清军围追堵截，西捻军的撤退并不顺利，只能被迫游走于直、豫、鲁三省平原，与敌周旋，再寻找机会退回陕西。

此时，李鸿章平定了东捻军，率淮军大队北上，这对西捻军如同雪上加霜。由于兵力相差悬殊，起义军的情势更加危殆。尽管如此，清军的战绩一开始却不明显，相反倒是一片混乱。究其原因，一是多头指挥，体系混乱。当时，应朝廷之令，北上宿卫之兵计有湘、鲁、豫、直、皖、吉等各军，由恭亲王奕䜣出面节制。于是，直东战场几百里之内，竟然出现了三个钦差大臣、一个总督、三个巡抚、两个侍郎和一个将军。而且，在这些大员之上还有一个总指挥恭亲王。俗话说得好，一个和尚挑水吃，两个和尚担水吃，三个和尚没水吃。现在，一下子来了这么多和尚，结果可想而知。李鸿章对此大为不满。他说，这样下去，将一事无成，"其免于九节度使之溃者几希"。

除了多头指挥外，更让李鸿章头疼的是碰上了左宗棠这个老冤家，处处与他作对。他提出"圈制"，以守待变，左宗棠偏不同意，力主强力追剿，两人互相抵牾，争执不休。

左宗棠为人一贯强势，不甘人下。早在湖南巡抚骆秉章手下做师爷时，他就十分霸道。师爷并非正式官员，但由于骆秉章的器重，他大权独揽，甚至比巡抚还巡抚，整个湖南官场提到左季高没有不害怕的。有一天，永州镇总兵樊燮前来汇报工作，骆秉章便让他去找左宗棠。樊燮来到左宗棠那里，由于没请安，不禁惹恼了左师爷。

左宗棠说："武官见我，无论大小，都要请安，你为何不请安？"

樊燮说："朝廷体制，哪有规定武官见师爷要请安的？武官地位虽轻，我好歹也是朝廷二三品官。"言外之意，你左某连个品级都没有，还在我面前摆什么谱啊！

左宗棠一听这话，立时大怒，起身就踢樊燮，嘴里还骂道："王八蛋！你给我滚出去！"搞得樊燮狼狈不堪。

这事发生不久，便有人上书把左宗棠告下了，朝廷令湖广总督官文查处。官文早想整治左宗棠了（有人说，樊燮之事其实就是官文暗中指使），于是便要严办。幸亏胡林翼、曾国藩出面说情，南书房行走潘祖荫也上疏力保。疏中有"国家不可一日无湖南，湖南不可一日无左宗棠"。此句流传一时，使左宗棠名声大噪。后来，此案大事化小，小事化了，左宗棠不仅没有受到查处，反而得到了提升。再之后，他入了曾国藩幕府，从此开始青云直上。《异辞录》中说："左文襄（左宗棠谥号文襄）勋业，以幕客时为始。"此言不虚。

左宗棠入曾幕，与李鸿章一样，都受到曾国藩的器重。曾国藩待他们，官分上下，情同兄弟。早年在湘军，左宗棠驻地与曾国藩大营相距数十里，每次来，曾国藩总要设宴招待，并戏称："大烹以养圣贤。"左宗棠能吃而善谈，每次来也不把自己当外人。入座则盘杯狼藉，遇到大块肉食，便动手撕扯，大吃大嚼，恣意笑乐，旁若无人。

左宗棠是出名的"杠子头"。凡事爱抬杠，每抬则必争上风。有时，较真起来，怒目而视，仿佛要打架一般。他与曾九、李鸿章等经常抬杠，彼此较起劲来，互不相让，言语冲撞，难免伤及和气。早在曾幕时，李、左之间就不融洽，除了湘皖地域之见外，左宗棠行事张扬，为人刻薄，这也不为李鸿章所喜，但李、左真正不和却始于同治三年（1864年）。

晚清中兴名将，号称曾、胡、左、李。无论年资，还是其他，左宗棠似乎都在李鸿章之上，但到了同治三年（1864年），淮军后来居上，李鸿章的地位已有超越左宗棠之势，这让老左心里很不舒服。

金陵会攻，朝廷屡诏李鸿章往援，可李鸿章碍于曾氏兄弟的关系，一边按兵不动，一边南下图浙。这一来，等于把手伸进了左宗棠的地盘，老左岂能容忍？他告李鸿章"越境掠功"，李鸿章当然不承认。两下打起嘴仗，你来我往，怨恨的种子从此便埋下了。

刘秉璋说过，李文忠与左文襄皆当世之英，两强相遇，各不相让，久之遂生意见。此话颇有道理。

有笔记载，一日，某公请客，李鸿章和左宗棠都来了。席间，李鸿章说："非翰林不入相。左公伟业盖世，封侯封公，我不敢望，惟有大学士一位，恐怕要让我一筹。"清制，大学士必由翰林提拔。李是翰林出身，而左只是举人。李鸿章知道左宗棠不服自己，故有此言，意在挖苦老左。

另有笔记称，洪杨之乱后，李鸿章与左宗棠闲谈论功。李说："你别尽自夸张了，死后谥号不能得一'文'字。"

谥号，乃死后封号。按定例，非进士翰林出身，不得谥"文"字。这句话同样是在刺挠左宗棠。左闻之默然，半响无语。

左宗棠一生最大的缺憾就是没能考中进士。他二十岁中举，偏偏此后接连三次会试（考进士）都铩羽而回，不禁心灰意懒。他曾有诗云："蚕已过眠应做茧。"句中流露了无法排解的郁闷之情。此后，他一见到进士就不舒服。后来，他做了陕甘总督，便重科榜（举人）而轻甲榜（进士）。有进士翰林来见，他大多没有好脸色，言辞中也多有揶揄。

俗话说，打人不打脸，骂人不揭短。李鸿章的话无疑是在揭短，触到左宗棠的痛处。尽管李鸿章的话后来并未应验，左宗棠死后破格得谥号"文襄"，但在当时李鸿章的话还是让他大受刺激。

左宗棠是个心高气傲之人。他刚明果断，勇于任事，这是他的优点；但他性格要强，为人处世，一味霸蛮，很难与人相处，这又是他的缺点。

西捻军进逼直隶后，李鸿章受到朝廷严责。出现这样的局面，李鸿章认为这都是左宗棠惹的事，他在陕西剿贼不力，结果放贼出山，殃及鄙人。不过，鉴于丁宝桢的教训，他决定忍让，主动求和。在给曾国藩的信中，他写道："鸿章此行迫于大义，吃苦受气是分内事。拟再与左公议和，但勿相犯，决不失敬。"

不久，李鸿章进驻山东德州，主动与左宗棠寻求和解，朝廷也令恭亲王协调李、左关系，而此时的左宗棠由于追剿不力，也开始反思自己的战法。6月间，漳、卫上游，陡发山洪，运河水位猛涨。西捻军三面遭水，行动困难，被迫徘徊于直鲁边境。左宗棠看到战机有利，开始接受李鸿章"圈制"之策。6月14日，李鸿章与左宗棠在德州桑园会晤，这就是著名的桑园会议。李、左两巨头的携手，带来了直东战场的重要转折。

西捻军的噩运开始降临了。从6月至8月间，湘、淮军利用运河、黄河和大海的长墙工事，对西捻军实施全面围剿。7月14日，在商河之战中，张宗禹中弹负伤。据李鸿章的奏折称，"商河之战，逆首张宗禹自带黑旗队冲阵，被我军枪伤落马，枪子自背后穿小腹而出，贼数十骑扛之而逃，群贼立即纷溃"。

在报告中，李鸿章还写道，他亲自审讯了张宗禹亲兵毛牛儿等人，证实"小阎王"张宗禹"腹受枪伤甚重"。最后，他的结论是："张宗禹受伤情形甚为确实，既系子穿小腹，似亦万无生理。"

然而，他的话音未落，几天后，张宗禹又出现在济阳鄢家渡、龙王庙一带，这让李鸿章很没面子。

8月4日，西捻军在商河、乐陵一带遭遇淮军追击，张宗禹率部试图摆脱，但淮军诸将次第追击，并逐步形成合围。战斗从19日一直持续到28日，西捻军突至山东茌平附近的南镇，陷入了刘铭传、潘鼎新、郭松林等几路大军的联手合击。西捻军顽强抗击，直至数千将士伤亡殆尽。最后，张宗禹仅带数十骑突出重围，在高粱地里不知所终。

茌平一战，是西捻军的最后悲歌。此战，他们全军覆没。张宗禹之兄张宗道、其弟张宗先、其侄张正江等全部阵亡，就连他的儿子张葵儿也未能幸免，被官军抓获，只有张宗禹去向不明，众说纷纭。

官方宣称，张宗禹投水而死，其依据是李鸿章的报告。李鸿章在报告中称，民间纷传张宗禹投水淹毙，后来抓获了张的亲随王双孖。李鸿章与袁保恒等亲自提讯。王犯供认，他跟随张宗禹九年，战败当日，张带八人逃至徒骇河边，自知难逃一死，不肯受刑戮之辱，遂令随从七人各自逃命，自己则下马脱衣投水而死。

据此，李鸿章在报告中作出认定，张逆"投水伏诛毫无疑义"。至于尸体没找到，李鸿章的解释是："惟刻下黄水盛涨，灌入徒骇，深不见底，事隔多日，该逆尸身随水漂流，必已腐烂无从寻认。"

这份报告写于8月25日，即战后十多天。9月6日，李鸿章再次上报，确认张宗禹之死"毫无疑义"。报告称，前审王双孖，王犯供称"逆首张宗禹投水淹毙"。此后又对降贼王结巴亲加研讯，"所供与王双孖相符"。因此他再次认定："是日（捻匪）全股歼除，张逆亦毙，嗣经各处搜捕并无实在匪踪。"

但是，对于这种说法有人表示质疑。尤其是左宗棠，一直不相信张宗禹投水自杀之说，认为这是李鸿章弄虚作假，贪功求赏。他上疏称，张逆未死，必伏后患。为了抓住李鸿章的把柄，他"多方搜剔"，并派兵四处搜寻证据，这让李鸿章大为恼火。两人关系进一步恶化。李鸿章觉得左之所为，完全是出于嫉妒。在给曾国藩的信中，他愤愤不平地指责左宗棠，称他是"阿瞒本色，于此毕露"。然而，尽管存在争议，张宗禹的下落始终不明，最后朝廷只能接受李鸿章的说法。《清史稿》等史书也都如是记载。

那么，张宗禹究竟是否死了呢？

学界看法不一，直到如今仍然未有定论。不过，在如今的河北沧州孔家庄却有一座张宗禹的墓碑。据说，张宗禹跳河后并没有死，而是逃到了孔家庄，隐姓埋名活了下来，直到二十年后病死。临死前，他才道出自己的真实身份。民国版的《沧县志》有如下记述：

张首败后，逃至邑治东北之孔家庄，变姓名为童子师，后二十余年病死，即葬于其庄，至今抔土尚存焉。其临殁时告人曰："吾张宗禹也。"

事过一百多年后，有人去孔家庄追访，并发表了《捻军领袖张宗禹下落考察记》一文，载于《齐鲁晚报》。文中记述了张宗禹逃至孔家庄后的生活情形，并配发了张宗禹墓碑的照片。照片上的墓碑孤零零地竖在荒草丛中，显出了几分凄冷。看着照片，不禁让人心生感慨：轰轰烈烈终归平静，尘埃落定，日月依旧。

另据《张宗禹传略》记，张宗禹尚存一子，其后裔如今都生活在皖北故里。

五、刘铭传的无奈

刘铭传最后一次辞官是在公元 1891 年 5 月 5 日，光绪十七年三月二十七日。从他光绪十年（1884 年）抵台督办军务始，至光绪十七年（1891 年）被革职离任，前后六年多时间，这是他一生中最重要，也是最辉煌的六年。这六年里，他抗法保台，在台湾全面推行自强新政，开启了台湾的近代化进程。他原计划用十年时间来实现他的宏伟蓝图，可是不到六年，他便不得不辞官离开这块他曾寄以希望、付出极大心血的土地。

刘铭传一生多次撂挑子，史料称他"凡五进，而辞退十有八焉"。这其中大多是托病泄愤，以此表达心中的不满。而这最后一次辞官，却是真正伤了他的心。

刘铭传是合肥西乡刘老圩人，办团练起家，后加入淮军。他家境贫寒，兄弟六人，其排行老六，小时因出天花，脸上留下麻点，故有"六麻子"的绰号。这个绰号听上去很不雅观，但刘铭传并不忌讳。民间相传，有一天，他的夫人陈氏正在作画，刘铭传在一边看得高兴，便提笔助兴，在上面画了一些梅花，并随手题下一首诗。诗云：

圈圈点点又叉叉，
顷刻开成一树花。
若问此花何人画，
大潜山下刘六麻。

俗话说得好，人如其名。刘六麻子生性粗犷，桀骜不驯。年轻时贩过私盐，十八岁时就杀过人。从一些记载看，他长相短小精悍，面色刚毅，声若洪钟。与人相处，从不迁就，稍有不合，便拂袖而去，每逢争执，更是面红耳赤，毫不相让。即便在高官权贵面前，也不失本色，依然故我。李鸿章是他的老上司，对他恩重如山，但他从不巴结，遇到不如意的事，一言不合，照样顶撞。有一次，李鸿章做寿，别人纷纷送上重礼，唯恐落在他人之后，只有刘六麻子按合肥乡俗送上两斤寿面、两条方片糕，并附诗一首：

　　时人个个好呵泡，
　　鸡鱼肉蛋整担挑。
　　惟有省三情太薄，
　　二斤挂面两条糕。

　　李鸿章看了，不以为忤，反倒深爱其才，对他多方呵护和提携。据说，曾国藩第一次见他后对他评价甚高。那是淮军刚建军时，领导接见，于是众人在李鸿章的率领下早早来到大帐恭候。可是，左等右等，过了半天，领导始终没露面。在场的人，包括李鸿章在内，都静候于客厅，默默等待。这是官场的规矩，可刘六麻子却耐不住性子，心里的火气直往上蹿。最后按捺不住，终于跳起脚来嚷道："要见就见，不见便罢，再不来老子就走啦！"

　　此时，曾国藩正在屏风后偷偷观察。事后，他对李鸿章说："脸上有麻子者，帅才也！"曾国藩没有走眼，刘六麻子后来果然成了淮军的一员猛将。他勇武剽悍，充满血性，所部之铭军，更是淮军之劲旅。

　　然而，清代重文轻武，提拔封疆大吏，更是讲究功名。可刘铭传不是科班正途出身，只读过几年私塾，尽管靠战功一路升迁，年未三十而提督畿疆，但在"右文左武"、文人治世的环境下，提督虽然也是一品大员，地位却远不如文官，而且武将当到提督也就当到头了，要由武转文，位列封疆，简直难上加难。虽然李鸿章有心提携他，屡次举荐，均未能如愿。为此，刘铭传意见很大，曾做诗发泄心中不满："盛朝修文不用武""文章两字误苍生""官场贱武夫，公事多掣肘""武夫如犬马，驱使总由人"……如此种种，可见怨气极大。当然，要说刘铭传迟迟得不到提拔，全怪客观因素那也不对，就其自身而言，责任也不小。

刘铭传作战勇猛，且谋勇兼备，这是他的优点；可他桀骜不驯，粗犷率性，又是他的缺点。这种性格很不适宜官场。官场讲究的是"忍"字，凡事不能由着性子，可刘铭传偏偏是火爆性子，受不得半点委屈。遇事稍不如意，说炸就炸，说崩就崩，还动不动就撂挑子。用李鸿章的话说叫"性不耐官"。李鸿章的幕僚吴汝纶也评价他是"淮军杰出人才"，但"龙性难驯"。

事实也确实如此。同治六年（1867年）底，东捻军被镇压下去，刘铭传作为淮军主力，立了大功，可朝廷功大赏轻，只封他一个三等轻车都尉世职（三品），很多人都替他抱不平，就连曾国藩也认为功赏"相去万倍"。为此，刘铭传极为不满，常在酒后发牢骚。这年冬天，淮军在山东济宁休整，刘铭传便带头撂起挑子，公开上书"乞退"。朝廷令他率部北上，镇压西捻军，他也拒不应命，屡屡以"伤疾并发"为由，请求回乡养病。李鸿章知道他是心气不顺，多次劝他，让他先忍忍，可他就是不听。李鸿章无奈只得答应他的请求，后报经朝廷同意，准其回乡养病。

刘铭传回乡不久，剿捻战局一度陷入被动。由于战事吃紧，朝廷旋即下令取消刘铭传的假期，令其回任。哪知东捻军被平定后，朝廷的封赏依然吝啬，只给了刘铭传一个一等男爵，尽管他立下了赫赫战功。刘铭传气不打一处来，立马上书请求开缺，再次撂起挑子。

不久，天津教案发生。七国军舰云集大沽、烟台一带，扬言要武装报复。鉴于局势危殆，朝廷不得不再次催促刘铭传回任，令其带兵备战。

一年后，天津教案平息，朝廷任命刘铭传督办陕西军务，并授以"专折奏事"特权。这一安排自然是李鸿章保荐的结果。李的用意是以此作铺垫，为他下一步出任陕西巡抚打下基础。可是，刘铭传到了陕西之后，却不听李鸿章的劝告，与当时的陕甘总督左宗棠闹起了不和。眼看矛盾越闹越大，清廷便耍起了惯用手法，各打五十大板，这让刘铭传咽不下这口气。不久，便以"脑痛欲裂，坐卧难安"为由，"自解兵柄，养疴田园"。这已是刘铭传第三次辞官，时在同治十一年（1872年）二月。

这一次，刘铭传辞官时间最长，前后近十年。这期间，他开始大兴土木，寄情山水。每日与人饮酒、赋诗、下棋，消遣时光。据地方文献记载，刘铭传的出生地原在离刘老圩西北约六华里的四方郢子，后迁至旱庄。这里是刘铭传创办团练扎寨之处。刘铭传辞官回乡后，由于家中妻妾多，人丁猛增，难以安置，便在旱庄西北角建起新居刘老圩，又在六安九公山建了一处别墅——刘新圩。刘老圩依山傍水，面对大潜山，金河水穿流而过，圩基包括水面占地近百亩。四周深濠高墙，设有碉堡、炮台和吊桥，内有亭院楼阁、花园假山、小桥长廊、池塘花木，以及仓库、米房和马库等，规模浩大，盛极一时。圩内还修有一座六角亭，该亭四面环水，石桥相通，专门用来放置西周著名青铜器——虢季子白盘。这是刘麻子打下常州后，从太平天国护王府中缴获的战利品。这件宝物后来成了刘家的传家宝。

刘铭传解甲后，曾撰过两副庙联。一联是：

十载河东，十载河西，眼前色相皆成幻；
一时向上，一时向下，身外功名总是空。

一联是：

万户侯，何足道哉！听钟鼓数声，唤醒四方名利客；
三生约，信非虚也！借蒲团一块，寄将七尺水云身。

从这些诗联中透露出的信息以及他大兴土木、寄情田园的情况看，刘铭传好像已经看破红尘，不再把功名放在心上，实则不然。刘铭传向来是一个干大事的人，他心雄万夫，志存高远，虽出身布衣，起于行伍，与科举无缘，但书读得并不少。史料说他"少读书，喜奇略"，诸如"医药、壬奇、占候、堪舆、五行之书"，无不涉猎，"尤好兵家言"，可见其所学甚博。他还长于诗文，著有《大潜山房诗钞》，曾国藩为之作序，称其诗有小杜、苏、黄豪侠之风，如同其用兵"横厉捷出，不主故常"。因此，刘铭传虽不是一个传统的读书人，但同样深受儒家思想影响，报国之志，家国情怀，深入骨髓，渗于血脉。他曾叹曰："生不爵，死不谥，非夫也！"意思是说，生不封爵，死不加谥，不能算是大丈夫。因此，像他这样胸怀远大抱负之人又岂会看破红尘，把国事置之度外呢？

事实上，在赋闲期间，刘铭传一点也未闲着。他购置了许多西方报刊、译作，同时认真阅读中国史籍，"静研中外得失"，密切关注着国家安危。他的座上宾多是一些思想开明、心怀忧患的高蹈之士，如吴汝纶、马其昶、薛福成、陈宝琛、徐润等。这些在中国近代史上都是大名鼎鼎的人物。那段时间，边疆危机纷至沓来，国家并不安宁。每每谈起敌国外患，刘铭传便感到匹夫有责，大志难伸，于酒酣耳热之际，更是按捺不住，情绪激奋昂扬。有一次宴会，他拍案而起说："公等识之，中国不变西法，罢科举，火六部例案，速开学校，译西书，以励人才，不出十年，事不可为矣！"

光绪六年（1880年），伊犁事变发生，西北边陲告急，朝廷用人之际，李鸿章觉得机会来了，便向朝廷保荐刘铭传出山。可刘铭传一到北京，便放了一炮——上了一道《筹造铁路以图自强折》，立时捅了马蜂窝，引起轩然大波。最后，他的奏折被否定，刘铭传心里窝了一肚子火，既失望又气愤，于是屁股一拍，再次打道回府，过起了隐居生活。

这一过，又是将近四年。直到中法战争爆发，他才又重新出山。

1882年5月30日，法军入侵越南东京（今河内）。越南是中国的西南邻邦，且"久列藩封"，已二百余年。法国的行动不仅是对宗主国的挑衅，而且对中国西南边陲的稳定直接造成了威胁。6月初，清政府出兵越南，中法对抗，一触即发。

此后两年多时间里，中法两国打打谈谈，谈谈打打，直到观音桥事变发生后，战争才全面升级。

观音桥事变发生在1884年6月23日。原先两国交战只在越南境内，观音桥事变后，法军决定开辟第二战场，把战火烧向中国本土。随着局势危迫，朝廷"需材孔亟"，而宿将元勋凋零已稀。在这种情况下，朝廷又一次想到了刘铭传。

其实，早在一年前的5月，中法交涉相持不下时，李鸿章就提出起用刘铭传，打算令其调募数营，统带前往粤西，作为后路援军。可朝廷没有马上采纳李的意见。9月间，朝廷指示李鸿章，如法人肆意要挟，和局难保，必须做好开战的准备。

于是，李鸿章再次提出起用刘铭传，称刘主动请缨，表示愿率旧部万人赴越作战。并说当时驻扎在天津的刘盛休，驻防江阴、吴淞的唐定奎、吴宏洛各营，均为刘之旧部，堪称"久经大敌，素称劲旅"。

朝廷闻奏，指示李鸿章"悉心酌度"，并未立即下达任命。转过年来，局势越发紧张。就在观音桥之战发生前两个月，即1884年4月11日，朝廷终于下达了起用刘铭传的谕旨。谕旨云：

97

> 前直隶提督刘铭传，统兵有年，威望素著。前患目疾，谅已就痊。现值时事艰难，需材孔亟。着李鸿章传知该提督即行来京陛见，以资任使，毋稍迟延。

消息一传出，《申报》立即刊文赞扬。声称刘铭传"统兵垂二十年，洵称'百战宿将'，朝野咸相倚重"，对他出山寄予厚望。

这时候，清政府也显得有些迫不及待了。4月30日，朝廷再度下谕，声称"近来越事益急"，"迭谕沿海疆臣妥筹战守"，并特召刘铭传等"来京听候调派"。

1884年6月26日，观音桥事变发生第三天，法国政府迅速采取行动，批准建立中国海域舰队，将原来东京分舰队和中国与日本海分舰队合而为一，组建中国海域舰队，由原东京分舰队司令孤拔将军为总司令。法国海军及殖民地部部长裴龙在当日致电孤拔，令其立即率部开赴中国海域。

就在同一天，清政府也发表了对刘铭传的正式任命。谕旨云：

> 前直隶提督刘铭传着赏巡抚衔，督办台湾事务。所有台湾镇、道以下各官均为节制。
> 　　　　　　　　　　　　　　　　　　　　　　　钦此

刘铭传终于再次出山了。这是一次历史的选择。在国家和民族的危急关头，沉寂十余年的刘铭传临危受命，肩负起了时代的重任。

1884年7月16日，刘铭传渡台赴任，这已是他第五次被起用了。然而，他不负重望。在前后八个月的时间里，率领台湾军民，抵抗住了法国的进攻，创下了不朽的功绩。而这一切都是在极端困难的条件下取得的。

众所周知，清政府对台湾的重要性历来认识不足。康熙皇帝甚至一度认为

"台湾仅弹丸之地,得之无所加,不得无所损",加上台湾孤悬大海,远隔重洋,交通隔阻,管理不便,与大陆各省相比一直处于落后蛮荒状态。同治十三年(1874年),日本侵台事件发生后,随着对台湾的重要性认识不断加深,清廷在对台兵力增加和防务投入上也逐年有所增加,但这些投入与增加,与台湾的实际防务需求相比仍差之甚远。及至中法战争发生,清廷方感切肤之痛,"两宫宵旰忧劳,其时内外臣工,无不以台湾无备为恨"。

刘铭传初到台湾,大战在即,而台湾的装备落后与防卫薄弱让他惊诧莫名。"海防以船为命,无师船即无海防。"可台湾四边环海,澎湖隔海相望,除了四艘年久失修的运煤船外,连条像样的轮船都没有。

基隆乃台湾三大海口之一,如此要塞,仅四座炮台,而真正管用的新炮只有五门,而且无法旋转,仅当一面。此外,其炮台和工事修筑也粗制滥造,不合法度,根本无法作战。法国舰队副司令利士比在派人侦察后,曾致函法国海军及殖民地部部长裴龙,声称占领基隆并不困难,因为它们装备不良,守卫薄弱,仅有五门克虏伯大炮。实际情况也是如此。据基隆之战后《申报》报道,基隆四座炮台中只有第三座炮台上的五门克虏伯大炮进行了反击,并"将法船击成数洞,坏其烟囱",其他几座基本没有发挥作用。

除了海防薄弱,台湾守军的素质和训练也较为低下。用刘铭传的话说,即兵滑将贪,营务废弛;装备落后,武器杂乱;训练形同虚设,"虚名空额",随处可见。更为严重的是,台湾烟瘴之地,染烟勇丁几达半数以上,致使战斗力明显下降。

面对如此险境,刘铭传因地制宜,一边整军备战,修筑炮台、工事,一边激励民众,凝聚人心,动员各方力量。他呼吁全岛各界,有钱的出钱,有力的出力。考虑到台湾兵力不足,他还发动民众,在全岛组织乡勇团练,以配合守军作战。为了凝聚人心,提高战斗力,他还设法消弭湘军、淮军之间的矛盾,调动一切积极性，打退了法军多次进攻。尤其沪尾大捷，清军高奏凯歌，大获全胜。时人有诗赞曰："黑海涛雄一剑寒，北风吹断鼓帆干"；"一战功成收沪尾，三军血涌饮楼兰。"就连在场观战的英、美驻淡水领事也给予高度评价，认为"只有在台湾的中国军队才能够一比一地坚持与法国人交战，这大部分应归功于刘铭传精明的准备和几位淮军军官的指挥才干"。

沪尾之战的胜利，对刘铭传来说意义重大。此战不仅粉碎了法军的进攻，而且迫使法军彻底打消了进犯沪尾的图谋。更为重要的是，此战过后，法军的攻势被遏制，中法军队开始进入了一种长期的相持和拉锯状态。这种消耗战对于法军来说，显然不利。因此，有人评价沪尾大捷是具有转折性的决定一战，它彻底扭转了台湾的战局。

10月28日，即沪尾大捷之后二十天，朝廷下达谕旨，正式任命刘铭传为福建巡抚。消息传出后，《申报》立即发表评论表示祝贺，认为这是"国家之福，天下苍生之福"；甚至认为朝廷如能早一点下发任命，马尾惨剧亦可避免，"则闽江军备不至糜烂，而今日全台即可通他省之接济，而不绝本省之救援矣"。评价之高、期许之厚都达到了空前高度。

中法战争结束后，台湾的重要性日益凸显。战后，朝中大员一致认为台湾建省，势在必行。公元1885年10月12日，醇亲王奕譞、礼亲王世铎、庆郡王奕劻和北洋大臣李鸿章等十六人联名上奏，提出以福建巡抚改为台湾巡抚，"以责专成，似属相宜"。这一奏请当天便得到批准。

太后懿旨云："台湾为南洋门户，关系紧要，自应因时变通，以资控制。着将福建巡抚改为台湾巡抚，常川驻扎。福建巡抚事，即着闽浙总督兼管。所有一切改设事宜，该督抚详细筹议，奏明办理。"

这是一个历史性的决定。对台湾来说，意义重大。但是，刘铭传一开始对这一决定并不赞成。他认为,台湾建省的条件并不成熟,困难太多。首先,台湾一旦建省,将失去福建接济,于台湾发展不利。其次,台湾"番民"尚未归化,开发程度较低,这也是建省的一大难题。因此,接到建省谕旨后,他便上了一道《台湾暂难改省折》,建议台湾暂缓改省,"从容筹办"。尽管刘铭传的建议符合实际,具有一定的合理成分,然而,清廷并未采纳他的主张。光绪十一年(1885年)十二月十二日,朝廷驳回刘铭传的上疏。谕云:"刘铭传所请从缓改设巡抚,著毋庸议。"于是,台湾正式从福建划出,成为中国的第二十个行省,而刘铭传也成了台湾首任巡抚。

虽然刘铭传暂缓建省的主张并未得到批准,但台湾一旦建省之后,作为一省巡抚,他便全身心地投入。与此同时,台湾建省之初,清廷高度重视,表示全力支持,这也给了刘铭传很大的信心。早在1884年6月,刘铭传奉诏出山,进京觐见太后时,就上过一道奏折,提出海防十条,内容包括办防、募勇、练兵、改革、培养人才等内容。他当时就对台湾的建设有一个清晰的设想。建省之后,他在这十条的基础上拿出一个十六条建省方案。这一方案十分全面,包括军事、社会、经济、交通和教育等各个方面。这是一个庞大的计划。刘铭传雄心勃勃,计划用十年时间大干一场,彻底改变台湾的面貌。

台湾的军事落后,刘铭传有切肤之痛。早在刚到台湾不久,他便着手大力整顿军务。中法战争结束后,更是腾出手来,对部队进行全面改造。他接管了全部驻台部队,包括刘璈的湘军,对不合格的官兵进行精减、淘汰。在此基础上,编练精兵三十五营,练军三营。全部改换新式洋枪,聘请外国教官进行训练。为了补充兵员,他还不断从家乡合肥招募兵勇,加上他原先带来台湾的淮勇,淮军人数一度增至十几营。在他的编练之下,三年后全台总兵力达到四十三营,两万两千人。

在军事布防上,刘铭传一直认为日本是我国最大的威胁。因此,他将台湾的防务重点放在台北一带，部署了全台近半数以上兵力。他还在重要海口，如基隆、沪尾、澎湖、安平、旗后修筑十座炮台，购置西式的钢炮三十一门，并配备下沉水雷、碰雷等，与炮台相互呼应。他还设立机器局、军械所、火药局、水雷局，以及机器厂、汽炉房、打铁房等，自制枪支弹药。

在治理军务的同时，刘铭传还大力整顿吏治，打击贪官污吏和豪强劣绅。第一个被他拉下马的就是台湾兵备道刘璈。

台湾军政官员主要来自内地，多出于湘系和淮系。文官知县以上，非湘即淮。刘铭传主台前，台湾是刘璈一统天下；刘铭传上任后，淮系后来居上。从势力范围看，淮系控制着台北、台中一带，而台南则为湘系所把持。刘璈是湘系在台湾的头面人物，此人为官二十余载，其势力盘根错节，布满要津。应该说，刘璈主台多年，对台湾的防卫和建设亦有功劳。据《台湾通史》记，光绪十一年（1885年）春二月，孤拔欲攻台南，托英国领事约刘璈来船上谈判，左右都劝说不能去，但刘璈答曰：不去以为我怕他，咄，我岂是畏死之人？临行前，他指示炮台，如遇警即开炮，不要考虑我在敌船上边。孤拔置酒相迎，言谈中威胁说，台南城池小，兵力弱，将以何战？刘璈回答说："然城，土也，兵，纸也，而民心，铁也。"孤拔默然，法舰亦去。

刘铭传抚台后，二刘一直不和。刘璈依仗左宗棠等湘系大员的支持，多次纠弹刘铭传和淮系官吏，刘铭传对此痛恨不已。中法战事一结束，他便腾出手来拿刘璈开刀了，先后查出他的问题共十八条。如，利用手中的职权常年吃空饷；虚支巨款、扣存冒银、任意冒销，可谓"贪污狡诈，劣迹多端"等等，奏请朝廷将其革职。不久，朝廷派员核查，基本属实。光绪十一年（1885年）十月间，清廷连续下旨，认定"该革道（刘璈）以监司大员总理营务，辄敢虚支巨款，任意冒销。律以监守自盗，罪无可辞"，决定处以斩监候（即死缓），后改为流放黑龙江，并对其所有家产（包括任所、原籍）一并查抄。

在办理此案中，对于刘璈的同伙和党羽，刘铭传也一并进行了清除。原提督高登玉被从重"发往军台效力赎罪"；原同知胡培滋被革职，驱除回籍，"永不叙用"；原副将张福胜、原知府刘济南等也"一并革职"。

在吏治整顿中，对于那些为非作歹，拒不听命的官员，刘铭传也该革的革，该杀的杀，该撤的撤，该办的办。宜兰县令王家驹公然勒索富绅周家芳，为逼周家就范，还把周家芳的兄弟抓了起来。周家向刘铭传告状，刘令王家驹放人，可王拒不听命。刘铭传派人查清情况后，得知王家驹在办理捐款中收受贿赂，随意增减甚至免除数额，存在"诸多不公"。于是立即弹劾王家驹，将其革职查办。

据史料记载，刘铭传主台后，查办的官员不在少数。镇海前军记名提督方春发剋扣饷银，勾结知县陈海春贩运烟土，听任部下吸食，以致营务废弛；镇海前军右营总兵桂占彪"减发银两，扣发存饷"，紊乱营规，实属大干法纪；游击郑有勤、守备张安珍、候补知县徐石麒、县丞凌云等"侵冒饷银""怂恿为奸"等等……对于这些违法违纪官员，不论何人，所任何职，刘铭传一律严惩不贷，绝不姑息。

刘铭传在台湾掀起的反腐风暴来势凶猛，一时间官场震慑，风气大变。但也有人指责刘铭传，说他借整顿吏治清除异己。特别是刘璈一案，众说纷纭。台湾史学家连横说过，刘璈有"经国之才"，如果刘铭传不将其治罪，而用他来辅佐自己，则刘铭传治北，刘璈驻南，以此经理台疆，南北俱举，必有可观。可惜的是，刘铭传不能容他。连横为此感叹道："非才之难，而所以用之者实难，有以哉！"

然而，对于这样的批评也有不同的看法。或许，刘铭传对刘璈的处置掺杂了派系因素，但那种"辅佐"的假设也只是假设而已，或许只能是一厢情愿。

不过，有一点可以肯定，刘铭传治台数年，并非完全以"派系"画线，以"门户"取人。比如，他对陈鸣志的任用就很说明问题。陈鸣志系湘人，官居江苏候补道。刘璈革职后，刘铭传提议用他时，有人在他耳边嘀咕说："湘人门户重，台南将吏皆湘人，陈亦湘人，恐对公不利。"但刘铭传看到了陈鸣志的能力，坚持使用，后来陈鸣志在任上果然干得不错，成绩显著，广受好评。光绪十三年（1887年）四月，刘铭传还专门打报告为陈请赏，称他"自署任以来，整顿营务吏治，不惮劳怨，于军务、洋务尤为熟悉，为道员中不可多得之员"。

刘铭传抚台六年，殚精竭虑，勇于任事，其公认的五大功绩有办防、抚番、清赋、新政和调整行政区域，而且每一项功绩都可载入史册。特别是他推行的新政，如电线、电报、电力、邮政、轮船、学堂等一系列新兴事业，都具有开创性，有目共睹。当时，大陆铁路还是禁区，但他却率先修了一条基隆至台北的铁路（这是中国人自己修建的最早的铁路）。此外，还有两条海底电缆，一条由沪尾海口至福州石川，全长二百一十七公里；一条由安平海口至澎湖妈宫港，全长九十八公里。

刘铭传的新政充满了创新精神，"于举国未为之日，独先为之"。在他的大力推动之下，台湾很快从一个半开化的府一跃成为"全清国最进步的一省"。曾任中国海关税务司的马士称刘是一个"伟大的巡抚"，并说无论在行政上的革新，还是在工业上的改革或改革尝试上，刘铭传都走在了全国前列。随着时间的推移，人们对他的评价也越来越高。有人把他称作"伟大的爱国者""台湾的现代化之父"。连横先生称其功业，"足与台湾不朽矣"。

然而，这一切来之不易。几乎每一步都困难重重，而来自各方的阻力更是难以想象。

台湾经济落后，财政窘迫，最缺的就是钱。早在台湾建省时，刘铭传就打报告说，台湾一旦建省，筹办防务、确定省会、增设郡县、修筑衙署等，所需经费非百万以上不可，以台湾现有财力，实难自筹自办。他之所以不赞成马上建省，这也是主要原因之一，但他的意见没有被清廷采纳。

后来，刘铭传又打报告请示，说台湾"改设行省，经费浩繁"，请求户部支持。在一份报告中他大声疾呼："台湾现在整顿海防，抚番招垦，百废待兴，经费支绌万分。从前闽省岁资台饷六十万，积欠至三百余万之多，自上年（光绪十一年）五月至今，毫无接济。台用亏竭，中外昭然。"

可户部尚书阎敬明是个大抠门。他的回复是各地都在向户部伸手要钱，比如河工、赈灾等等，哪一个不急、不重要？可部库经常告罄，寅吃卯粮。他还说，台湾不比新疆，物产较丰，部里的意见是"以本地之财，供本地之用"。刘铭传提出能否从粤海、江海、浙江、九江、江汉五关每年提取三十六万两，以五年为期支持台湾的建议也被驳回。

光绪十一年（1885年）底，阎敬明上调军机处后，他的接任者是翁同龢。刘铭传继续打报告争取经费支持，同样空言往返，未见分文。更要命的是，户部不给钱就算了，反而通过对台湾全年的财政审计，查出台湾有三大项收入没有上报。这三项收入是人丁税、额定征粮和海防捐银，计有六十多万两。他们对刘铭传说，你不是说没钱吗？这钱哪去了？如办防需要，这笔钱可以急用啊！

这一来，刘铭传被狠狠将了一军。其实，这笔钱早被刘铭传花光了。台湾围困期间，他向当地士绅借了一笔钱，讲好了战后归还，包括补偿和奖励，约为三十多万两；还有战后台湾裁军四十营。这些官兵退伍后需要补发饷银、支放军米等，这笔钱也要三十多万两。可刘铭传当时手中没钱，只好把那六十多万挪用了。这也是无奈之举，没想到居然被户部查出来了。他一看瞒不过去了，只得据实禀报。可户部回复是，你说的这些支出凭据不足，且不合程序，不能作为抵消，默许你移作办防急用已是通融了。言外之意，不查你已算是给面子了。

刘铭传哭笑不得，面对这些户部的官僚们毫无办法。按说，他们按章办事倒也没错，可这一来却把刘铭传害苦了。台湾建省之初，刘铭传就计划在澎湖购炮筑台，预算为八十万。这项计划事先征得了闽浙总督杨昌濬同意，后来炮也买来

105

了，眼看付款的时间到了，钱却迟迟没有落实。洋人催讨炮款，违约将引起外交纠纷。刘铭传真是急眼了。他连忙上奏朝廷，请求拨款，朝廷批示："着户部速议。"可户部的司员们卡着不办，说是台湾那三项隐瞒未报的收入还没说清楚哩。

既然向上要钱的路子走不通，刘铭传只好自己想办法了。一方面，他鼓励兴办工商业，主张招商兴市，提出"欲自强，必先致富，必先经商"，同时设立全台招商总局，以各种优惠政策，向海内外招商引资。他还派遣相关人员赴新加坡设立招商局，向南洋等地招商。他还广开财源，开征了各种厘金税和商税。刘铭传认为，台湾物产丰富，如煤、盐、石油、茶、樟脑等，均为饷源所系，如果整顿厘税，裁汰陋规，可兴地方之利，以养全台之兵。当然，刘铭传开征厘税的做法，也遭到很多反对，包括在台的洋商们，因而推行的过程中阻力重重。

然而，最大的阻力还不在这里。由于种种清规戒律和保守势力的阻挠，刘铭传的一些计划和设想往往不得不半途而废。

基隆煤矿曾是台湾创办最早的一家新型企业。该矿开办于同治三年（1864年），由于经营不善，亏损严重。中法开战后，为了避免资敌，刘铭传下令放水将煤矿淹没，使之成了一座废矿。中法战争结束后的第二年，台湾各业开始复苏，刘铭传便打起恢复基隆煤矿的念头。就在这时，天津商人张学熙找上门来了。

张学熙是天津大商人。多年前由于开办开平煤矿发了财，尝到了甜头。听说基隆煤矿要恢复生产便兴冲冲地跑来了。他对刘铭传说，他愿意承办基隆煤矿的开采。

刘铭传问他采取什么办法。

张说由我出资，无须你掏一两一钱。

当时，台湾刚刚建省，刘铭传愁的就是钱。张学熙一开口头一个条件就正中下怀。张又说，出了煤，我首先供台湾使用，价格也降低。

这又对上了刘铭传的想法。刘铭传当时正在大办新政,他的兵轮、铁路、电报、电线和机器局等等哪一样不要煤呢?如果基隆煤矿恢复生产,那真是求之不得。

张学熙看出了刘铭传的心思,接着又说,煤矿生产赢利了,你还可以抽取煤厘,这可是一举三得。

刘铭传对此十分满意,当即拍板同意。很快,双方签订了协议,张学熙便摩拳擦掌地干起来。可是,搞了几个月便搞不下去了。究其原因,是矿井积水太深,靠人力排水相当困难,而要购置新式抽水机又缺乏资金。这样一来,钱花了不少,却收效甚微。几个月下来,张学熙亏掉了好几千两银子,只得灰头土脸地又来找刘铭传,说他撑不下去了,请求退办。

张学熙走了,煤矿恢复便陷入了停顿。为了寻找出路,刘铭传便找到曾国荃和裴荫森商量能否三家合办。曾国荃时任两江总督,裴荫森时任福州船政大臣。当时国内洋务运动正搞得轰轰烈烈,江苏、福建等地都需要煤。三人一商量,决定一家掏两万,凑成六万两。在此基础上又招商股六万两,加在一起总计十二万两。光绪十三年(1887)一月,煤矿开始挂牌运营。刘铭传指定候补知府张士瑜为总办。张士瑜身为基隆煤矿矿务委员,对煤矿生产比较熟悉。他受到委派后,便决定聘用外国人进行管理,还雇用了洋技师。在设备上也投入重金,购置了新式机器用来抽水。刘铭传还专门派人修通了煤矿至码头的小铁路。

不久,煤矿开始出煤了,而且产量还不错,一度达到百吨左右。张士瑜忙不迭地向刘铭传报喜,曾国荃和裴荫森闻报也皆感欣然,大家都对煤矿的前景一致看好。可是,他们高兴得太早了。时间不长,新的问题又出现了。不错,煤是挖出来了,但运输却成了难题。首先在台湾岛内,辗转运输千余里,没有铁路,全靠脚力,成本太高。其次要往大陆运,海上风浪大,没有大船不行。但煤矿资金有限,要想修建铁路、购买大船,实在是力不从心。干了不到一年,亏空越来越大，每月亏银达到三四千两之多。这一来，商股首先不干了，要求退出。

商股一退，全部股份便为官方所有。张士瑜本来还满怀信心，打算重整旗鼓。但这时老矿井的煤又快告罄，必须重开新井，方可获利，可重开新井，便要追加投资，而且耗资相当巨大。据外国技师勘察，需百万之数。刘铭传去找曾国荃商量，能否增加投资，曾国荃一听就不高兴了。他早对煤矿的亏损状况感到不满，现在要他增资，他当然不干。曾国荃不干，裴荫森也缩头了。此时，刘铭传正忙于台湾的新政和抚番，到处都在伸手要钱，财政早就揭不开锅了，哪还有钱投入煤矿呢？

张士瑜急得团团转，隔三岔五地便来找刘铭传叫苦。煤矿一旦停产，不仅钱要打水漂，台湾新政也要受影响，而且还会有人大做文章，说不定又要闹出什么风波来。刘铭传当然也很着急，但急归急，一时间却无计可施。

就在焦头烂额之时，英国人找上门来了。

找上门来的这个英国人名叫班德瑞，是英国驻台北领事。和他一起来的还有一位英国商人，名叫范嘉士，现供职于英国旗昌洋行。范嘉士对刘铭传说，听说贵矿亏累严重，要开新井又乏资金，敝人有一建议，不知愿闻否？

刘铭传说愿闻。

范嘉士于是说出了自己的想法。他说，我们英国商人可以集资承办新井，全部费用预计将达百万以上。承办期为二十年。期间无论亏盈，将由英国商人全部承担。此外，范嘉士还拿出了一些诱人的条件。比如，每年拿出一千吨煤，以市价八折供给台湾政府使用；每出口一吨煤，都按合同纳税。他还答应以十四万两银子头卜基隆煤矿原有的设备。

刘铭传一听当时便动心了。基隆煤矿的状况使他身陷困境，正苦无对策，如今英国人愿意接下，真是踏破铁鞋无觅处，求之不得。虽然这样做是让利于人，刘铭传并不情愿，但这也是没有办法的办法。况且退一万步说，由洋人承办，对自己同样也有好处。与其坐以待毙,不如用现在的话说,"借鸡生蛋""借船出海"。

英国人走后,他便找张士瑜商量。张士瑜有些担心,他说,洋人承办,恐引非议。但刘铭传认为这事于台湾有利,于国家有利,不妨一试。

哪知这一试便试出了风波。

总理衙门和户部首先跳出来反对,认为洋商承办流弊甚多,实不可取。他们向光绪皇帝汇报后,光绪皇帝也认为该衙门"立论极为切当",并斥责刘铭传"办事殊属粗率"。处理结果是:"着传旨申饬。"同时,要求刘铭传"认真核办,妥为经理","另筹办法。毋再草率从事,致滋后患"。

这样的结果令刘铭传大失所望。当时主持总理衙门的是庆郡王奕劻,而户部尚书乃翁同龢,他们向与淮系不洽。此时,刘铭传多么希望有人能站出来帮他说话。可是,过去一向支持他的醇亲王奕𫍯(光绪帝的生父)由于病重昏迷,无法视事,而他的老上司李鸿章也因此事敏感而不敢为他讲话。刘铭传茫然四顾,毫无援手,并预感到今后办事会越来越难。

洋人承办的方案被否决后,如何解决基隆煤矿的出路又成了一道难题。刘铭传与张士瑜商量来商量去,光靠官股无法为继,只有再招商股,重走"官商合办"的老路。虽然这个办法曾经失败过,但此一时彼一时。由于近年来煤的行情看涨,民营煤矿开始逐渐增多,经营势头也不错,这对商股又有了很大的吸引力。

刘铭传找来一些商人进行洽谈。果然,商人们很感兴趣,但他们也提出了自己的担心。洋务运动以来,"官商合办"常常搞不好,主要原因就是以官为主,商人没有发言权,而官不懂商,积习甚多,终致亏累而难以为继。他们向刘铭传提出,让他们入股可以,官商共同经营也可以,甚至在投资上让他们拿大头也没有问题,但是有一条,那就是矿务要由商人主持,官不过问。

这样的条件按理并不过分。人家拿了钱,你却不让人家主事,这本身就说不通。不过，这样做却要打破以官为主的格局。有人感到担心，提醒刘铭传还是谨慎从事，但刘铭传却认为只要能把基隆煤矿盘活，一切均可尝试。

商人们一见刘铭传放了话，便跃跃欲试。最后双方商定，基隆以原来的官本十二万投入，而商股再集资三十万，由商人接办。

应该说，这个方案对双方都有利。刘铭传也满怀希望，心想这个方案总该没问题了。洋人承办不行，官商合办难道还不成吗？因此，他一边打报告，一边批准先干起来。可是，出乎意料的是，他的报告一上去又引来了更大的风波。

户部和总理衙门立即提出质疑，他们还把刘铭传呈送的基隆煤矿合办章程逐条细抠，从中找出诸多毛病。其中有"可疑者三，必不可行者五"。

如，矿务主持。既然官商合办，就应官为主持，"何以一切事宜悉授权于商，官竟不能过问"？

又如，矿务总管聘用洋人。刘铭传所称各股皆系华人，为什么总管却是洋人？这里边"显有冒充影射情事"。

再如，该巡抚不奏明请旨，便即议立章程，擅行开办，"尤非寻常轻率可比"。

在向皇帝汇报时，奕劻和翁同龢都声称：刘铭传前与英商订拟合同，办理粗率，已降旨申饬。谕令他慎选贤员，另筹办法，可他这次招商同官合办，依然是种种纰谬，大不可行。"

皇帝怒曰："非严惩不可！"

光绪十六年（1890年）六月二十日，皇帝批示："刘铭传交部议处。"并勒令其"即将现办之局赶紧停办，不准迁延回护"。

吏部接旨，认为要给予"革职处分"的重惩。不过，意见呈报上去之后，光绪帝还算手下留情，加恩改成"革职留任"。

处理决定下达后，刘铭传很不服气。他抱怨皇帝高高在上，不知下情，而户部和总理衙门则不明事理，落井下石。他复奏申辩，强调商人退办，官若另开新矿，不仅"巨款难筹"，而且"逐年亏折之费亦难为继"，希望维持原状。但报告上去后，如同石沉大海。此时，醇亲王已经病逝，而他的老上司李鸿章在自身难保的情况下也选择了沉默。刘铭传孤立无援，有志难申，一怒之下，唯有选择"乞退"。六月二十三日，即处分决定下达的第三日，他便以"目疾沉重"，请求开去巡抚本缺。

其实，早在两个月前，刘铭传就请过一次病假。那是在他被朝廷"传旨申饬"之后。朝廷给假一月，到期后他又上折子请求因病开缺。朝廷仍不准，给假三月。在这期间，他的官商合办计划再次受挫，并受到革职留任的处分。于是，假期一满，他便又一次上奏，声称病情加剧，请开缺调理；如不得请，恳请赏假，内渡就医。

朝廷看了他的报告，疑他是在斗气，心中大为不快，再次对他"传旨申饬"，不过仍赏假三月，在任内调理，毋庸开缺。

可刘铭传此时早已心灰意懒，归意已决。假期一满，他又第四次上奏请求开缺，而且语气坚定。这一次，朝廷终于批准了他的请求。光绪十七年三月二十七日（1891年5月5日）谕云："刘铭传奏，病仍未愈，恳请开缺一折。福建巡抚刘铭传着准其开缺，并开去帮办海军事务差使。"

这是刘铭传最后一次辞官。表面看是由基隆煤矿而起，实则不然。自从主台以来，六年的劳苦和纷扰，加上谤书盈箧，窒碍甚多，这些早已使他心力交瘁，身心俱疲，特别是朝局的变化使他彻底失望，这才是他辞官的真正原因。台湾建省之初，清廷曾给刘铭传大力支持，并对他充分信任。加上奕譞和李鸿章的鼎力相助，刘铭传的很多想法和建议都能得以通过，包括办防、铁路、电报、邮政、学堂等诸多方面的改革在内。他还几度获得封赏：光绪十五年（1889年）正月，赏加太子少保衔；光绪十六年（1890年）正月，赏加兵部尚书衔；同年三月，以台湾巡抚帮办海军事务。当时海军衙门刚成立不久，该机构的规格很高，由奕譞为总办，李鸿章等为会办，其地位甚至高于总理各国事务衙门。

然而，中法战争后，李鸿章坐镇北洋，淮系势力进一步扩张，这引起了湘系和朝中其他势力的不安，于是派系之间的斗争日趋复杂。刘铭传作为淮系大员、李鸿章的亲信，自然身陷漩涡，难以撇清。刘璈被清除后，湘系势力受到打击，虽然左宗棠已去世，可曾国荃等湘系大员岂能坐视不管？加上刘铭传的新政不仅触犯了当地的利益集团和旧势力，也引起了朝中保守派的不满。各种因素形成合力，一起针对刘铭传，对他的弹劾也越来越多。

比如，有人拿他在清赋中出现的问题做文章，纠参他"任用非人，漫视民瘼"，"以致奸民、土匪乘机作乱"；彰化等地由于摊派严重，导致"一乡尽逃，台南尤胜"。还有人指责他在抚番上操之过急，措置失当，以致民心未协，不断激起番变。刘铭传开设招商局，买了两艘轮船，也被批评为赔累甚大。总之，对他的攻击无处不在。

光绪十四年（1888年）12月13日，朝廷将言官的谤书（检举信）抄转给刘铭传阅看。这实际上就是一个警告。尽管朝廷的语气尚属平和，认为"刘铭传自简任台湾巡抚以来，办事尚为得力"，但同时又说"参折所陈，均不为无因"，要求刘铭传接受朝廷的训诫，对照问题，"平心省察，据实复奏"。

清廷这么做自然是为了敲打他，其潜台词也显而易见，那就是：你的问题朝廷已经掌握了，你可得小心点了！

这对刘铭传来说，当然不是一个好兆头。光绪十五年（1889年）正月，光绪皇帝亲政。围绕慈禧归政，帝党和后党的矛盾日渐凸显。在年轻的皇帝看来，淮系和刘铭传都是后党一派，对他颇多戒心。

这样一来，刘铭传的日子越来越不好过了。最让他痛心的是，他的办防计划也遭到阻挠，无法实现。在刘铭传诸多新政中，办防始终是第一位的。因为中法战争给他太多的教训。由于海防薄弱，"一有兵争，仓皇束手"。他多次上书，呼吁清廷加大海防投入,他还希望能够为台湾建立一支海军。可是,他的这些希望均一一落空。光绪十三年(1887年)八月,户部尚书翁同龢上书朝廷,以国库空虚、救灾需要为由,请求停购外洋枪炮、船只、械器,同时炮台建设也一律暂行停止。这道谕旨一下,刘铭传大感失望,他的海防梦也由此破灭了,不禁喟然叹息:"人方甚我,我乃自抉藩篱,亡无日矣。"

这件事对刘铭传来说打击很大。他的心彻底寒了。他不想再干了,也实在干不动了。而他的身体每况愈下也是实情。作为一个久经沙场的老将,早在与太平军作战时,他的头部就受过严重的枪伤,并患有眼病,几近目盲。赴台之后,日理万机,劳心费神,加上身染湿瘴、痢疾等多种疾病,经常手足麻木,咯血不止,寒热并增,吐泻俱作。此外,他的眼疾也进一步加重,左眼已瞎,右眼昏花,"咫尺不辨人形"。耳病也很严重,左耳已废,右耳"尚赖保全",但却听力低下。用他自己的话说,便是"内亏外感,气血难通,补泻两穷,群医束手"。

光绪十七年(1891年)四月二十八日,在朝廷批准他辞官二十多天后,刘铭传乘船离开台湾返回家乡。

茫茫大海,波涛汹涌。刘铭传走了,带着一身伤病和未实现的梦想,带着一腔热血和未酬的壮志。他只身而来,孑然一身而去。临走时没有带走一物,甚至把自己的养廉银和历次因战功而获得的朝廷赏银,全部捐出,用于修建学堂,培养台湾的孩子。他最后能做的也只有这些了。

刘铭传离任后,台湾新政便陷入了全面停顿。因为接任他的邵友濂不仅才学平庸,而且思想保守。他一上任便对刘铭传全盘否定,诸多革新均被一笔勾销。一时间,"新政尽废",满目凋零。这种倒退令人痛心,它导致了台湾近代化几乎全部中断,发展也陷入停滞。特别是海防建设的中止,无疑是自毁长城。梁启超先生有诗云:"轩车一去留不得,藤蔓啼莺空复情";"长城已坏他岂惜,雨抛锁甲苔卧枪。"其悲切、惋惜之情溢于言表。

三年后，中日甲午战争爆发。由于局势紧张，清廷又一次想到了刘铭传。慈禧太后懿旨，撤销对刘铭传的处分，恢复其职务。不久，又令其迅速北上，进京陛见。

可是，一切都晚了。此时，刘铭传已经病魔缠身，数疾并发，连行动都已相当困难。李鸿章不得不据实上禀，说他因病无法应召，是否另调大臣统兵。但朝廷似乎并不相信，又连电催其复出。光绪二十年（1894年）九月初七日的电谕云：

> 现在军事日棘，统帅乏人。该巡抚受国厚恩，当此边防危急之时，岂得置身事外？着李鸿章再行传谕刘铭传。于接奉此旨后，即行起程来京陛见。该巡抚忠勇素著，谅不至藉词诿卸，视国事如秦越也。仍将这旨起程日期，先行电闻。

今天我们重读这份电谕，仔细玩味，不禁感慨良多。不难看出，此时清廷对刘铭传出山是何等祈盼和依赖，一如当年令其赴台抗法，而与多年前对其的打压相比，简直是天壤之别。

然而，这一回刘铭传真的无能为力了，尽管有人说他是负气不愿出山。他真的病了，而且病得相当严重。如同他自己所说，哪怕只要能起身，也会抱病应命。可是，如今他已做不到了。一年多后，刘铭传病逝于家乡刘新圩，享年五十九岁。在他去世前，传来甲午战败的消息，而台湾也沦于敌手，尽管台湾军民奋勇抵抗达五个月之久。看着这块他曾经呕心沥血、宵衣旰食为之奋斗六年的热土为敌寇所占，病榻上的刘铭传失声痛哭，吐血昏厥，数月之后便在忧愤中离世。

刘铭传一生留下太多的遗憾，而台湾可能是他留下遗憾最多的地方。身为一介布衣，起于行伍而位列封疆。尽管他具有雄才大略，但生不逢时，壮志难酬。所谓"呕心六载功不就""一生枉抱济时才"，这不能不说是莫大的悲哀。

六、1898：短命的变法

光绪二十四年，公元1898年。这一年的正月初三，总理衙门突然召见了康有为，这在当时是一件很引人注目的事。作为清廷最高办事机构，竟然兴师动众地召见一个区区小吏，这样的事情并不多见，何况其中还有一段复杂的背景。因此引起各方关注，丝毫也不奇怪。

康有为人称康南海，因其出生于广东南海之故。他原名祖诒，字广厦，号长素。年轻时游香港，受到西方文化影响。从1888年至1898年，连续撰写了《上清帝第一书》至《上清帝第七书》，提出了他的改革思想。其中《上清帝第二书》，即为喧腾一时的"公车上书"，由梁启超等帮助完成，风行一时。

甲午战败后，清政府蒙受了极大的耻辱，《马关条约》举国反对。尤其是割让台湾，人心尽失，就连光绪皇帝自己都深感"羞为天下主"。光绪二十一年（1895年）春，北京发生"公车上书"运动。在京参加会试的各省举人一千三百余人举行集会，联名上书请愿，要求变革图存。领头的就是康有为和他的学生梁启超。

不过，关于"公车上书"的真实性，早有学者提出质疑。认为这是康有为为了标榜自己而自我贴金，实际上这份上书并未进呈，至于康有为所说的因都察院拒绝代递，也是个谎言。真实的原因是康有为担心上书可能会影响自己的仕途而没有呈递。从事后的结果看，康有为会试及第，授工部主事，似乎也是一个佐证。

然而，尽管"公车上书"存在争议，但康有为系列上书倒是确有其事。1895年5月29日，即"公车上书"没几个月，康有为又写了《上清帝第三书》。幸运的是，这道折子经过都察院代递，呈送到了光绪皇帝的手中。

7月19日，即光绪皇帝看到折子一个多月后，便颁布谕旨，号召君臣同心，上下齐力，发愤自强，改革图新。随着这道谕旨下发的，还附有一些官员上呈的有关改革的奏折，以供各级臣僚参阅。这其中就包括康有为的《上清帝第三书》。这对康有为是很大的鼓舞。于是他又接着写了《上清帝第四书》。不过，这次上书几经周折，却上呈未果。

此后，为了"开通风气，联络人才"，康有为和他的弟子梁启超开始转向办报，并成立强学会，意图"托古以改今制"，倡导维新变法。强学会成立后，一度影响很大。很多维新人士纷纷聚集到强学会的旗下。就连朝中的一些高官也对强学会采取赞赏和支持的态度。两江总督张之洞等先后入会，袁世凯第一个给强学会捐银，就连甲午战败后靠边站的李鸿章也表示要捐银参加，但遭到康有为拒绝。

此时，康有为已俨然成为维新派的领袖，风头正健。尽管轰轰烈烈的强学会寿命很短，仅仅几个月，便因保守派的弹劾而被迫改为官书局。不过，康有为的举动已引起一个重要人物的关注。

这个人就是两代帝师翁同龢。

翁同龢时任军机大臣、户部尚书，位高权重，深得光绪皇帝倚重。《崇陵传信录》称："上冲龄典学，昵就翁同龢，或捋其髯，或以手入怀抚其乳。"光绪自幼畏雷声，在书房读书时，每逢打雷，必钻进翁师傅怀中。故翁师傅在书房二十五年，最为光绪所亲。据康有为说，他与翁师傅相识是在办《万国公报》期间，翁来访不遇，后康前往拜谒。谈及变法之事，言语相投，谈话进行了四个小时。翁师傅向康索要有关论治之书。还告诉他，皇上无权，太后猜忌，就连他见客也有人暗中监视云云。

1897年11月，发生德占胶州事件，引起朝野震动。事变发生后，康有为由广东驰赴北京，"上书急陈事变之急"。这道上书就是康有为的《上清帝第五书》。在奏折中，康有为提出应对胶事的上、中、下三策，并表示瓜分之祸，迫在眉睫，

"恐惧回惶"，"再诣阙廷，竭尽愚忠"。可是，工部尚书淞溎因其言辞不当，"大怒，不肯代递"。清制，四品以上官员可专折上奏，而四品以下之官，如有奏本只能通过本部堂官，或都察院代奏。由于工部堂官拒绝代奏，康有为又写了另外的奏本，请杨锐、高燮曾等人代呈。梁启超在《戊戌政变记》中说："给事中高燮曾见其书（指康第五书），叹其忠，抗疏荐之，请皇上召见。"指的就是这件事。

高燮曾时任兵科给事中，此人正直敢言。当时，他极力举荐康有为，提出由皇上召见康，并委以重任。不过，高的折子转到总署核办时，除翁同龢表示支持外，礼部尚书许应骙等人都极表反对。翁同龢自从认识康有为后，认为此人"才堪大用"，便多次向光绪举荐。在康有为第五书被工部长官拒绝代递后，认为希望渺茫，打算整装南归时，也是翁同龢劝阻了他，让他继续留京等待时机。

然而，尽管有翁同龢的支持，关于召见康有为的提议还是被否决了。执掌朝政的恭亲王奕䜣认为，康有为一个小小的主事，皇帝召见"不合成例"。他提出可由总理衙门先行召他一谈，如果可用，破例也可，否则作罢。

奕䜣乃咸丰、同治、光绪三朝元老，清代十二家世袭铁帽子王之一，绰号鬼子六。他是道光皇帝第六子，咸丰皇帝的同父异母兄弟。咸丰帝驾崩后，他与两宫太后联手发动政变，取得成功，此后一直备受重用，先后出任过首席军机大臣和总理衙门大臣。中法战争后，虽一度被罢黜，但中日甲午战败后，他又被慈禧太后重新起用，坐镇中枢。

恭亲王在清末也算是一个新派人物。他是洋务运动的领袖，一向主张向西方学习，走"求强""求富"之路。不过，他的主张与李鸿章等洋务派大臣一样，只限于器物层面。所谓中学为体，西学为用。只学技术，不改制度。在他看来，康有为等维新人物实在是走得太远了。这当然不能被允许。想当初，他修铁路、办实业、选派留美幼童等，这些改革措施也曾遭到顽固派的反对和围攻，如今时过境迁，他却站到了维新派的对立面，扮演起阻挠维新的角色，真可谓此一时，彼一时也。

关于总署召见康有为,参加人员有哪些,说法不一。一种是"总理衙门一切的大臣都出席",这是康有为接受报纸采访时所说。但他在《自编年谱》中又说,参加召见的有大学士李鸿章、协办大学士翁同龢、新任总署大臣荣禄,以及兵部尚书廖寿恒、户部左侍郎张荫桓,而对恭亲王和庆亲王并未提及。不过,据翁同龢日记,上有"未初到总署,两邸诸公毕至"之语。按此说法,恭王、庆王均出席了。此外,还有一种说法,即此次召见由庆亲王奕劻领衔,也就是说恭亲王没有出席。总之,不论哪种说法,召见规格都是相当高的。用康有为的话说:"他们以各种款待客人应有的礼仪来款待我。"

召见从未时开始,至酉时结束,共历三个小时,地点是在总理衙门西花厅。所谈话题很广,主要围绕时局和变法,内容包括立制度局、新政局、练民兵、开铁路、借洋债等等。不过,谈话并不投机,双方格格不入。荣禄谈到祖宗之法不能变时,康有为反驳说,总理衙门过去也没有,也不是祖宗之法,现在不是有了吗?因此变不变要因时制宜。康有为还谈到要建立一个司法制度,聘请外国人和我们一起共同改订法律,并重组政府部门,这是一切改良和维新政策的基础。对于这样的观点,在场的大员们也都"意甚隔膜"。正如康有为在戊戌变法失败后对香港报纸所说:"虽然他们并没有明白的表示,但我可以看得出(他们)大多数是反对维新的。"

据香港《孖剌报》援引康有为的话说,即召见的次日早上,恭亲王和翁同龢向皇帝汇报了召见的经过。尽管恭亲王承认康有为颇有才具,而且很能干,但他明确表示了对康的反对。不过,翁同龢对康却持支持态度。

听完汇报之后,光绪皇帝命翁同龢将康有为的谈话以奏折的形式报告给他。听说在总署谈话时康有为推荐了《日本变政考》和《俄大彼得变政记》等书,他也命总理衙门立即进呈。此外，他还谕令总理衙门大臣，今后康有为如有条陈“即日呈递，无许阻格”。也就是说，康有为今后如有奏章可以越过工部和都察院，直接由总署代呈皇上。这个规格也是过去没有过的。于是，在这之后，康有为大为振奋，又先后写了《上清帝第五书》《上清帝第六书》，并呈送到了光绪帝的面前。

3 月 27 日，即德占胶州数月之后，俄国公然派舰队开进旅顺港，强迫清政府租借旅顺大连湾。面对列强的瓜分危机，举朝震悚，光绪更是心焦如焚，寝食难安，改革之心，愈加迫切。这期间，康有为先后将译出的《俄大彼得变政记》《日本变政考》呈递光绪。光绪看了大感兴趣。5 月间，他连续要求翁同龢进呈康有为之书。但此时，翁同龢对康有为的态度开始发生了明显的变化。

5 月 26 日，光绪让翁同龢再进康有为之书，翁的回答已与先前大不相同。

翁答：“与康不往来。”

帝问：“何也？”

翁答：“此人居心叵测。”

帝说：“此前何以不说？”

翁答：“臣近见其《孔子改制考》知之。”

《孔子改制考》刊于戊戌正月。书中提出大同思想和民权平等之说，有御史弹劾此书“爚乱圣言，参杂邪说”，“大有教皇中国之意”。翁看了此书开始对康产生质疑，故有“此人居心叵测”之言。

据翁同龢日记载，第二天，光绪又问康书（光绪连续两天催问康书，可见对此事的重视），翁答如昨，仍然坚持己见，不愿替康有为进书。皇帝发怒诘责。翁说，可谕总署进呈（意思是说皇帝要进康书，可传旨总理衙门办，他本人拒绝进呈）。光绪不同意，非命他转张荫桓传知。翁说，张（荫桓）日日进见，皇帝何不直接面谕（意思是说，皇上直接和张说即可，何必要我“传知”）？但光绪却坚持非让他传知不可。

从以上日记看,翁同龢对康的看法此时已完全改变。而且,对于当初推荐康有为也颇感后悔。翁同龢的转变看似奇怪,实则不然。他本来是看好康有为的,但他很快发现康与自己并非一路人,不仅在变法理念上相去甚远,而且康的招摇过市,其风头大有盖过自己之势,这也是他不愿看到的。其实,翁同龢早在正月初三总署召见康时,就已对他印象不佳。他在当天日记中评价康时用了"狂甚"二字。不过,尽管如此,在向皇帝汇报时,他仍然不顾总署大员们的反对,在光绪面前力挺康有为,并充当了光绪与康有为之间联络的纽带。

这期间,康有为表现得极为活跃,一方面忙着给皇帝译书,一方面联络维新人士,召开各种学会。旅大事件发生后,他还再次鼓动公车上书,并乘机联合各省京官及在京应试举人召开保国会。

保国会成立于戊戌三月间,这事闹了很大的风波。有人指责康有为成立保国会,含有"保中国不保大清"企图。对于这种流言,保国会居然不置可否。于是,御史纷纷上奏弹劾,"已而京师大哗,谓开此会(指保国会)为大逆不道"。军机大臣刚毅要求严查入会之人。当时保国会名单一公布,许多列名者纷纷退缩,要求除名。用康有为的话说:"谤言塞途,宾客至交皆避不敢来,门可罗雀,与三月间成两世界矣。"可见事态严重。好在这事最后光绪表态了,他说,会能保国,岂不大善?为何要查?于是弹章留中,事遂止。

虽然由于光绪的庇护,保国会的事平息下去,但翁同龢却从中感到了危机。你想啊,外界都认为他是康有为的后台,康这么闹下去,最后势必牵连到他。当时,帝后两党矛盾尖锐(后党戏称"老母班",帝党戏称"小孩班"),翁同龢本希望调和两派之间的关系,而康有为的做法适得其反,使矛盾不断激化。在这种情况下,他不能不撇清自己,拉开与康有为的距离。

然而,在光绪看来,翁同龢这是在阻挠新政。因此,在康与翁之间,他必须做出选择。后来翁同龢被罢职显然也与此有关。

应该说，胶事和旅大事发生后，光绪对康有为已经越来越看重。在看了康有为《上清帝第六书》《上清帝第七书》，以及康有为进呈的《俄大彼得变政记》《日本变政考》等书后，他的变法决心也日益坚定。5月间，恭亲王奕䜣病重期间，他居然让庆亲王奕劻带话给太后，公然要权，大意是：太后如不给权，我宁可退位，不做亡国之君。据苏继祖《清廷戊戌朝变记》称，太后听了十分恼怒，她说，他不想干，我还早就不想让他干了。

不过，怒归怒，发了一通脾气后，太后还是作了让步。有史料称，当光绪决意变法时，宫中诸人极为惊骇，乃知帝性虽柔懦，亦带有其母叶赫那拉氏之血系也。至于太后为何让步，也是因为国家危亡，势如累卵，不变也确实不行了。即便从维护自身的统治来说，也该如此。从现有的资料分析看，西太后也不是像人们所想的那样一开始就反对变法。因为变法搞成了，不再受洋人欺侮了，这不也是好事吗？于是，她和奕劻商量说，先由他办吧，办不出模样来再说。于是，奕劻便带话给光绪说："皇上欲办事，太后不阻也。"

有了这话，光绪顿时来了劲。此后不久，恭亲王奕䜣病逝，变法又少了一大阻力，于是，光绪决定放手大干一场。四月二十三日，即公历6月11日，皇帝大誓群臣，颁布了《明定国是诏》，一场轰轰烈烈的变法运动由此拉开了序幕。

从6月11日变法开始，至9月21日变法失败，前后共一百零三天，史称百日维新。在这一百多天里，发生的事情实在太多了。要想一一讲清楚，实属不易。不过，有几件重要的事不能不提。

头一件便是光绪召见康有为。早在去年底，光绪就有意召见康有为，但被恭亲王所阻拦。6月13日，即光绪颁定国是诏两天后，侍读学士徐致靖便上奏推荐康有为等维新人士。徐致靖，江苏宜兴人，光绪二年（1876年）进士。此人支持变法，与康是密友。他曾代康有为呈递《请明定国是疏》，从而促成了《明定国是诏》的颁定。在奏章中，他提出国是既定，用人宜先，为此向皇帝举荐维新人士，"请特旨破格委任，以行新政而图自强"。在他保荐的维新人士中有康有为、黄遵宪、谭嗣同、张元济、梁启超，而且对他们均评价甚高，对康的评价是"忠肝热血，硕学通才"，对谭的评价是"天才卓荦，学识绝伦"，对梁的评价是"英才亮拔，志虑精纯"。如此种种，不一而足。不过，据御史梁鼎芬揭露说，徐氏之奏折系康、梁代笔。此事有待考证，按下不表。

值得注意的是，就在徐致靖上折举荐维新人士同日，保守派御史黄均隆也上了一道折子。该折却与徐折针锋相对，是弹劾维新人士的。被黄点名弹劾的有陈宝箴、梁启超和黄遵宪，罪状是他们在湖南设立时务学堂，"学行西学，徒务虚名"，力倡民主议院之说，散布"改正朔、易服色"之言，"刊报传播，骇人听闻"。

这两份折子不早不晚恰巧同时呈到了光绪面前，而且内容针锋相对，这或许是巧合。但光绪阅后态度鲜明，立即做了批示。对徐折的批示是：主事康有为、张元济于四月二十八日（6月16日）"预备召见"，黄遵宪、谭嗣同"送部引见"，梁启超"总理衙门察看具奏"。而对于黄折只批了一个"存"字，也就是留中不发。

但是，这个结果很快就被慈禧太后知道了。因为军机大臣随后便将两份折子具奏呈送太后。太后归政后，表面上在颐和园中颐养，但宫中诸事仍由军机大臣送呈太后。皇帝每月则五六次到园请安。据苏继祖《清廷戊戌朝变记》称，早在颁布国是诏前，太后就召见过奕劻、荣禄和刚毅，要他们盯紧皇上，不能由他"任性乱为"。因此，皇上的动向，军机大臣们都随时向太后汇报。

6月15日，在徐折呈送两天后，太后马上降下一道谕旨，今后凡提拔任用文武一品及满汉侍郎之官员，均需具折至太后处谢恩。自中日战争后，除万寿日及

123

有特别重要之国事外，太后从未召见臣工。此谕一出，让人大感意外。明眼人自然心里有数，太后这是要把重要的人事任免权牢牢抓在自己手中，这对光绪自然是一个极大的限制。你不是想任用维新人士吗？但没有我太后的批准那是休想。与此同时，太后还任命自己的亲信荣禄暂署直隶总督，这也被视为一种防范措施。

不过，尽管如此，在太后谕旨下达的第二天，光绪还是如期召见了康有为。这是光绪皇帝与康有为唯一的一次见面。那天与康有为一起被召见的，还有另外一位维新人士张元济。张元济是浙江海盐人，进士出身，翰林院庶吉士，时任总理衙门章京。据他回忆，他与康在朝房等候召见时，荣禄也在。他是因被任命为直隶总督，前来面帝请训的。当时，康有为与荣禄在朝房里有过一段交谈。至于交谈内容，张元济并未提及。不过据梁启超所说，荣禄向康问及变法之方，康说："变法不难，三日足矣。"荣问其故，康说："但将二品以上官尽行杀了，可矣。"

此话听上去甚为极端，康有为是否说过这样的话值得商榷。有分析认为，康说将二品以上官尽行杀了，打击面实在太大，对此表示怀疑。而另有记载称，康有为当时的回答是："杀二品以上阻挠新法大臣一二人，则新法行矣。"如果康有为确实说过类似的话，后者的表述可能更为准确。

至于荣禄是何反应，这从光绪召见的奏对中可以看出。那天，第一个被召见的就是荣禄。他向皇上面劾康有为，说他"辩言乱政"云云，可见对康的言论十分不满。

此后，光绪召见了康有为。他是那天第三个被召见的。关于这次召见的情况，各种记载不一，综合起来看君臣对话主要是围绕变法进行。话题很广泛，涉及法国、日本、俄国变法，以及开制度局、废八股等方面。康有为认为，变法当全变，仅变局部不行，而要改变首先得从变制度法律始。因此他请求皇上"请先开制度局而变法律"。他还比喻说，皇上要盖宫殿，必定要先有图纸，然后再购置材料按图建造。可我们过去的改革虽然买了砖瓦，但却没有计划或图纸。他还比喻说，现在的政府如同一座漏顶的房子，而且房梁已被白蚁腐蚀完了，再待在里边非常危险。因此，你不仅应当把屋顶拆掉，而且还必须把整个屋子，乃至根基全部去掉。他们还谈到用人问题。光绪对那些保守大臣非常不满，说他们"简直把我害了"，但是要革除他们很难，因为这个权力握在太后手中。康有为向他建议说，如果陛下没有权力罢黜这些高官，至少应该招致一班精明强干的官员在自己身边，协助自己。用康有为的话说："皇上欲变法，惟有擢用小臣，广其登荐，予以召对，察其才否，皇上亲拔之，不吝爵赏，破格擢用。"

这次召见时间不短，有说愈十刻，也有说长达两小时之久。总之，在光绪召见中是很少有的。

在召见康的当天，光绪便命康在总理衙门章京上行走。据说，光绪原打算重用康有为，但因太后前一天已有谕旨，高级官员任命须经太后同意，光绪不得已做出以上安排。对于这样的安排，康有为当然很不满意。用梁启超的话说："总署行走，可笑之至。"但在当时的情况下也只能如此。

第二件是六部堂官事件。在说这件事之前，有些背景需要交代一下。维新变法启动后，光绪颁布了一系列改革措施，所谓"变法维新之谕连翩而下"。比如选拔人才、发展近代教育、振兴农工商、富国强兵等等。其中最重要的一项是机构改革。早在年初，康有为就提出设立制度局的想法，认为现在的各部门均为旧官把持，改革难以实行。在光绪召见之后，康有为又进一步提出在制度局之下设法律、度支、学校、农、工、商等十二局，并在道、县设立民政局，督办新政事宜。这个想法立即遭到保守派的反对，认为六部体制乃祖宗之制，无须另立机构。他们还散布流言，声称所谓制度局是夺我军机之权，废除内阁六部及督抚、藩臬司道。由于保守派的坚决抵制和阳奉阴违，此计划随之搁浅。

不久，围绕废科举，办京师大学堂，改革派与保守派又是针锋相对。随着京师大学堂的建立，以及变通科举，废除八股文，改试策论等，变法取得了一定的进展，但由于保守派的阻挠，新政仍然步履维艰。8月间，太仆寺卿岑春煊上奏，请废卿寺、汰冗员。光绪此时正愁机构改革无从下手，便于8月30日颁布谕旨，将詹事府、通政府、光禄寺、鸿胪寺、太仆寺和大理寺等衙门"均着即行撤裁"；与此同时，还把鄂、粤、滇三省巡抚及东河总督、粮道、盐道"着一并裁撤"。

在谕旨中，光绪口气严厉，要求"内外臣工，即行遵照切实办理，不准藉口体制攸关，多方阻格"，更不准"敷衍了事"。对各省设立的办公局所，也"一律严加甄别沙汰，限一月办竣复奏"。

这道谕旨来得十分突然，表面看是由岑春煊的奏折而起，实际上是受维新派政见影响。在光绪看来，这些守旧官僚实际上早已成了变法的障碍。他向这些闲散衙门和冗员开刀，只是第一步，目的在于进一步推动机构改革。然而，这一举动触动了许多人的利益，于是纷争更加激烈。

9月1日，又发生了一件事。即礼部主事王照上书推行新政，礼部尚书怀塔布和许应骙不仅拒绝代奏，还将折子掷还王照。王照系直隶宁河县人，甲午恩科进士、翰林院庶吉士出身，其性勇直。在上书被拒后，他随即具折参劾礼部堂官。此事一闹，"堂司交哄，事闻于朝"。因光绪早有谕旨，广开言路，任何人不得"稍有阻格"，可怀塔布、许应骙公然违抗，且二人均为有名的顽固派，阻挠变法，不遗余力。光绪早打算罢黜一二守旧大臣，"以厉威而风众"，于是当日便下谕将怀塔布等人交部议处。三天后，掌管吏部的大学士徐桐拿出处理意见，将怀塔布、许应骙及礼部左、右侍郎共六人降三级调用，打算轻处了事。光绪不允，批示将礼部六堂官一律革职，并对礼部进行改组。

这一处罚十分严厉，其中就连到任不足一个月的礼部署右侍郎曾广汉也连同被罢免。正如《庸言报》所言："上震怒，六堂（官）同日革职。大臣颇自危。"这就是轰动一时的六部堂官事件。

六部堂官事件后，怀塔布向慈禧告状。他是慈禧的表亲，慈禧认为处理过重，当即表示反对，但明谕已发，而礼部新官业已宣布。9月5日，就在礼部六堂官事件尚未消停之际，光绪又任命杨锐、刘光第、林旭、谭嗣同在军机章京上行走，均赏加四品卿衔，参与新政事宜。

从8月30日至9月5日，仅仅七天时间，光绪一连串强势的举措，无疑都在表明他推动新政的决心。然而，他并不知道，此时离戊戌变法的失败已经越来越近，只有半个多月时间了。

最后要说的一件便是光绪密诏了。这件事版本极多，也最为人们津津乐道。据说，光绪硃笔密诏共有两份，其中一份由杨锐带出，时间在9月13日（七月二十八日）；一份由林旭带出，时间在9月17日（八月初二日）。

自8月底以来，光绪加大变法力度后，新旧矛盾日趋激烈。9月8日前后，湖南守旧党举人曾廉上书请杀康有为、梁启超。这份上书洋洋洒洒八千余字，认为"祖宗者，祖宗之天下也"，康有为、梁启超"舞文诬圣，聚众行邪"，不杀不足以靖天下、安国家。在附片中，他还列举康、梁种种罪状，抨击他们鼓吹无父无君之邪说，广诱人心，布置徒党，以遂其私图。与此同时，顽固派大臣也在加紧活动，请求太后重新训政。这让维新派十分不安。

曾廉上书后，谭嗣同以"毁谤新政当斩"为由，请求光绪降旨杀曾廉，但光绪不许，说朕广开言路，岂能以言罪人？随着太后亲政的风声愈来愈紧，维新派出于自保，也开始变得不理智起来。这个不理智首先就表现在他们开始游说军队，试图武装夺权。

这是一个极其危险的想法。据王照回忆，维新派最先想游说的是聂士成。因为聂士成与王照是换帖兄弟，维新派想请王照前往游说，但被王照拒绝。王照认为，太后本无废帝之心，这样做无疑是冒险。民国时，王照还撰文称，太后原

127

"喜变法"，后来干政，实为顽固诸老所激。他一直想调和太后与皇上之间的关系，但张荫桓、康有为均反对。康有为还说太后撤帘已久，不容再出，且清朝不许朝臣言及宫闱，犯者死罪。另据《戊戌变法始末》称，康深恶太后，亦甚畏之，在帝前尽力诋毁太后，言太后并非真心支持新政，不过做做样子而已。还说，太后若在，实为新政之第一阻碍。王照想调和亦无法置喙。

由于王照不同意游说聂士成，维新派便把游说的对象转向袁世凯。这显然又是一个错误。不过，当时维新派人士多看好袁世凯。康有为《自编年谱》中说，在当时的将帅中，袁世凯曾驻朝鲜，知道内外大势，曾参加强学会，且拥有兵权，"可救上者，只此一人"。这个评判结果导致维新派把宝押在了袁世凯的身上。

不久，康有为找徐致靖之侄徐仁录，让他前往游说袁世凯。徐早年曾在袁幕。他从袁世凯那儿回来后，告诉康有为，袁为我所动，这让康大为欣喜，认为事情可图。于是，9月11日，徐致靖和谭嗣同先后上书保荐袁世凯，请光绪予以召见重用。这是维新派拉拢袁世凯计划的一个手段。光绪同意后，当日便致电荣禄，让他通知袁世凯来京陛见。这一举动，显然又是一个错误。因为召见统兵大员是一件非常敏感的事，光绪早不召见，晚不召见，偏偏在这个节骨眼上召见，自然引起了太后的猜忌。王照曾有诗曰："内政何须召外兵，从来打草致蛇惊。"9月13日，太后密谕荣禄，调动聂士成、董福祥军队进行紧急布置，以防万一。这一安排很可能与光绪召见袁世凯有关。

9月14日，光绪至颐和园，向太后问安。他本来要向慈禧汇报开懋勤殿之事，但发现太后神色不对，便打住没说。这时，光绪已有预感，知太后已不满于他。为了调和并缓解与太后之间的矛盾，9月15日，他还宫后便召见杨锐，让他带出一份密诏（俗称衣带诏）。

这份密诏一开始说，太后不愿将法尽变，不愿将昏庸老臣罢黜，而用通达英勇之人，以为恐失人心。虽朕多次降旨整顿，但圣意（指太后）坚定，终恐无济于事。因此，他说，他也知道国家积弱不振，是这些昏庸之辈所误，但要把他们都罢掉，"则朕之权力实有未足。果使如此，则朕位且不能保，何况其他"。接下去密诏又说：

> 今朕问汝：可有何良策，俾旧法可以全变，将老谬昏庸之大臣尽行罢黜，而登进通达英勇之人，令其议政，使中国转危为安，化弱为强，而又不致有拂圣意。尔其与林旭、刘光第、谭嗣同及诸同志等妥速筹商。密缮封奏，由军机大臣代递。俟朕熟思，再行办理。朕实不胜十分焦急翘盼之至。特谕。

从这份密诏看，其重点在于如何调和与太后之间的矛盾，用光绪的话说就是"俾旧法可以全变"，"而又不致有拂圣意"。（按：从密诏内容看，太后并不反对变法，只是反对"将法尽变"。她与光绪的分歧主要是在"尽变"上，故有调和的余地。）

这份密诏是写给杨锐、林旭、刘光第、谭嗣同四人的，并未提及康有为。但戊戌变法失败后，康有为逃亡海外，对外公布的密诏与此有很大的不同。内容如下：

> 朕维时局艰难，非变法不能救中国，非去守旧衰谬之大臣，而用通达英勇之士，不能变法，而太后不以为然；朕屡次几谏，太后更怒。今朕位几不保，汝可与谭嗣同、林旭、杨锐、刘光第及诸同志等妥速筹商，设法相救。朕十分焦灼，不胜企望之至。特谕。

从上下两道密诏看，无论内容还是口气都差异甚大。原谕是给杨锐等四人的，现在变成了给康有为等五人。这个并不重要，重要的是"设法相救"一语，性质完全不同。有学者研究表明，康有为的这份密诏显系伪造，结果是害了光绪，毁了变法。这是后话。

以上是光绪的第一份密诏。光绪的第二份密诏是由林旭带出的，时间在9月17日（八月初二日）。这份密诏倒是传给康有为的。谕云：

> 朕今命汝督办官报，实有不得已之苦衷，非楮墨所能罄也。汝可迅速出外，万勿延迟。汝一片忠爱热肠，朕所深悉。其爱惜身体，善自调摄。将来更效驰驱，共建大业，朕有厚望焉。特谕。

在传这道密诏时，光绪还发一道明谕。大意是，工部主事康有为，前命其督办官报局，此时闻尚未出京，实堪诧异。诚以报馆为开民智之本，职任不为不重。着康有为迅速前往上海，毋得迁延观望。早在7月26日，守旧派攻击康有为甚力时，光绪就任命康有为到上海督办官报，这是一种保护措施。但康一直未走，现在发这道明谕不过是官样文章，做给外界看的。而让林旭传给康有为的密诏却语重心长，吐露了心声。

这道密诏与上一道密诏在想法上是一致的，都是为了缓和与太后之间的紧张关系。而且，为了达到这一目的，光绪已做好暂时退让妥协的准备，打算从长计议。他在给康的密诏中说到"将来更效驰驱，共建大业，朕有厚望焉"，意思也很明确。他嘱康有为迅速离京，也是出于这一想法。因为康有为是维新派领袖，许多变法举措，包括争议甚大的开懋勤殿等，都是他提出的。他已成为守旧派的眼中钉、肉中刺。光绪让他离开，也是为了避免矛盾进一步激化。

哪知，这道密诏到康有为手中却适得其反。据康有为说，他奉到密诏，"即涕泣彷徨，奔走求救"。他召集谭嗣同、梁启超等紧急密商，筹划营救之策，最后形成一个策动袁世凯起兵勤王的计划。

9月18日晚，谭嗣同夜访袁世凯，策动其诛荣禄，围颐和园。袁世凯在谭的逼迫下，表面答应，实则推诿。他提出部队现在小站，距京二百余里，且枪弹火药皆在荣禄处，不便行动，不如等天津阅兵时诛杀荣禄更为妥帖。

然而，9月19日晚，西太后提前回宫。21日便将光绪囚禁瀛台。紧接着，太后宣布训政，变法旋即归于失败。

戊戌变法的失败使清王朝失去了最后一次改革的机会。导致变法失败的原因很多。从古至今，中国历史上失败的改革屡见不鲜，但像戊戌变法这样昙花一现的并不多见。保守派势力强大固然是导致其失败的主因，但维新派自身也问题多多，尤其在改革的最后阶段昏招迭出，也难辞其咎。历来成大事者，必有大格局。作为改革领袖，康有为显然并不称职，充其量只是一个思想鼓动家，何况他的人品还广受质疑。有分析认为，他从和平变法转向武装夺权，不仅大错特错，而且背后有着严重的私利在作怪。在变法过程中，他一直在为登上高位而努力。但这个努力由于保守派的阻力迟迟不能实现，这让他心有不甘。8月间，康有为为开懋勤殿积极活动，这是他登上高位的最后机会，但是，随着新旧对立激化，这一方案眼看成为泡影。皇帝让他迅速离京，准备暂作退让，但他却召集部分维新人士铤而走险，致使事情一发不可收拾。

更令人不耻的是，他逃亡海外后，为了抬高自己，篡改光绪密诏，使光绪原意完全改变。慈禧闻之大怒，以为光绪有害己之心，视其为大逆不道，下决心废除光绪，并导致其囚禁于瀛台凄惨而终。直到临死前，慈禧仍对光绪不放心，有传闻说，光绪驾崩是在慈禧归天的前一天，这是老佛爷自知病将不起，害怕死在光绪后边，被他翻案，便下药将其害死。这事虽无确证，但由此可见慈禧对光绪的忌恨直到临终前都未消除。

一位伟人说过："正确的路线政策决定后，干部是决定的因素。"戊戌变法虽是一场伟大的运动，但纵观维新人士，光绪手下真正得力的干将并不多，而像谭嗣同这样肝胆相照的忠勇之士更是少之又少。相反，名利之徒倒是大有人在。包括康有为在内，都试图以变法谋取私利，因而变法失败几乎不可避免。正如亲历戊戌变法的王照所说："戊戌政变内容，十有六七皆争利争权之事，假政见以济之。根基不实，故易成恶果。"可谓一语道破实质。

七、袁世凯：权力的游戏

公元1909年，即宣统元年，元旦刚过，袁世凯的厄运降临了。此时距慈禧太后死去仅五十七天。去年11月间，光绪皇帝大渐。11月13日，慈禧便对储位做出了安排，一命载沣之子溥仪为嗣，二命由其父载沣监国摄政。这是慈禧太后在世时颁布的最后两道谕旨。两天后，即光绪死后第二天，这个统治清王朝达四十八年之久的老佛爷便一命呜呼。

慈禧一死，宣统即位，载沣为监国摄政王。袁世凯的好日子便到头了。果然，转过年来，元旦刚过，载沣等王族亲贵便迫不及待地对袁世凯下手了。

一切似乎都在预料之中。

早在慈禧死去，载沣监国摄政，袁世凯和他的党羽们便感到了危机。元月2日，罢黜袁世凯的谕旨下达后，举朝震惊，但对袁世凯来说，已是暗自庆幸，捡了一条小命。

袁世凯，字慰亭，河南项城人，乃世家子弟。其叔祖袁甲三是道光十五年（1835年）进士，出任过礼部主事、军机章京和漕运总督等要职，相当于省部级高官。袁甲三在镇压太平军和捻军中立过大功，死后受到朝廷优恤，谥文诚，并享受在河南省城建专祠等一系列荣誉。袁世凯父亲叫袁保中，是项城有名的大地主，其养父袁保庆曾做过江苏粮道，相当于地市级干部。

袁世凯十四岁那年，袁保庆病故。此后，他跟随叔父、刑部侍郎袁保恒前往北京读书，可两次参加乡试均未如愿。那段时间，袁世凯由于找不到出路，内心苦闷，经常"出入欢场，挟妓冶游"，混迹于花街柳巷、声色犬马之间。不过，袁世凯并非胸无大志之人。据说他年轻时曾作《言志》诗自勉。诗云：

眼前龙虎斗不了，

杀气直上干云霄。

我欲向天张巨口，

一口吞尽胡天骄。

此诗单从字面看，倒也铿锵有力，虽然空有大言，但也透着几分豪气和血性。鸦片战争后，列强入侵，瓜分豆剖，民族危亡，迫在眉睫，袁世凯和当时许多有志青年一样，也抱着一种扫除外敌，为国建功的壮志，并不甘心平庸地生活。既然科举无望，只有另谋出路。放浪了一段时间后，他决定从军，前往山东投靠了吴长庆。这一年是光绪六年（1880年）四月，袁世凯已是二十一岁。

吴长庆与袁世凯的养父袁保庆是结拜兄弟。咸丰四年（1854年），太平军围困庐江城。吴长庆的父亲吴廷香派吴长庆向袁甲三求援。袁甲三时任安徽团练大臣，驻兵宿州，对于吴长庆的请援犹豫不决，便向身边人征求意见。袁甲三的长子袁保恒认为皖北一带匪众猖獗，不能分兵，而袁甲三的侄子袁保庆却认为吴廷香坐守孤城，不能见死不救。一个反对救，一个主张救，两人各执其辞，弄得袁甲三一时没了主意。不久，庐江城被太平军攻破，吴廷香战死。

这件事对吴长庆刺激很大，从此对袁保恒衔恨至深，终生与其绝交，而对袁保庆则心存感激，结为兄弟。

同治七年（1868年），袁保庆前往南京任职，吴长庆驻扎浦口。这段时间，两家往来频繁，过从甚密。那时候，袁世凯才九岁，长得活泼可爱，吴长庆很喜欢他，时常叫他"干儿子"。袁保庆去世时，吴长庆还渡江视敛，"扶棺痛哭"，帮助料理丧事。

吴长庆系淮军名将，此时已是广东水师提督，授命办理山东军务，所部驻扎烟台。虽然袁保庆早已离世，但对故人之子前来投奔，吴长庆还是很高兴，不仅收留了袁世凯，而且对他格外关照。当然，吴长庆当时还不可能知道他收留的这个年轻人将来会成为中国历史上的一个大人物。

袁世凯初到庆军，吴长庆让他与自己的次子吴保初一起在营中读书。当时给他们当老师的是后来赫赫有名的江北名流张謇。张謇是江苏海门人，光绪二十年（1894年）恩科状元，授翰林院修撰；清末曾出任江苏咨议局议长，为著名的立宪派人士；民国初出任过工商部部长，后转投实业，成为国内最有名的实业家、教育家之一。但是，张謇早年境况并不好，只是一个穷秀才，后经通州知县孙云锦介绍，为吴长庆收入幕中，充任文案。吴长庆号称儒将，生性豪爽，礼贤下士。他的门下罗致了不少文人学士，所谓"门左千客，门右千客"，成一时之盛。而张謇便是他最信任的幕僚之一。作为袁世凯的老师，张謇对袁世凯颇为赏识，常在吴长庆面前夸奖他。不久，吴长庆便让袁世凯帮办营务处，并拨了两名勤务兵供他差遣，但这只是个虚职，实际无事可做。

这样过了两年。到了光绪八年（1882年）六月，一个意想不到的机会出现了。这一年，朝鲜宫廷发生内乱。内乱的起因是由摄政李昰应与王妃闵氏的矛盾引起的。朝鲜国王名叫李熙，他以旁支入承王位，由于继位时尚在幼冲，便由其父李昰应摄政监国。李昰应号大院君，他专权数年，到了李熙成年，本应归政，可他却迟迟不肯交权。李熙昏庸无能，而闵妃却不是一个任人摆布的女人，她唆使丈夫从大院君手中夺回权力。这一来，两边各树党羽，你争我斗。不久内乱发生，导致日本使馆被烧，教官被杀。由于时值光绪八年（1882年），旧历壬午，因此中国史书便把这一事件称作"壬午之变"。

壬午之变发生后，日本以此为由，图谋出兵干涉。闵妃得知消息，急向中国求救。与此同时，清廷也接到日本出兵朝鲜的报告。署理直隶总督张树声秉承朝廷的旨意，马上调派水陆两军迅赴事机。水师由丁汝昌统带，陆路则由吴长庆统领。

8月20日，庆军分乘三艘轮船抵达朝鲜济物浦（今仁川）。吴长庆令人上岸侦察地形，袁世凯自告奋勇，跟随丁汝昌前往。他们乘坐小舢板靠近岸边，然后赤脚登岸。海边砂石尖利，袁世凯的脚多处割破，亦一声不吭。丁汝昌看在眼里，夸赞他道："富家子能如此，实属不易！"

摸清了地形，回到船上。此时，天色已晚。闵妃派来的密使向吴长庆报告，说是日舰早已开抵济物浦，陆军也登岸驻扎。日本公使花房义质正在调兵遣将，决定率师进入汉城，只是由于天色已晚，尚未行动。

吴长庆感到时机紧迫，必须马上行动，抢在日本人之前赶到汉城。在与丁汝昌商量之后，他当即升帐点将，令先头部队五百人、后续部队一千人，于当夜二鼓和黎明分两批陆续登陆，然后全速开往汉城。可命令下达后，手下的一个帮带带头叫起苦来，他说大帅，我等均系陆军，不习风涛，现在轮船刚靠岸，有许多晕船的官兵还没恢复过来，是否请大帅推迟登陆时间，准予天亮后再行动？

这个帮带一挑头，其他将领也随声附和，中军帐内响起一片喊喳低语。吴长庆火冒三丈，战机稍纵即逝，岂能耽误迁延？况临阵退缩，动摇军心，乃兵家大忌！他一拍桌子，怒斥那个帮带道：你身为军人，不思报效，且阵前煽惑军心，该当何罪？接着不容分说，令革去顶戴，军法治罪。

在场的军官一看吴长庆动真格的了，于是，一个个受到震慑，噤声不语。过了一会儿，吴长庆问道："谁愿充当先锋？"

无人应答。

这时，张謇开口道："袁世凯可用。"见吴长庆似有疑虑，张謇又说："袁世凯年少有大志，可代行帮带之职，担任先锋。"

于是，吴长庆传袁世凯进帐，问他愿为先锋否。袁世凯回答愿。吴长庆当即

137

决定对袁破格任用。

当天夜里，袁世凯被委以先锋官重任，率队一营，沿小路直奔汉城。这是袁世凯第一次执行重大军事任务，尽管他毫无带兵经验，但其"处女秀"却完成得不错。虽然，在行动过程中，为了震慑部队，树立威望，他先后杀了七个违纪士兵，事后有人批评他做得太过火，并写诗讽刺他说："本是中州歪秀才，中书借得不须猜。今朝大展经纶手，杀得人头七个来。"但他毕竟不负众望，抢在日本人之前赶到汉城城下，并完成部署，干得相当漂亮。

次日，吴长庆统率大军陆续开抵汉城城外。这时，清军已完全控制局势，使日本的计划遭到挫败。接着，李昰应被扣押秘密送往天津。再之后，吴长庆下令围歼李昰应余党，派副将张光前、总兵吴兆有率兵包围乱党藏身的枉寻里、利泰院。袁世凯跟随前往，表现不凡。他率洋枪队与"贼寇"展开巷战，打死打伤乱党数十人，立下战功。

壬午之役结束后，朝廷论功行赏，袁世凯除了受到朝廷的奖励（以同知分发补用，并赏戴花翎），更重要的是，他的名字第一次进入了直隶总督兼北洋大臣李鸿章的视野。

光绪十年（1884年），吴长庆奉调回国，驻防金州，留下三营仍驻朝鲜，由部将吴兆有（此时吴已升任记名提督）统带，袁世凯也进一步得到重用，以分发同知总理营务处，会办朝鲜防务。这当然都与李鸿章的提携分不开。袁世凯是个典型的机会主义者，眼看吴长庆失势后，便抱上了李鸿章的大腿。张謇对他这种做法极其反感，认为他这样做有负吴长庆，两人后来也因此绝交多年。

其实，张謇并不真正了解袁世凯，袁世凯是一个奸雄似的人物，宁我负人，毋人负我。他不仅对吴长庆如此，对李鸿章也如此。甲午战争后，李鸿章倒台，他照样一脚踢开。纵观袁世凯一生，他曾多次投靠权贵，先是吴长庆，后是李鸿章，再然后是荣禄，荣禄死后是奕劻。如此种种，不一而足。只要对他有利，便在所不惜。

吴长庆回国是在光绪十年（1884年）五月。由于他回国带走了三营庆军，相当于全部赴朝军队的一半，清军在朝鲜的兵力明显减弱。日本见有机可乘，半年后又策动朝鲜开化党发动了一场政变。

朝鲜开化党成立于光绪七年（1881年），成员以朝鲜年轻的士族为主，领头的人物有金玉均、洪英植和朴泳孝等人。他们受日本明治维新影响，打算借助日本力量实施开化改革，推翻朝鲜守旧势力，摆脱与清朝的宗藩关系，被称作"开化党"。金玉均和朴泳孝等人都是有名的"亲日派"。他们先后去过日本，与日本有着密切的联系。而日本为了控制朝鲜，也一直在暗中支持开化党。

光绪十年（1884年）十一月间，以金玉均为首的开化党人制定了一项秘密政变计划，打算推翻朝鲜守旧派的统治。他们与日本驻朝公使竹添进一郎进行密谈，得到支持。12月4日，时任朝鲜邮政大臣的洪英植借邮政局举办开业典礼之机，遍邀王公大臣和各国使节出席宴会。当天晚上，受邀贵宾纷纷莅临，唯独日本公使竹添没有到场。这一情况让人感到意外，事后联想起来方知不是偶然，而是有预谋的。

宴会开始后，本来一切正常，可不久便发生了意外。邮署房内突然起火，正在出席宴会的禁卫军大将军闵泳翊闻报出外察看，早已埋伏在院内的伏兵突发而起。接着，枪声大作。伏兵与卫队发生交战。闵泳翊被砍伤，慌乱中向宴会厅逃去。看到闵泳翊满身是血地跑进来，宴会厅内一片大乱。守旧派大臣一哄而散，四处奔逃。这时，另外一路开化党已经冲向王宫。他们从日本使馆获得枪支弹药，而事先安排好的内应也在宫内四处放火，制造爆炸。之后，金玉均等带人乘乱冲入宫禁，挟持国王李熙，谎称清军作乱，请求日军保护。早已做好准备的日本军队立即出兵占领景佑宫。动乱中，十数名守旧派大臣被杀，其中包括闵氏家族成员闵泳穆、闵台镐等。

政变发生后，朝鲜国内立时大乱。拥戴国王和闵妃的势力纷纷起兵勤王，并向清军求援。一些大臣来到庆军军营，"匍匐辕门，抚告哀衷"。清政府的态度相当明确，因为这场政变的矛头是指向中国的，绝对不能允许。朝廷指示留驻朝鲜的庆军统领吴兆有和会办朝鲜防务的袁世凯迅速带兵平息叛乱。六日黄昏，在接到国内指令后，吴兆有与袁世凯率领两千多庆军开赴王宫。在出发前，他们还特地向日本公使发出照会，说明清军将入宫保护国王。

清军出动的消息使朝鲜军民大受鼓舞。许多军民随同前往，高声欢呼。一时间，声势浩大。此时，占领王宫的日本兵并不多。从兵力上讲，清军绝对占优势。但为避免与日军发生冲突，吴兆有还是先派员与日方交涉，要求他们撤军，可日方拒不接受，相反不许清军靠近。对峙间，日军突然开枪射击。面对挑衅，吴兆有患得患失，难下决断。一来，他担心还击会伤及国王；二来，他也怕事情闹大了，引发外交事端，无法收拾。眼看事态进一步恶化，袁世凯急了。他向吴兆有分析形势，晓以利害，认为不能再犹豫了，必须马上还击。他说，朝鲜开化党暗通日本，蓄谋已久，他们借助日兵攻占王宫，目的就是要逐王别立，实现亲日远华之阴谋。刻下日军兵力单薄，此时不动，更待何时？

然而，吴兆有还是举棋不定。袁世凯按捺不住，声称战机不可失，有罪在我。于是下令还击。日军退守宫门，袁世凯率数十人发起进攻。据袁世凯的儿子袁炳文说，当时日军向袁世凯开枪，多亏一卫兵眼疾手快，将其推开，结果袁世凯幸免于难，而他身后的卫兵却中弹倒地，一命呜呼。尽管险象环生，但袁世凯并不畏惧，依然"前立不却"，继续指挥部队冲向宫门。眼看战火已燃，吴兆有无路可退，便下令全军投入战斗。由于清军兵力占优势，日军渐渐不支。战斗中，金玉均等开化党首领也纷纷从宫内跑出助战，试图挽回劣势。一片混乱之中，朝鲜王被挟持至城北关帝庙，后被清军迎出并保护起来。此后，清军大举进攻，枪炮齐发。日军抵挡不住，被迫退出王宫，撤向仁川。之后，清军突破王宫，势如破竹，"敌之死伤，市巷枕藉，搜戮叛党，国乱乃定"。在动乱中，开化党首领洪英植等人被杀，金玉均、朴泳孝等逃往日本。光绪十年（1884年），旧历甲申，这一事件在中国史书上被称作"甲申之役"。

甲申之役使日本图谋朝鲜的阴谋又一次泡汤了，而袁世凯在此役中的表现再一次赢得了喝彩。如果说壬午之变他还笼罩在吴长庆的光环下，那么这一次他临危不乱、扶危定倾则在国内得到普遍的赞誉。这也为他日后向上晋升积累了重要的资本。

当然，袁世凯在壬午、甲申两次事变中的表现也使日本人对他衔恨至深。甲午战争爆发前，日本公使大岛圭介就下令务必捉拿袁世凯，以报甲申之仇，后因袁世凯装病潜逃，才躲过一劫。

甲午之战后，负责与中方交涉的日本代表伊藤博文有一次与李鸿章谈到袁世凯，称他是"中国有数人物"，还提醒李鸿章"爱他则重用之，不爱他则杀之"。这段谈话事后见诸报端，袁世凯名声大振。就连袁世凯本人也沾沾自喜，掩饰不住地得意说："惟有仇人夸奖，身价顿增十倍。"

应该说，朝鲜十二年对袁世凯有着重要意义。这是他崭露头角之地，也是他宦海浮沉的开始。然而，真正让他登上权力巅峰的却是小站练兵。

小站练兵是晚清重要事件，它是中国军队由旧军向近代化转变的一个开始。中日甲午之战，清军以惨败而告终。勇营旧军不堪一击，所谓中兴名将的神话以及人们对旧式军队所抱的幻想统统破灭了。一时间，改练新军之说大盛，朝野上下一片"整军经武，以救危亡"的呼声。在这种情况下，清政府不得不改革军制，遂有小站练兵。

小站乃地名，位于天津和大沽之间，原为退海之地，同治之前尚属荒芜之地，后淮军屯兵于此，陆续修建道路和驿站。由于这里是大沽以西第五个驿站，习称小站。早在甲午之战进行时，广西按察使胡燏棻便受命在此训练定武军，袁世凯接受督练新军的任务后，便接管了这里，拉开了小站练兵的序幕。

甲午战败后，李鸿章开始失势，袁世凯顿失靠山。从朝鲜回来后，他一度被留在督办军务处当差，风光早已不再。他在致其兄世敦的信中抱怨道："弟自韩归国，除二三挚友外，余都白眼相加。"不过，袁世凯并不甘心就此结束自己的政治生涯。他很快背着李鸿章秘密进京，四处活动。为了讨好朝中新贵，也为了划清与李鸿章的界线，他开始落井下石，到处放李鸿章的坏水，诋毁他的对日政策如何软弱；从朝鲜撤军如何错误；而战事发生前，他又如何延误战机迟迟未能增兵，等等。在贬损李鸿章的同时，他也没忘了抬高自己，声称自己如何有先见之明，如何提出有识之见，如何忧心如焚，函电交驰，但李鸿章不仅不支持，反而处处压制，使他无法开展工作。为了更有力地说明问题，他还把几个月来与李鸿章等各方面的来往文电、摘要抄了数十份，装订成册，密呈京中要员。袁世凯在做这一切时都是背着李鸿章秘密进行的，以至于很长时间里李鸿章都蒙在鼓里。后来有人指责袁世凯忘恩负义，全然不顾李中堂的提携之恩，可袁世凯却不以为然。因为对他来说，此时的李鸿章已经成了死老虎，变得无足轻重，而他要做的是尽快撇清自己与李鸿章的关系。

这一着果然有效。不久袁世凯便找到了新的靠山。这个靠山便是军机大臣李鸿藻和荣禄。1895年4月，丧权辱国的《马关条约》签订，朝野上下要求改革的呼声变得越来越强烈，而军事改革则首当其冲。不久，清政府决定组练新式陆军，消息灵通的袁世凯便多方活动，并很快达到了目的。光绪二十一年（1895年）十月，军机处上奏保荐袁世凯出任督练新军的重任。在奏折中，督办军务王大臣对袁世凯评价颇高，中有"浙江温处道袁世凯，朴实勇敢，晓畅军机，前驻朝鲜甚有声望"等语。奏折上去后，批复当天就下来了。谕云："据督办军务王大臣奏，天津新建陆军请派员督练一折，中国试练洋队，大抵参用西法，此次所练系专仿德国章程，需款浩繁，若无实际，将成虚掷。温处道袁世凯，即经王大臣等奏派，即着派令督率创办，一切饷章，着照拟支发。该道当思筹饷、变法匪易，其严加训练，事事核实，倘仍蹈勇营习气，惟该道是问。懔之！慎之！"

这道谕旨，对于小站练兵是具有历史性的；对于袁世凯来说，也是具有历史性的。据曾在北洋军中出任高级军职的张联棻回忆说，袁世凯最初在小站练兵时，规模并不算大，新建陆军总数不过七千人，但由于当时我国缺乏军事人才，随着腐朽的绿营兵的淘汰，新建陆军就成了一支异军突起的武装。不久，袁世凯又以新建陆军为基础扩编北洋六镇，所有的高级军官都出自小站。以后，随着北洋军力量的扩张，小站出身的军人就布满了全国，无形之中形成了以袁世凯为首的北洋军阀集团，为以后袁世凯篡夺政权打下了基础。

应该说，小站练兵成就了袁世凯，也成就了一个汉人统帅。枪杆子与印把子从来就是连在一起的。小站练兵使袁世凯牢牢地抓住了兵权，而凭借手上的兵权，他也开始一步步攀上了权力的巅峰。

光绪二十四年（1898年），戊戌变法发生。随着变法的深入，帝后两党开始尖锐对立。9月间，形势骤然紧张。一时间，流言四起，说是太后要借天津阅兵，废皇上为庶人，另立年幼的端王之子，并由太后训政。早在这之前，太后已有懿旨，任命荣禄署直隶总督，节制驻扎的近畿陆军聂士成、董福祥和袁世凯部。此举目的当然再明白不过，就是要控制近畿部队，以防范帝党。

西太后的举动使帝党感到大为不安。为了保全光绪，确保变法成功，维新派认为必须争取军队的支持。在当时驻扎近畿的三支军队中，他们进行了比较分析。康有为原先想用驻扎芦台的聂士成，但被认为并不可行。林旭主张用董福祥，而谭嗣同则力主用袁世凯。两人为此还产生了分歧。林旭当时有诗云：

愿为公歌千里草（董），

本初（袁）健者莫轻言。

这首诗是林旭写给谭嗣同的，诗中流露出对袁世凯的不信任。可后来谭嗣同的主张还是占了上风。因为这一主张得到了包括康有为在内的大部分维新人士的支持。于是，最后的宝便押到了袁世凯身上。

为了拉拢袁世凯，在政变发生前，光绪皇帝曾两次召见过袁世凯。第一次是9月16日（八月初一）。这次召见"为时颇久，所言皆系国政腐败，必须极力推行新政之语"。谈话进行到最后，光绪问袁世凯："如果我交给你统领军队的职责，你能忠于朕吗？"袁世凯答："臣当尽力报答皇上之恩，一息尚存，必思效枕。"于是，光绪皇帝为之欣然，随即下了一道谕旨，越级提拔袁世凯为侍郎候补。

第二次召见是在9月20日（八月初五），即政变发生前一天。这次召见是袁世凯离京前向光绪皇帝请训。关于此次召见的内容，有关史料出入较大。一种说法是，光绪在与袁氏谈话时，面付朱谕，令他回天津，先到天津督署内抓荣禄，然后星夜带兵入都，围颐和园，软禁太后。为了袁氏执行命令方便，光绪还特地赐他一支小箭，以作凭证。

另一种说法是，那次召见为时较短，光绪只是对袁说："你练兵甚好，以后可与荣禄各办各事。"这句话听上去似乎别有深意，好像暗示袁世凯，他的军队可以不听荣禄的指挥，至于面授朱谕，杀荣围园，皇上并未说到。

对以上两种说法，袁世凯自己说法不一。他曾公开表示皇上没有面付朱谕，而在给其兄世勋的信中又有"面见皇上，授于密诏"之句。究竟哪一个是实话，不得而知。

至于皇上两次召见，一般认为这是维新诸臣刻意安排的结果。他们是想让袁世凯明白，这件事是有皇上支持的，他尽可放手去干。而对袁氏来说，短短几天竟两次蒙召，实为难得的殊荣。不过，此时的袁世凯也处在风口浪尖，何去何从，必须做出抉择。然而，这个抉择并不轻松。从种种资料分析，袁世凯当时的心情颇为复杂。面对帝后两党，这种站队事关重大，一旦站错了则万劫不复。

9月18日（八月初三）夜，即皇上两次召见袁氏之间，谭嗣同曾来袁世凯下榻的法华寺，与他进行了一次重要的谈话。据袁世凯《戊戌日记》说，这次谈话的要点是，谭嗣同要求袁世凯率兵救驾，杀荣禄，围颐和园。

谭嗣同说："皇上有大难，非公不能救。"接着又说："我想初五奏明皇上，让你初五请训，到时面付朱谕一道，令你带本部兵马开赴天津，见到荣禄，即出朱谕宣读，就地正法。然后，让你代直隶总督，传谕僚属，张挂告示，布告荣禄大逆罪状，并封锁电局、铁路，迅速入京，派一半兵马围颐和园，一半兵马守宫，大事可定。"

然而，袁世凯对谭的说法并不认可。因为他手中的新军只有七千余人，而京津董福祥部、聂士成部，加之淮练各军七十多营及北京神机各旗营，力量对比悬殊。哪能那么轻易就"大事可定"？但谭嗣同是皇上身边的近臣，他也不能得罪，只好虚与委蛇，推托说："此事关系重大，不能草率决定。再说你今夜请旨，皇上也未必允准。"

谭嗣同说："我自有挟制之法，皇上不能不准。"

事后，袁世凯在给其兄世勋的信中曾说，当我听谭嗣同说到"挟制"二字，立时"不寒而栗"。为何如此？因为挟制，便有强迫皇上的意思。皇权时代，这种事可是大逆不道，一旦败露后果不堪设想。袁世凯当然感到害怕。

后来，谭嗣同为了给袁世凯打气，便拿出了皇上9月14日的密诏给袁世凯看，这更加重了袁的疑惑：一是密诏未用朱笔，而是黑笔所书；二是诏中并没有杀荣围园的意思。对此他提出质疑，谭嗣同解释说，朱谕现在在杨锐手中，这份

145

是林旭抄给他看的，原诏中杀荣围园都写得很明确，云云。

袁克文在《三十年闻见行录》中写道，谭嗣同拿出密诏后，他父亲袁世凯起初沉吟了一下，谭嗣同忽然站起，自袖中掏出短枪指着袁世凯问："公肯奉诏吧？如肯，望立行，不肯也快说，为什么迟疑？"

说这话时，谭嗣同语调严厉，目光逼人。袁世凯并不慌张，微笑而答："帝诏怎敢违？不是我迟疑，实是在考虑如何执行。"

谭嗣同听了这话，脸色和语气便和缓下来，也笑道："我知公忠贞，必无他志。刚才是试公胆量，果然真豪杰也！盼速奉诏行事，免生他变。荣禄这个逆贼奸滑，千万不能被他察觉。大事定后，公富贵不可量也！"

最后，谭嗣同提出与袁世凯共同盟誓。袁世凯从之，两人北向而拜，共同盟誓。

以上文字简直就像一部惊险小说。袁克文为文多夸张，且意在为其父涂脂抹粉。不过，从诸多材料看，袁世凯那天夜里并未拒绝谭嗣同的请求。据《南海康先生传》中说，当谭提到杀荣禄时，袁世凯说："杀荣禄如一死狗耳！"不过，在具体行动办法上，他提出自己的兵马都在小站，离京二百多里，行动起来，恐走漏风声。他说，最好的办法是，天津阅兵时，皇上驰入我营，我便可以名正言顺诛讨逆臣。

袁世凯这样说，实际上是在应付谭嗣同。事后袁世凯也不否认。他说，谭嗣同是天子近臣，不能得罪，当时只能"多方应付"，先把他支走。9月20日（八月初五），即谭嗣同来访的第二天，在向光绪请训之后，袁世凯已经没有时间再犹豫。他必须做出抉择，要么站在皇上一边，要么站在太后一边。现在，最重要的问题是，必须弄清楚谁是最后的胜利者，而且不允许有丝毫偏差。这是一场真正的赌博，一场拿性命作筹码的赌博。经过反复权衡，他最后把赌注下到了太后一边。接下去便发生了告密的事。

关于告密，袁世凯自己有两种说法：

其一，是袁世凯的日记。他说，初五日请训，退下即赴车站。抵天津时日已落，即前往谒荣相（即荣禄），略述内情。这时叶祖珪（原靖远舰管带）等人先后来访，只好约以明早再详谈。次日，他把详情告之荣相。荣相失色，大呼冤枉。是晚，荣相找他去，出示训政之电，方知政变已经发生了。

从日记看，袁世凯初五回津见到荣禄，但向荣禄告密却是在初六。而在初六这一天，政变已经发生了。也就是说，政变并非由他告密所致。

其二，是袁世凯致其兄世勋的信。在信中，他说接旨后颇觉进退两难，不奉诏是欺君逆旨，若提兵软禁太后，是助君为不孝，逮捕荣相，是以怨报德。终夜彷徨。此种重大机密又不能与幕友磋商，直至天明，决意提兵入京，见机而行。及抵京师，屯兵城外，孑身入宫，面见皇上，授余密诏，捕拿太后羽党，荣相列首名。余只得唯唯而退。行近宫门，正遇荣相入宫，拦路问余带兵来此何事，弟被逼辞穷，只得以实情详告。荣相立带弟入颐和园面奏太后。此非弟之卖君求荣，实缘荣相是余恩师，遂使忠君之心被天良所战胜，断送维新六君子之生命，弟之过也。

以上两种说法，前后自相矛盾。显然，袁世凯并没有说真话。他始终在为自己开脱，结果前后不一，难以自圆其说。

不过，据台湾学者黄彰健研究认为，袁世凯告密是实，但政变并非由他告密所致也是事实。虽然袁世凯辩解称，他是初六向荣禄报告详情，这一说法可能有假，因为这么重要的事他不可能拖到第二天才报告。但是，政变发生当日，即初六日，太后下的第一道命令是捉拿康有为、康广仁等，而且罪名是"结党营私，莠言乱政"。直到三日后，即初九日才下令捉拿策动袁世凯、杀荣围园的谭嗣同。由此推断，太后在政变当天可能还不知道"杀荣围园"之事，否则不会拖至初九日才下令捉拿谭嗣同。因此，政变初六日爆发很可能是太后预定的行动，而与袁

147

世凯告密无关。此说不无道理。

然而，不论告密在前还是在后，告密却是事实，这一点无法改变。尽管在光绪二十四年（1898年）这场豪赌中，袁世凯赢得前途，却失去了道义。这件事在以后很长时间里，成了他的一块心病。他在不同场合里反复为自己辩解，而且每一次的说法都有出入，据说他还修改过他的日记。这样做的目的是想把自己从耻辱中解脱出来，结果适得其反，越抹越黑。

光绪二十五年（1899年），在荣禄的保荐下，袁世凯升任山东巡抚。这个结果与他戊戌告密，获得荣禄信任不无关系。几个月后，庚子事变发生了，八国联军打入中国，驻扎在京津一带的清军主力尽数崩溃。荣禄统领的亲兵被消灭，聂士成战死，董福祥溃败，马玉昆和姜桂题的部队也溃不成军。这时候，偏安山东的袁世凯却因祸得福。由于远离战场，他统领的北洋陆军得以完整保存，转眼间便一跃成为清帝国的"第一武装"。

庚子事变的次年，光绪二十七年（1901年）十月，袁世凯再次荣升，当上了直隶总督。在此期间，他一再扩军，把原先仅有七千余人的北洋新军先后扩建成六个镇，号称"北洋六镇"。袁世凯的权力越来越大，地位也越来越显赫。到了光绪末年，他除了直隶总督这个显要的职务外，还兼差八项：参预政务大臣、督办山海关内外铁路大臣、政务大臣、北洋通商大臣、督办天津至镇江铁路大臣、督办电政大臣、会办练兵大臣和督办商务大臣。号称"八大臣"，其炙手可热，已无人可比。

随着地位的显赫，危机也越来越大。由于袁世凯的势力增长，已经打破了朝中各方势力的均衡，甚至威胁到亲贵的利益。于是，各方群起而攻。言官交章纠弹，接连不断。御史王乃征在弹劾奏章中指出：袁氏大权在握，举国兵权集于一身，权力已超越户部和兵部，"既历史所未有，亦五洲所不闻"；"其爪牙布于肘腋,腹心置于朝列",又有庆亲王从中援手,"枝重有拔本之嫌,尾大呈不掉之势"。大名鼎鼎的梁鼎芬更是措辞激烈,在弹章数落袁世凯"权谋迈众,城府阻深,能诳人又能用人,自得奕劻之助,其权威为我朝二百年满汉疆臣所未有,引用私党,布满要津"。最后他还表示,拼死也要弹倒袁氏,自己"但有一日之官,即尽一日之心,言尽有泪,泪尽有血。奕劻、袁世凯若不悛,臣当随时奏劾,以报天恩"。这一来,终于把慈禧这个本来就疑心甚重的女人也弄得疑神疑鬼起来。

《遐庵遗稿》记,有一次西太后召见袁世凯,问他新官制为何迟迟未定,袁回答说各方阻力甚大。太后说:"这怕什么?你有的是兵,不会杀他们吗?"袁世凯听了这话,顿时吓得汗流浃背。这些虽系小事,但从中可见慈禧太后已对袁世凯有所猜忌。尽管从表面上看,袁世凯那段日子尊宠已极,风光无限,但高处不胜寒,他已感到危机四伏,如履薄冰。

光绪三十三年(1907年)七月,一道谕旨将袁世凯内调军机处。军机处是清代最高权力机构,汉人能做到军机大臣便是登峰造极,但袁世凯心里并不高兴,因为官虽升了,实权却没有了,尤其是他苦心孤诣经营多年的北洋军队也被迫交了出去。然而,这还不算是最坏的结果。光绪三十四年(1908年)秋,光绪帝和西太后先后驾崩,于是,一场真正的噩运终于降临到了他的头上。

公元1908年12月2日,宣统皇帝溥仪登基后,除掉袁世凯的计划便在暗中进行起来。关于这段历史的记载,各种传闻和说法很多,虽然基本事实大致相同,但细节上出入很大。

袁世凯被罢是在公元1909年1月2日。铁良(时任陆军部尚书)之子穆瀛回忆说,他听他父亲讲,那天讨论办袁时,隆裕太后单独召见军机领班奕劻,当时摄政王载沣在一边。奕劻入内后,太后拿出先帝手敕,要求严办袁世凯。庆王伏地不语,太后发火道:"你不说话,是何意?"奕劻赶紧奏道:"请召汉大臣议。"

接着又说:"张之洞在值未退。"

太后很不高兴,便斥退庆王,把张之洞召了上来。张之洞向与袁氏不和,太后本以为他会同意办袁,没想到张之洞并没这样做,反倒主张幼主刚刚登基,时局艰难,此时诛杀前朝重臣,恐不利于社稷,不如改为驱逐出京。太后默许,遂有袁世凯回籍养疴之谕。

穆瀛回忆中提到的那份"先帝手敕",据说是光绪皇帝临终前留下的密诏。他在驾崩前一天晚上交给隆裕太后,隆裕一直藏在身上,秘而不宣,直到宣统登基后才拿出来交给摄政王。据说这份密诏长约三百字,开头是"朕醇贤亲王之长子也,后有袁世凯罪恶昭著,擢发难数,即应斩决"云云。

这种说法流传甚广,但密诏是否存在,一直是个悬案。因为谁也没有见过,就连摄政王载沣之弟载涛也无法证实。他在回忆中说,至于传闻之说,如光绪临危拉着载沣的手,叫他杀袁世凯,又如隆裕面谕载沣杀袁给先帝报仇等等,载沣生前并没有向他说过,或许是他保密的缘故。因此,是否真有其事,他也无从判断了。

不管密诏是否存在,但光绪帝忌恨袁世凯却是事出有因。戊戌年,袁世凯背叛了光绪帝,从而导致百日维新失败,光绪也被囚瀛台凄惨而终。这种仇恨不共戴天。何况还有一种说法,说光绪帝的死也与袁世凯有关,是他在药中做了手脚,害怕光绪死在太后之后遭到报复。这种说法同样没有证据,让人真假难辨。

据宣统皇帝溥仪回忆,他曾听见一个叫李长安的老太监说起光绪之死的疑案。照他说,光绪在死前一天还是好好的,只是因为用了一剂药就坏了,后来才知道这剂药是袁世凯使人送来的。据内务府某大臣的一位后人告诉他,光绪死前不过是一般感冒,他看过那些药方,脉案极平常,前一天还有人看到他像好人一样,站在屋里说话,所以当人们听到光绪病重的消息时都很惊讶。更奇怪的是,病重消息传出不过两个时辰,就听说已经"晏驾"了。因此溥仪说:"总之光绪是死得很可疑的。如果太监李长安的说法确实的话，那么更印证了袁、庆确曾有过一个阴谋，而且是相当周密的阴谋。"

溥仪作为皇帝，也对这种传闻半信半疑，可见光绪死于谋害的说法影响不小。因此，无论从戊戌旧案，还是从害死光绪的嫌疑来说，处死袁世凯都在情理之中。然而，尽管隆裕太后和摄政王载沣有意杀掉袁世凯，但袁世凯最终还是逃脱一死。其中原因很多。最为盛行的说法便是张之洞保奏的结果，诸如上边穆瀛所说。另据胡嗣瑗（曾任翰林院编修）言，他曾见过内阁旧档。原来处置袁世凯的谕旨中用朱笔写有"居心叵测，着拿交法部严讯"等语，但旁边有人用墨笔旁注为"以足疾放归"。这墨笔旁注者便是张之洞。但这类说法并未得到张之洞本人的证实。后来，有人向张之洞求证此事，"张亦不明言"。

还有一种说法认为，袁世凯幸免一死，是时任军机大臣世续"力争"的结果。据说世续在隆裕太后和摄政王载沣召见时，极力为袁世凯说情，从而使袁"仅得开缺回籍"的处分。

当然，有保袁的，也有要杀袁的。极力主张杀袁的有肃亲王善耆、镇国公载泽和恭亲王溥伟。他们都力主坚决干掉袁世凯，否则养痈遗患，后害无穷。当然，隆裕太后和摄政王一开始也是赞成的。溥仪回忆说，当时摄政王为了杀袁世凯，曾想照学一下康熙皇帝杀大臣鳌拜的办法。康熙的办法是把鳌拜召来，赐给他一个座位，那座位是一个只有三条好腿的椅子，鳌拜坐在上面不提防给闪了一下，因此构成了"君前失礼"的死罪。帮助摄政王制定这个计划的是小恭亲王溥伟。溥伟有一柄咸丰皇帝赐给他祖父奕䜣的白虹刀，他们把它看成太上宝剑一样的圣物，决定由溥伟带着这把刀，做杀袁之用。一切计议停当了，结果被张之洞等人劝阻住了。

这样的结果出乎很多人的预料。其实，就当时的情形而言，无论是张之洞，还是世续，都不可能左右大局。真正的原因还在于隆裕和载沣过于软弱，这才造成了后来的结果。

据载沣的胞弟载涛回忆说，载沣摄政不久，即下谕罢免袁世凯。据我所知，促成其事的为肃亲王善耆和镇国公载泽。善耆主张非严办不可，载沣彼时对袁，也觉得是自己的绝大障碍，同意善耆等这样做，又将谕旨用蓝笔写好（彼时尚在大丧百日之内，不能动朱笔）。其实这种事必须用迅雷不及掩耳的手段去做，不是可以迁延时日，从容研究的。事后就有人说过，袁每日上朝，仅带差官一名，进乾清门后，便只他单身一人，若能出以非常手段，干了再说，即使奕劻如何有心庇护，张之洞如何危言耸听，亦来不及了。可是载沣哪里有康熙皇帝擒鳌拜的决断和魄力呢？据闻那一道谕旨原文，是将袁革职拿交法部治罪，就袁的方面来讲，已因此有了宽转，结果可以不死了。及至拿给奕劻一看，奕劻模棱其词，张之洞则明白说出什么"主少国疑，不可轻于诛谬大臣"，力为反对。彼时，凡是谕旨非经军机大臣副署不能发表，载沣处此僵局之下，竟自无可如何，变为"开缺回籍养疴"。纵虎归山，自贻后患，善耆等人也只有付之浩叹而已。

至于隆裕太后，载涛的回忆说，太后之为人，其优柔寡断更甚于载沣，遇着极为难之事，只有向人痛哭。

两位最高当权者如此软弱，其结果必然是患得患失，而朝中的派系斗争和满汉之间的畛域之分，又使处理袁世凯的问题变得更为复杂。除此之外，使载沣犹豫不决的还有一个很大的顾虑，那就是北洋军的存在。

北洋军为袁世凯一手亲练，清廷对这支武装一直心存疑虑和担心。当时北洋六镇中，除第三镇开赴东北、第五镇驻扎潍坊外，其余四镇都驻扎在京津、直隶一带。其中第一镇就驻扎在北京郊外，其中一个团还直接担任禁廷宿卫。尽管第一镇此时已改由铁良直接统辖，镇中旗兵人数不少，但袁世凯的旧属仍广布其间，且统制何宗莲本人就是老"武备"出身，又系小站旧人。倘若变生肘腋，后果将不堪设想。这不能不说是横亘在载沣心中的一大障碍。据溥仪回忆说，载沣原先要杀袁世凯，是奕劻等一班军机大臣把他阻拦住了。最让载沣不安的是，奕劻说："杀袁世凯不难，不过北洋军如果造起反来怎么办？"这句话显然把载沣吓住了。

然而，袁世凯当时对这些还蒙在鼓里。当时，他坐立不安，或许已有不好的预感，因为几位军机大臣先后被召入内，唯独把他撇在了一边。这个情况很不正常。他向当值太监探问，谁知这些太监也都支吾其词。直到张之洞入对下来后，说了太后和摄政的意思，让他回去休息。袁世凯这才大惊失色，连声称谢。回到家中，阖府老少更是一片恐慌。他的大儿子袁克定恐有后命赐死，劝他赶紧逃避。袁世凯开始还强撑着不走，后来禁不住家人劝说，连夜去了天津，想从那里搭乘轮船逃往日本。

据张国淦《北洋军阀起源》记，袁世凯到了天津，下榻在英租界利顺德饭店。直隶总督杨士骧派儿子杨毓瑛前来告之，太老师（毓瑛受业于袁，故有此称）是奉旨穿孝大员，现在擅自脱下缟素，且不遵旨回籍，万万不可。于是，袁世凯又连夜返回北京，第二天便遵旨回籍。

从2号罢免谕旨下达到3号离京，这生死攸关的十几个小时，对于袁世凯来说，简直是惊心动魄，如同从鬼门关上走了一遭。实际上，他的恐惧完全没有必要。因为自从罢黜谕旨下达，他已逃脱了一死的命运，这从谕旨的措辞中不难看出。谕旨云：

谕军机大臣外务部尚书袁世凯，夙承先朝屡加擢用。朕御极后，复予懋赏。正以其才可用，俾效驰驱，不意袁世凯现患足疾，步履维艰，难胜职任。袁世凯着即开缺回籍养疴，以示体恤之至意。

153

据知情者透露，这道谕旨原本十分严厉，后经一改再改，已变得相当温柔。不仅没有丝毫贬损老袁的意思，而且还肯定了他过去的功绩。解除职务的唯一理由是他患有"足疾"，而开缺回籍也是出于朝廷的体恤之意。

那么，袁世凯有没有腿疾呢？据袁克文说，他父亲在任军机大臣时，有一次他的十叔祖自家乡来，袁氏向他行跪拜礼，起身时不小心绊了一下，"遂致足疾"，以后一连数月行走都不大利索。时逢两宫驾崩，袁世凯每日进宫哭奠，都要撑个拐棍，到了宫内不准挂拐，则由小太监搀扶。

尽管如此，袁世凯的腿疾并不严重，尔后不久就痊愈了，根本不至于到了需要解除职务的地步。那样说不过是一个体面的理由罢了。至于他的干部待遇实际也未变，用当时的话说叫"原品休致"，用今天的话讲，就是保留原有级别待遇回家休养。袁世凯回到老家后，河南巡抚还专门拨了一营人马作为他的护卫，可见还是相当风光。

应该说，袁世凯是幸运的，他的幸运就在于能够大难不死。然而，对于大清朝来说，却留下了一个致命的祸根和隐患。这已是后话。

八、徐锡麟的血性

徐锡麟就义那一天，是光绪三十三年，公元 1907 年 7 月 6 日。是夜大雨倾盆，昼夜不止。他被带到安庆抚署东辕门外刑场时，披枷带镣、遍体鳞伤，瘦弱的身体和剃光的脑袋透着平静和倔强。

就在几个小时前，由他领导的起义宣告失败。经过严刑拷打和仓促审判，他被处以极刑，但他丝毫也不畏惧。拍照验身时，竟神色自若云："且慢，脸上没有笑容，怎么留给后代？再拍一张。"之后仰天而云："功名富贵，非所快意，今日得此，死且不憾矣。"

徐锡麟刺杀安徽巡抚恩铭，这一事件在当时引起了极大的轰动。他惊人的壮举，历来备受推崇。特别是在就义时，大义凛然，视死如归，更令人肃然起敬。晚清刺杀案件频发，但徐案无疑是其中影响最大的一个。从徐锡麟现存的遗照看，他身材瘦小柔弱，而且高度近视，很难想象在他的身上哪来那么大的决心和勇气。

徐锡麟是光复会的重要骨干。他参入该会是在 1904 年，清光绪三十年。当时该会刚成立不久。有一次，徐锡麟去上海，住在五马路周昌记。他去虹口爱国女校拜访蔡元培，经人介绍加入了光复会。蔡当时是光复会的会长，而介绍他入会的则是光复会的发起人之一陶成章。

陶成章是近代著名的革命志士，曾两次赴京刺杀慈禧。光复后出任光复军总司令，后被陈其美、蒋介石密谋暗杀。孙中山曾对他高度评价，称他"奔走革命不遗余力，光复之际实有巨功"。徐锡麟与陶成章相识于日本，一度成为密友，后因理念分歧，两人断交不再来往。不过，徐锡麟在参加革命早期却受到陶成章的很大影响，包括他参加光复会也是由陶介绍的。

徐锡麟的思想转向革命是在他第一次去日本之后。其实，在这之前，他已受到新思想和西方科学、传记作品的熏陶和影响，萌生了对现实的不满。《马关条约》签订后，帝国主义的侵略和清政府的腐败更是震撼了他的心灵，激发了他强烈的爱国热忱。1903年春夏间，日本大阪举办劝业博览会，绍兴府学堂的日文教员平贺深造约他一同前往。这是徐锡麟第一次走出国门。在日本期间，他游览了东京，结识了一些爱国的留学生。当时，东京的革命气氛浓郁，各种资产阶级革命团体纷纷涌现，十分活跃。时值沙皇俄国侵占我东三省，留学生发起"拒俄"运动，并组织义勇队，准备回国抗击侵略。徐锡麟深受感染。一次，浙江学生为营救章炳麟（因"苏报案"被捕入狱），在牛込区赤诚元町清风亭召开会议。徐锡麟热心出资，赞助其事，受到革命同学的赞誉。在那次会上，他结识了陶成章、龚宝铨，之后在他们的引见下，又与纽永建相见，共谈宇内大势，徐锡麟茅塞顿开，从此坚定地走上了反满革命之路。徐锡麟一生曾三次前往日本，而第一次赴日无疑是对他影响最大的一次。

从日本回国后，徐锡麟在家乡东浦办了一所小学校，取名"热诚"。这是他与同志数人联手创办的。他在校内倡导新式办学之法，并购买了许多新书和刀剑，开设兵式体操课，每日长途拉练，风雨无阻，并练习枪械和军操。他还从南京请来一位军乐家教授军乐。一时间学校里军乐声声，操声阵阵，俨然有了军队气象。在办学的同时，他还在绍兴开了一家书店，起名"特别书局"，用以传播新译书报。此外，他还常常练习射击，以沙俄侵略者头像为靶子，一日数十次，开枪痛击，用以激励自己对侵略者的仇恨，兼以提高枪法。

徐锡麟的举动引来了种种非议和诋毁，村中谣传四起，有人甚至说他要操纵学生造反。父亲对他的活动也极为不满，多方阻挠并大加训斥。为了避免拖累，父亲还借口他曾过继给死去的伯父为嗣，要他分家另过。不久，他在绍兴府学堂副监督（副校长）的职务也被罢免。

绍兴学堂副监督一职是徐锡麟去日本前担任的。二十一岁时，徐锡麟考取秀才，之后受聘于绍兴府学堂担任数学讲习，由于表现出色，引起知府熊起蟠的重视，收其为门生，并擢升他为该学堂副监督。1903年，在父亲的督促下，徐锡麟高中副榜（即副贡，举人备取生），但他志向并不在此，相反却热衷于教育之事。然而徐锡麟办教育虽有开通民智之意，但更多则是项庄舞剑，志在革命。他办热诚小学校如此，办大通学堂亦如此。

大通学堂是徐锡麟加入光复会后创办的。当时他从上海回到绍兴，便开始联络会党，策划反清起义。他广交绿林豪杰，遍及绍兴、金华等地。在加入光复会的第二年春，徐锡麟还率弟子数人游访诸暨、嵊县、义乌、东阳四县，穿行于草泽间，尽交豪酋志士。在近两月的时间里，收获颇丰。回来后他对人说："游历数县结识英雄好汉数十人，知中国尚可为也。"

在积极联络会党的同时，徐锡麟还与陶成章、龚宝铨等创办大通学堂，其目的就是以学堂为掩护，成立秘密据点，搞武装，培养革命力量。

他们的运作还算比较成功。鉴于热诚小学校的教训，在大通学堂开办前，他们就注重打通上层关节，不仅说服官厅批准，而且取得了绍兴知府熊起蟠的信任和支持。经过多方努力，1905年9月3日，大通学堂正式开学，设有国文、英文、日文、舆地、理化、算术、博物、体操等课程，在诸多科目中"尤重兵式体操"。此外，学堂还附设一班体育专修科，专门用来学习军事，以培训各地会党人员。为了防人之口，也为了提高学校地位，徐锡麟巧于周旋，说服知府熊起蟠，由绍兴知府给该学堂颁发毕业文凭，正面加盖官印；开学、毕业典礼，也请官绅主持，并摄影留念。这样就给外界形成了一个官府支持的印象。尽管乡里人言籍籍，污其为强盗学堂，称进出学堂者均为"不羁之人"等等，但最终都未能掀起大的风浪。中国的事只要有官府撑腰，一切好办。由于得到了知府熊起蟠的支持，大通

158

学堂办得顺风顺水。为了提高军训水平，徐锡麟还从富商徐仲卿处筹到银元五千枚，从上海购来后膛九响枪五十支，子弹两万发，真枪实弹地进行训练。晚清对枪枝弹药的购买有严格规定，但徐锡麟通过知府熊起蟠，以军训和办团练之名，得到批准。学校白天上课出操，舞枪弄剑，杀声四起；夜晚则高谈革命，畅言无忌。学校还规定，凡入学者均须加入光复会，毕业后亦受光复会节制。一时间，大通学堂成为光复会在浙江的联络中心和大本营，各地会党和革命同志纷纷前来投奔。

徐锡麟从小就是一个不安分的人，性格中有着极强的叛逆性。徐家在浙江会稽是一个大户人家。家有田产百亩，并在绍兴开有绸庄和油烛栈。徐锡麟的父亲名凤鸣，字梅生，思想顽固保守。锡麟兄弟姐妹十一人，他是长子。但在诸多兄弟姐妹中，徐锡麟是最不省心的一个。他自幼就个性鲜明，不喜墨守成规。凡过手之器物常常被其毁坏，父亲因此很不喜欢他。据他的亲属回忆说，徐锡麟少年时就爱结交朋友，尤其钦佩古代豪侠，时常舞刀弄枪，学习武艺。一次被父亲训斥后，他一怒之下，竟跟一个和尚跑走了，后来家里费了很大劲才在杭州白云庵找到他。那一年，他才十二岁。此后，家里对他严加看管，不许他擅自外出，让他在家读书。徐锡麟读书十分聪慧，而且专注投入，很快他就对经书、数学以及天文地理表现出了强烈的兴趣，常在夜间观察天象，乐而不眠。他还无师自通，绘制了许多星象图和地图，并自制一台"径三尺"大小的浑天仪用来研究天文。他的好奇心和破坏性，以及叛逆性格一脉相承，这都注定了他不可能安于现状，按部就班地度过一生。

1905年，徐锡麟第二次东渡日本。明治维新后，日本迅速崛起，很快脱亚入欧，成为亚洲强国。当时，中国很多进步青年前往日本求学，尤其是学习军事。有一天，陶成章来找徐锡麟商量，认为要想推翻清政府，首先得掌握军队。那么，如何掌握军队？最好的办法就是去日本学习陆军，然后再打入军队。徐锡麟深以为然。

晚清政府规定，凡去日本学习军事，先要在国内捐官取得资格。于是，他们又找到曾经资助大通学堂的富商徐仲卿，鼓动他出资五万元，为徐锡麟、陶成章、陈志军、陈德毂、龚宝铨等五人捐得官职。之后，徐锡麟又赴湖北，求见其表叔俞廉三，请他代为捐官。

俞廉三，字廙轩，浙江绍兴人，早年在山西做官，由知县而知府，而布政使，治晋十五年之久，"政绩卓然，为全省之冠"，尔后升任湖南布政使、湖南巡抚兼两湖学政。俞廉三素以顽固著称，但对徐锡麟这个表侄却十分友善。他曾多次帮过徐锡麟的忙，包括向安徽巡抚恩铭举荐徐锡麟，否则徐锡麟也不可能受到重用。因此，刺杀案发生后，恩铭大为懊恼，并在口授遗折中称"徐锡麟系曾经出洋，分发道员，思其系前任湖南抚臣俞廉三之表侄，奴才坦然用之不疑。任此差甫两月，勤奋异常，而不谓包藏祸心，身为党首，欲图革命，故意捐官，非惟奴才之不防，抑亦人人所不料。"言语中对俞廉三颇有怨言。

不过，俞廉三显然并不知道徐锡麟是革命党，他对徐的提携也完全是出于族谊，但对于徐锡麟来说，俞廉三的帮助太重要了，包括赴日、捐官。俞廉三亲自致函镇浙将军寿山、清政府驻日使臣杨枢新托付此事。新任浙江巡抚张曾敭原是湖南巡抚，在他前往浙江上任时，路过湖北，俞廉三也再三重托，让他帮助徐锡麟，因此徐锡麟等五人的留学之事便一路绿灯，顺利地办了下来。当然，对于贪婪的寿山，这事也不是白办的。徐锡麟纳贿三千元，换取了他对留学报告的批准。当然，如果没有俞廉三的引荐，徐锡麟即便想纳贿也恐怕不得其门而入。

徐锡麟前往日本是在1905年的冬季。他把大通学堂交给曹钦熙代管，然后束装就道，东渡扶桑。同行者共十三人。

徐锡麟等人到达日本后，虽然得到了日本外务省通商局长石井菊次郎的介绍，但入学计划却一再搁浅。主要原因是陆军留学生监督王克敏对他们横加刁难。王先是认为他们不是军人出身，怀疑他们学军另有图谋；又说他们不是官费生不符合规定。当时，清政府对军事留学生有严格规定，凡留学军事者必须官费，不准私费，而且毕业回国后还得由官府统一分配。这样做的目的当然是为了便于控制。为了解决这个问题，徐锡麟不得不又通过表叔俞廉三，由他分别致电浙江巡抚张曾敫和驻日使臣杨枢新进行疏通，并以官费名义，同意保送。

然而，官费问题解决后，王克敏又找借口，说他们人太少不能开班，要等奉天的学生来了再一起送学。可是，等到奉天学生到了，王又横生枝节，抓住徐锡麟生得瘦弱矮小、眼睛高度近视等毛病，说他身体不合格，不符合入学标准，将其拒之门外。

由于留学陆军的计划一再受阻，徐锡麟颇感失望。不久，他便回国继续主持大通学堂。徐锡麟回国后曾参与营救章炳麟的活动，但未达目的。为了广结同志和学习军事技术，此后他又与陈伯平、马宗汉等再次东渡日本。

这是徐锡麟第三次前往日本，时在1906年。他们试图进入陆军经理学校，仍然未能如愿。这时，徐锡麟便产生了一个想法，既然陆军学不成，干脆回国谋取警察职务或打入官场，也不失为一个办法。

此后不久，他便回国。那段时间里，他一边主持皖、浙一带的光复会活动，一边开始着手打入官场的计划。这次，他的表叔俞廉三再次帮了他的忙。徐锡麟通过他的关系，先后致函张之洞、袁世凯等权贵要员，并让曹钦熙带信北上，至京、津活动；他还向寿山赠送日本指挥刀，并通过寿山写信给其岳父、庆亲王奕劻，为其说项。总之，采取多种手法，运动权贵，打通关节，"各省督抚无不游说"。

这一年，江苏淮安、徐海一带大灾，饥民遍野。徐锡麟乘机援例加纳捐资，以获实缺。所谓实缺，是指有实际编制的正式官职。徐锡麟赴日本学军前，曾捐道员虚衔,此次出钱赈灾便补得实缺,被分到安徽,以道员候用。

光绪三十二年,1906年。这一年的冬天,徐锡麟终于拿到委任,前往安徽省会安庆赴任。

徐锡麟初到安庆时并不得意。先是受命主持武备学堂(后改陆军小学堂),任会办(副校长),每月收入"不过数十金",不敷所用,不得不把妻子王氏送回乡,加之不熟悉官场陋仪,与人交往时又因满嘴绍兴土语,沟通不畅,受到嘲笑,这使他十分郁闷。更让他苦恼的是,陆军小学堂学生大多是十几岁的青年,一时不易策动,难有作为。在这种情况下,他一度想返回浙江。但同乡僚属们都劝他留下,而此时,浙抚张曾敫已对他有所怀疑。尤其是不久前陶成章在浙组织上八府起义,机谋外泄,引起官府的注意,而陶与徐的关系又众所皆知,这时回浙江显然有害无益。就在他彷徨无措之时,他的表叔俞廉三又一次伸出援手。他写信给安徽巡抚恩铭,向他力荐徐锡麟,称徐有才干,请务加重用。

这封信很快就起到了作用。恩铭回信称:"门生正欲重用之,毋劳老师悬念。"恩铭为何对俞廉三的信如此重视?因为俞廉三与恩铭有师生之谊。恩铭在山西任知府时,俞廉三是山西巡抚,为他的上司。此外,恩铭与寿山为连襟,寿山也向他举荐过徐锡麟。

此后,在恩铭的关照下,徐锡麟开始受到重用。光绪三十三年(1907年)初,在徐锡麟到达安庆的第二年,他被提升为巡警学堂会办兼巡警处会办;后在武备学堂改为陆军小学堂时,又加委陆军小学堂监督。恩铭还想为徐奏请二品衔,只是有人进言,声称留日学生大多有机谋,不可轻信,恩铭才稍有戒意,但仍对徐锡麟信任有加。直到徐锡麟起义发生后,恩铭才大梦初醒。

巡警学堂是培养警官的学校,而巡警处则掌管全省的巡警,有着相当的权力,而且俸金收入也较高。于是,徐锡麟的处境大为改观。更重要的是,他由官府内部掌握武装力量的计划也初步取得成功。尽管巡警学堂总办和巡警处总办世善是个旗人，向持满汉畛域，对徐很不友好，经常刁难掣肘，但他不久暴病而亡。徐锡麟抓住这一机会，努力活动，试图谋取总办一职未能如愿。不过，新任总办毓朗（亦称联裕、毓秀，以按察使兼）却是个颟顸无能的老官僚，尸位素餐，并不到校（处）办事，所有校（处）务则由会办主持。这一来，徐锡麟等于掌握了总办的权力，正好大展身手。

当时，安徽巡警学堂设于安庆城内东北隅的百花亭。徐锡麟白天戎装齐整，亲自督课，夜晚则宴请各营官兵，联络情感，与他们打成一片。很快，他就受到官兵们的拥戴，声望不断提高，恩铭也对他大加赞赏。

随着地位的升迁，徐锡麟的权力越来越大。利用这一有利条件，他秘密地在军警中开展活动，发展会员。当时，安庆新军中的革命党人倪映典、范传甲、常恒芳、胡维栋、薛哲等都与他交往甚密。尽管徐锡麟的行动十分谨慎，但时间久了，还是引起了巡警学堂收支委员顾松的注意。顾松是满人，系保甲出身，素以缉捕为能，平时专与徐锡麟作对。他见徐锡麟行为奇特，便暗中生疑，悄悄监视。他还私拆徐的来往信件，发现信中语多隐晦，更怀疑他是革命党，便偷偷向恩铭举报。恩铭将信将疑，有一次召见徐锡麟，便用开玩笑的口吻对他说："有人说你是革命党，你是吗？"

徐锡麟听后一惊，却坦然答道："大帅明鉴！"

恩铭见他神情自若，便一笑了之："你可要好自为之。"

这件事发生后，徐锡麟内心开始产生了不安。虽然恩铭并没有认真对待这件事，但已透露出一个危险的信号。既然传出了风声，就难免夜长梦多。倘若事情一旦败露，则祸将不测。唯一的办法就是尽快起事！从那时起，他急于举事的念头便日益迫切起来。

163

1906年4月，徐锡麟回到绍兴，与秋瑾一起召集有关同志开会，把尽快起义的想法提了出来。

早在前往安庆赴任前，徐锡麟就曾与秋瑾有过约定，两人分头负责，共同筹划江、浙两省起义。秋瑾，原名秋闺瑾，字璇卿，东渡日本后改名为瑾，别号竞雄，自称"鉴湖女侠"。秋瑾与徐锡麟是同乡，也是浙江绍兴人。她与徐锡麟认识是由陶成章介绍。1904年，秋瑾东渡日本，在那里结识了陶成章。后来，她回国探亲，陶成章给她写了两封信，分别将她介绍给蔡元培和徐锡麟。秋瑾与徐锡麟相识后，共同的革命志向使他们一拍即合，结为革命盟友。后经徐锡麟介绍，秋瑾也加入了光复会。

就在徐锡麟前往安徽时，湖南革命党人刘道一等人正在策划萍乡、浏阳、醴陵起义。光复会得知消息后便召集部分会员在上海开会，决定起兵响应。秋瑾的任务是前往浙江联络会党，并受徐锡麟的托付，主持大通学堂校务，继续培养军事干部，为浙江方面举事做准备；而徐锡麟则主持安徽，与浙江遥相呼应。

关于徐锡麟这次回绍兴开会的情况，史料记载不尽相同。一说会议在大通学堂内召开，前来参加会议的王金发、陈伯平、马宗汉等人。会上决定成立光复军，并讨论了《光复军军制稿》和《光复军起义檄文》。据说，《光复军军制稿》为秋瑾手拟，规定以"光复汉族，大振国权"八字为表记，将成员编成几个军，总称"光复军"。每个军都设置大将、副将等十三个军职；军旗为白底，上绣黑色"汉"字。此外，军服、头布、肩章、胸带等式样也做了设计。

另一说，这次会议是在绍兴大禹陵秘密召开的，时间在农历清明。参加会议的有浙、皖两省的会党首领。会上正式宣布成立光复军，推举徐锡麟为首领，秋瑾为协领，同时确定了起义计划，伺机两省同时行动。商议已毕，马宗汉找来一只公鸡，拧断鸡颈，滴血入酒，然后众人端起血酒共同盟誓。誓词的大意是：为光复中华，揭竿起义，不怕牺牲，如有背叛，天地不容。

就在这次会议召开前后，从南方传来了孙中山发动潮州、黄冈和惠州七女湖起义的消息，各地会党纷纷响应，于是大家认为时机成熟，决定正式起义。起义时间原定为7月6日，后秋瑾提出推迟至7月19日。为了加强浙、皖两地联络，陈伯平多次来往于浙、皖之间传递消息。

陈伯平与徐锡麟是同乡，名渊，以字行，别号墨峰，参加光复会后，隐号为"光复子"。伯平幼时在福建长大，后入福建武备学堂，肄业后因慕徐锡麟的大名便返乡来大通求学。陈伯平平时沉默寡言，不苟言笑，但意志坚定，为革命敢于牺牲，因此深得徐锡麟的敬重。在徐锡麟发动起义时，虽然参加的巡警学堂学员有数十人之多，但徐锡麟真正相信和依靠的只有两个人。他们一个是陈伯平，另一个便是马宗汉。

马宗汉，字子畦，浙江余姚人，原名纯昌。在光复会内隐号"宗汉子"。他是经陈伯平介绍认识了徐锡麟。马宗汉自幼聪慧，曾入浙江高等学堂学习英语，后因参加学生罢课而退学。之后，他勉强依从家人之命，考取秀才。光绪三十一年（1905年），他出洋留学，在东京入早稻田大学预备科。据马宗汉供词称，他与徐锡麟相识是在轮船上。因为祖母病重他乘船返浙，与同乡陈伯平结伴而行。"锡麟向与伯平相好，我由伯平介绍始认识锡麟，彼此交谈，他主革命为汉族复仇，劝我亦持此主旨。"总之，在与徐锡麟相识后，马宗汉也与陈伯平一样成了徐锡麟死党。从此，他们三人的命运便紧紧地拴在了一起。

6月上旬，陈伯平和马宗汉同至安庆，住在徐锡麟公馆，日夜谋划。是月22日和24日，他们又先后来到上海，与秋瑾见面。然而，秋瑾却带来一个坏消息。原来，绍兴会党袭文高不待命令擅自行动，提前召集台州义军发动起义。这一来，不仅打乱了原定的起义计划，而且引起了官府的警觉。浙江各地开始加强戒备，并大肆搜捕革命党人。秋瑾担心计划暴露，要伯平、宗汉立即返回安庆，告之徐锡麟，约定将起义时间提前，改回7月6日举行，届时两地同时发难。

就在起义箭在弦上,紧锣密鼓进行之时,7月1日,又传来一个坏消息:光复会员叶仰高在上海被侦缉队抓捕。

叶仰高是浙江景宁人,据说与浙江会党首领吕熊祥为同乡,并由吕介绍加入光复会。他在被捕后被押送南京,两江总督端方派人严加讯问。在酷刑拷打之下,叶仰高供出了会中机密,包括一些党员的别名和隐号。他还供称,有一个叫"光汉子"的人已打入安庆官场。

"光汉子"就是徐锡麟的隐号。光复军成立时,为了隐秘起见,有意仿效会党,将组织统一编成十六级,以一首七绝诗为标记。诗曰:"黄祸源溯浙江潮,为我中原汉族豪。不使满胡留片甲,轩辕依旧是天骄。"诗中的前十六个字就代表了十六个级别。"黄"字为最高级,指首领徐锡麟;"祸"字次之,为协领秋瑾;"源"字再次之,为分统王金发等人;以下逐一类推。另外,每个人还有一个别号或隐名。这些别号或隐名,在会友函件往来及对外活动时使用。叶仰高虽然不知"光汉子"的真名实姓,但他提供的情报还是引起了官府的警觉。

端方在获知叶仰高的供词后,便密电安庆,将叶供出的情况和党人名单发给安徽巡抚恩铭令其查办。恩铭接电后,当即把巡警处会办徐锡麟找来商量。庆幸的是,恩铭并未对徐产生怀疑,但徐锡麟看到电报后却大吃一惊。因为供出的党人名单中位列第一的就是他的隐号"光汉子"。

徐锡麟起先颇感紧张,但他很快发现恩铭并不知道"光汉子"是谁,这才镇定下来,向恩铭保证他将迅速查清此事。从恩铭处退下后,他便急召陈伯平、马宗汉前来商讨对策,认为眼下时机紧迫,不容再作迟疑,应该马上起义,以免受制于人。他计划先杀恩铭,尔后高举义旗。

陈伯平、马宗汉都表示赞同。他们一起分析了形势,对前景感到乐观。理由是:一来浙江方面已经准备妥当,可以呼应;二来安庆兵力空虚,机不可失。当时,安徽常备军有两标,其第一标主要是训练,未发枪械;第二标均为招来的新兵，战斗力不强。此外，缉捕巡防各队也兵力不足，至于绿营更是不堪一击。此种局面于对举事来说十分有利。

至于具体计划，他们也做了安排。徐锡麟提出借巡警学堂首届毕业生大会之机，邀请恩铭出席，然后以枪击杀，乘势举义，大事可成。计划制定后，徐锡麟一边派陈伯平、马宗汉前往浙江通知秋瑾，一边去上海添置手枪、赶印起事文告等。

晚清革命党起义多数依靠军队和会党，而且多数是仓促上阵，缺乏严密的组织性和纪律性。这种起义成功的概率很小，包括孙中山、黄兴发动的多次起义都概莫能外。徐锡麟发动的这次起义也是如此，而且直到起义即将发动时，计划还在一变再变。更为糟糕的是，他在起义的指挥上缺乏周密的部署，只依靠少数人，且大而化之、粗率之处甚多，这也是导致起义最后失败的重要原因之一。

巡警学堂毕业典礼原定于1907年7月8日举行，这比徐锡麟与秋瑾事先约定的7月6日起义时间推迟了两天，但徐锡麟认为晚几天不是问题，况且事已至此，只能如此。

7月5日，徐锡麟将请帖送至巡抚衙门。不巧的是，7月8日这一天，恩铭已有安排。原来这一天是他的总文案张次山老母七旬寿辰，他要前往祝寿。张次山是恩铭的亲信幕僚，两人为结拜兄弟，关系甚洽。恩铭对张母素执晚辈礼，逢此大寿必躬亲叩贺。于是，恩铭提出将巡警学堂的毕业典礼提前两天，至7月6日举行。虽然这与徐锡麟和秋瑾原先约定的起义时间合拍，但却打乱了徐锡麟制定的计划。因为提前两天，便意味着举事将在次日进行，这显然过于仓促，不仅给起义准备带来了困难，而且原定的响应也来不及发动。徐锡麟试图说服恩铭改变主意，他向恩铭报告说，提前举行，为期太促，恐不及准备，希望仍按原定日程进行。可恩铭却不同意，他传学堂收支委员顾松询问，顾的回答却与徐锡麟相反。

他说各事早已安排齐备，完全可以提前举行。这一来，徐锡麟只好接受恩铭的意见，将巡警学堂的毕业典礼提前至第二天举行。

据跟随徐锡麟发难的巡警学堂学生凌孔彰回忆，徐锡麟在安庆地区的起义原有周密的计划。当时安徽巡警学堂的学生分甲、乙两班，每班招收学生二百人，训练三个月为一期，甲班毕业后再开始乙班训练。徐锡麟原计划在甲班学生毕业后，把这批毕业生分配至各军警机关工作，开展秘密活动，等乙班学生毕业后再利用毕业典礼机会发难。没曾想叶仰高叛变打乱了计划。现在，由于恩铭临时改变典礼时间，使举事时间再一次提前，这又一次打乱了徐锡麟的部署。

尽管如此，徐锡麟仍然决定干下去。回去后，他紧急召集骨干在安庆对江大渡口附近的芦苇丛中开会，布置起义任务。由于临时改期，原先约好的同志一时无法联络，而有些同志由于关系尚浅，不便告知，真正能够召集的人十分有限。据凌孔彰回忆说，参加这次会议的还有新军六十一标的部分军官。这一说法得到了时在安庆新军中当兵的杨士道的印证。杨在回忆中说，徐锡麟举事时，"事前与新军中革命党人本有联系，因为临时改期，新军来不及响应，以致失败"。好在这一天，陈伯平和马宗汉从上海抵达了安庆。尽管时间紧迫，事情仓促，但与会同志们的情绪依然很振奋。会上，众人一起喝了鸡血酒，并对天盟誓，纷纷表示要义无反顾，献身革命，同心同德，永不背叛。

之后，徐锡麟返回学堂召集少数学生讲话。这些学生大多是徐锡麟平时秘密联络的一些拥护革命的学生，其中包括凌孔彰。徐的讲话大意是，明天是本会办带领同学起义救国之日，师生都要同心协力，患难与共。同学有难，本会办当披发缨冠而救，本会办有难，诸同学也应披发缨冠而救。可以说，这次讲话是举事前的一次小范围的动员。可惜的是，徐锡麟讲得并不明白，而且他满口浙江土话，许多学生也没有全部听懂。

是日晚上，徐锡麟和陈伯平、马宗汉一起度过了一个紧张而忙碌的不眠之夜。

陈伯平连夜起草了《光复军告示》，历数清政府种种罪恶，号召人们"誓扫妖氛，图共和之幸福"。徐锡麟审定了文告，并拟出了几条"杀律"。其中有"遇满人者杀""遇汉奸者杀"等。最后，他取出五支手枪分发给陈、马二人。据马宗汉供词称，那枪"约六七寸长，每枪装子（弹）五粒，陈伯平拿一支枪，将子（弹）安放好，递给我藏在身上，又将枪子一盒（给我），其余四支枪是徐锡麟、陈伯平分带身上"。

忙完这一切之后，夜色已深。徐锡麟返回学堂宿舍，陈伯平与马宗汉则住在徐锡麟公馆。次日一大早，徐锡麟身着警察制服，短装革靴，召集全体学生集合，并发表演说。集合的时间是6日清晨5时，徐锡麟吹哨召集全体学生至雨操场集合。所谓雨操场，是用瓦在操场上盖的一个棚子，阴雨天仍可照常出操。学生集合后，徐锡麟做了一个简短的演说。在演说中，他说："我此次来安庆，专为救国，并非为功名富贵到此，诸位也总不要忘救国二字，行止坐卧都不可忘，如忘救国，便不成人格。"

徐锡麟反复讲了很长时间，言辞慷慨激昂，学生们听了为之动容，但却不得要领，不知他究竟想要表达什么。嗣后，徐锡麟又说："我自到校以来，时间不长，但与诸君相处，感情可谓和洽。我对救国二字，不敢自处于安全之地位，故有特别意见，再有特别办法，拟从今日实行，诸君当谅我心，务请量力而行帮助我。这是我对诸君子的仰望啊！"

徐锡麟说完便宣布解散。实际上，他的演说自始至终都是含糊其辞，并未明确说明目的，学生们直到起义后仍蒙在鼓里。徐锡麟为何如此？我们只能分析，他或许是出于保密的缘故，防止风声外泄，但从起义的发动上看，显然存在问题。因为那些学生糊里糊涂的，并不明确自己要干什么，又如何发挥作用呢？

但徐锡麟似乎并不担心这个。据马宗汉说，徐锡麟在起义前告诉他们，典礼那天先乘恩铭至学堂看操开枪打死他，然后攻占军械所、电报局、制造局、督练公所。在徐看来，打死恩铭是关键。只要做到了这一点，下边一切都好办。他唯一担心的是打死恩铭后，学生闻变逃散，因此他要求陈伯平、马宗汉守住大门。他对马宗汉说："我只要将门口断住，不许他们走散，就可成事。"后来，他也果真是这么做的，但实际效果却与他的预计相去甚远。

上午8时以后，各路官员陆续驾到。那天，前来参加典礼的三司道府县人员约有五十多人。一时间，巡警学堂门前车轿盈门，军乐声声，热闹非凡。据马宗汉供词称，那天上午9点钟，他和陈伯平同到学堂。为了携枪方便，他们身穿大衫。"先到潘教习房，潘因天热，叫我们脱大衫，我们恐露出裤袋内手枪，说要见会办，不肯脱。复到石教习房，石也叫我脱衣，我们也不脱；坐谈一会，并吃点心，那时恩抚台就到了。"

由于那段时间革命党的暗杀频繁，因此恩铭也颇为戒备。他的轿子一到，中军便发话说："抚台有令，今日学生空枪演练，其他任何人不准带枪。"

徐锡麟迎上前，准备接驾时，中军也公事公办，让他取下枪来。徐锡麟只得照办，将枪交给中军。恩铭下轿后，看到迎上前来的徐锡麟一身黑色警服，显得十分精神，便含笑地看着他说："徐道台今日戎装，颇有气概。"

徐锡麟回答："今天是甲班学生毕业大典，大帅又亲自莅临阅操，应该这样穿着，以示隆重。"说着，便陪着恩铭等人进入学堂内休息。

按照徐锡麟的计划，原准备先请恩铭吃酒，然后阅操，再乘机起义。不料，恩铭却推说身体不好，酒不吃了。这一来，又打乱了徐锡麟的计划。

据凌孔彰回忆说，恩铭不愿在学堂吃酒，是收支委员顾松使的坏。顾松当时请学堂总办毓朗转禀恩铭，说徐锡麟不是好人，大帅最好不要在这里吃酒。顾松说这番话是否已经发觉了异常不得而知，但他的话显然使恩铭加强了防范。徐锡麟此时也担心机密走漏，当即请示恩铭，说是大帅既然不吃酒了，那就请行过毕业典礼再走吧。恩铭表示同意。

这时，学生们已经集合完毕。按照原定的典礼程序是先进行外场操练，尔后再入室内进行内场功课考核。可是，学生们这时已在礼堂集合好了，徐锡麟便临时请示，是否先考内场，再考外场。恩铭没有反对。接着，在军政官员们的簇拥下，恩铭步入第三进礼堂。这时，时间已是上午9点多钟。

仪式开始后，开册点名。官兵分两班，学生则列队在廊檐下。徐锡麟率教官向恩铭鞠躬行礼。礼毕，不等学生们行礼，徐锡麟便走上前来，一边向恩铭举手敬礼，一边把学生名册放在他的案前。恩铭满面微笑地看着徐锡麟，并未觉察到危险到来。就在这时，徐锡麟突然大声说了一句："回大帅，今日有革命党起事！"

这话来得突兀，恩铭一阵愕然。他并不知道这是徐锡麟向陈伯平、马宗汉发出的行动暗号，有些费解道："徐会办从何得此信？"

他的话还没落音，早已候在堂侧的陈伯平立即开始行动。他掏出炸弹，猛地向恩铭掷去。但炸弹在地上滚了几滚，却没有爆炸。恩铭惊起大叫。

徐锡麟说："大帅勿惊，有革命党！职道为大帅拿下！"

恩铭喝道："什么人？"

徐锡麟并不回答，弯腰从靴筒内拔出手枪两把，一手握了一把，然后正色道："正是职道也！"

恩铭惊骇不已，语不达意道："会办拿枪干什么？难道要呈验吗？"

话音未落，枪声已经响起。徐锡麟扣动扳机，连连朝恩铭射去，据马宗汉回忆，恩铭到达后，"徐锡麟叫我同陈伯平到东边房内，恩抚台到堂上来，我合（和）陈伯平站在房门外，闻有枪声，知是锡麟开放，陈伯平拖我衣，令跟他一同出来，陈伯平也把枪开放"。

枪声一响，现场大乱。礼堂内的官员首先炸了营，四处狂奔。此时，恩铭已经中弹倒地，幸得身边的文武巡捕上前施救。恩铭手下文武巡捕均为亲信。文巡

171

捕名叫陆养颐，武巡捕名叫车德文。他们背起受伤的恩铭向外退去。

据陶成章记述，徐锡麟本意是先杀死恩铭，再射其左右，不料他眼睛高度近视，开枪之后不知是否打中，便向恩铭乱放。陈伯平和马宗汉这时也冲上来，举枪急射。不少官员中弹倒下，血花迸溅，一片鬼哭狼嚎。文巡捕陆养颐用身体护住恩铭，身中多枪，武巡捕车德文也多处受伤。如果不是徐锡麟子弹打尽，恩铭很难逃脱。乘着徐锡麟子弹打完，回屋内装弹时，恩铭被部属背出礼堂。不过，在他逃出礼堂时，陈伯平又追上来放了一枪。这一枪打中了恩铭的尾闾，并上穿心际，造成致命伤害。

关于恩铭逃走有两种说法：一说是车德文带伤唤来大轿头王某，将恩铭背走；另一说法是藩司冯煦命戈什将恩铭负出。不论哪种说法准确，总之恩铭逃离现场时十分狼狈。左右仓促之间将他塞入轿内，来不及将他放好，轿夫们便抬起轿子开跑。据目击者称，恩铭"两足拖于轿外"，一路逃奔，被抬回抚署。

恩铭逃走后，各级官员也四处奔逃，作鸟兽散。有的向前门奔去，有的由后院翻墙而遁。在混乱中，收支委员顾松也被打死。

由于枪击发生在礼堂内，礼堂外的学生们一开始并不明白发生了什么，只听枪声四起，各官吏四散逃奔，后又听说有刺客，并不知道是徐锡麟所为。及至看到徐锡麟等人从礼堂里追杀出来，误以为是在抓刺客。等到恩铭等人逃走之后，茫然无措的学生们才从混乱中回过神来。徐锡麟一边下令集合，一边拔刀大呼道："抚台被刺，我们去捉奸细，快随我革命！"

直到这时，徐锡麟仍然含糊其辞，没有说明起义的真相，只是希望乘乱裹挟学生们起事。他一边声称"捉奸细"，一边又说"快随我革命"，这本身就自相矛盾，学生们也是一头雾水，既惊愕又茫然。但不容他们多想，徐锡麟已下令整队，并令学生们到大堂上领取枪支弹药。有的学生不愿去，陈伯平便手拿双枪，逼迫学生们收拢到一起。徐锡麟说："我们警察有保护治安责任，不能私逃，逃者即杀！"

后来总算集合了四五十个学生。每人都拿了枪，但有的拿了枪却没有拿子弹。接着，徐锡麟手提洋枪在前督队，马宗汉居中，陈伯平断后，一路向抚署进发。但走到中途，听说抚署已有防范，便决定先去军械所，获取弹药，然后再攻抚署。一路上，有的学生开始弃枪而逃，到达军械所时只剩下三十余人。

军械所的护勇事先毫无防备，猛见有人来攻，顿时慌了手脚。军械所提调、候补道周家煜见势不好，忙将库房钥匙扔进沟中，转身逃匿。徐锡麟带人冲入了军械所，对抵抗的护勇一律打死，然后令陈伯平守前门，马宗汉守后门，并令学生们拿取所内枪炮使用。然而，拿到的枪炮却不合用。由于军械库平常枪弹分放，一时有枪无弹，或有弹无枪，枪型款式亦不配套，而库房的钥匙找不到，库门也无法打开。后来，好不容易找到5门大炮，但没有炮栓，无法施放。

此时，恩铭已死。他被背上轿时，神志尚清，虽伤情甚重，但仍连声大叫："务将锡麟拿获，收禁司监。"

到了署中，他还召长子咸麟、幕僚张次山等至床前，口授命令，但不久便呼吸急促，陷入昏迷。部属们赶紧从同仁医院请来英籍西医戴璜（一作戴世璜）救治。检查结果是，恩铭身中七枪（一说是八至九枪），一枪中唇，一枪穿左手掌心，一枪中腰际，余则中左右腿。医生施以手术，将子弹一一钳出，只有腰际一枪，从肾脏处穿过心脏，非开腹不能取出。在恩铭家人签字后，手术开始进行。但由于恩铭年事已高，加之失血过多，手术进行不久便一命呜呼。时年六十二岁。

恩铭死后，布政使冯煦代理巡抚主持工作。他和按察使毓朗立即调集军队对起义进行弹压。弹压的过程虽然有过激烈交战，而军械库库房坚固，不易攻破，也为起义者坚守带来了便利，但抵抗的时间并没持续太久。因为徐锡麟等人的子弹很快打光。由于清军封锁了城门，徐锡麟派出的信使出不去，而城外的新军也进不来。眼看无法坚持，马宗汉提议点燃军械库，与敌同归于尽。但徐锡麟考虑到周围都是民居，一旦军械库爆炸，必然伤及无辜，危害甚巨，没有采纳。与此同时，为了尽快平息叛乱，捉拿凶犯，官府下令悬赏，赏金从三千两而至七千两，最后涨到一万两。冯煦还派道员黄润九、县令劳文琦亲临阵前督战。在重赏之下，兵士们"各告奋勇"，不断向军械所发起猛攻。

下午1时左右，后门首先失守。据马宗汉供词称，占领军械局后，徐锡麟让陈伯平带几个有子弹的学生守住大门，因他胆小，徐锡麟令他带几个无子弹的学生守后门。打了一阵之后，守后门的学生开始慌乱，纷纷越墙而走。他这时只身一人，也感到害怕，遂翻墙而去。按他的说法，后门失守时间"约在（下午）1点多钟的时候"。

不过，另有记载称，徐锡麟等人从中午12时一直坚守到下午4时左右，军械所才被攻破。此时陈伯平已经战死。据说是死于乱枪之下，死亡时间不详。徐锡麟在弹尽之后脱去警服，翻墙跳入附近民舍躲藏，最后被官兵拿获。与他一起被俘的还有马宗汉和一些未能逃脱的学生。

徐锡麟被俘后遭受了严刑拷打。据有关史料记载，负责审讯的有冯煦、毓朗，以及安徽候补道许鼎霖、恩铭的幕僚张次山等。地点一说是在抚署西花厅，一说在督练公所。毓朗令徐锡麟跪下，徐锡麟怒道："你还洋洋得意，若慢走一刻，即被我杀！"

冯煦首先发问："恩抚是你恩师，对你亲如手足，提携有加，你为何这样无心肝，干出这等事来？"

徐答："恩抚待我，我知之，是私恩也；我之刺他，乃天下之公愤也。"

冯问："你是孙党吗？"

徐答："孙不足以指挥我，此事仅我与我友光复子、宗汉子所为。其他跟着我的学生，实不知情，系我以枪逼迫，不得不如此。我之罪，我一人当之。那几十个学生之罪，也由我一人承当，哪怕碎尸万段，希望不要连累他人。"

在审讯中，徐锡麟一直凛然不屈，拒不交代同党。不过，他对恩铭是否已死，心里尚不清楚。曾问道："新甫（恩铭字）死了吗？"

毓朗说："未死，仅受小伤耳。当经西医诊治，已痊愈。明日当亲自讯你。"

徐锡麟闻听此言，显然受到了打击。因为此役的目的，就是要杀掉恩铭，如果恩铭未死那就意味着目的未达，难免让人失望。之后，他低下头去，半晌无语。

毓朗见此以为他害怕了，接着又说："你知罪吗？明天就将剖你心肝，你知道吗？"

徐锡麟一听这话，便省悟过来，知道毓朗刚才说的是假话。因为只有恩铭死了，才会对他处以极刑。徐锡麟于是仰头大笑："这么说，新甫死了！新甫死，我志偿。我志既尝，即戮我身为千万片，亦我不惜。区区心肝，何屑顾及？"

冯煦问道："你日常谒见抚台，为何不在房间里击之，直到今天这个场合才动手，这是为何？"

徐答："抚台房间乃私室，学堂是公地，大丈夫做事须众目昭彰！"

此后，他提笔写下供词。在供词中，他慷慨激昂，历数满清罪行，重申排满革命宗旨。他承认在军械所死难的就是光复子陈伯平，被抓获者乃宗汉子马宗汉。供出他们来，是不想让他们光荣壮举受到埋没，用徐锡麟的原话即："将来（他们）不能与我大名并垂不朽，未免可惜。"至于其他革命同志，他则守口如瓶，并一再强调众学生"均不知情"，"尔等杀我，剁我两手两足，将我全身砍碎均可，不要冤杀学生，彼等皆为我诱逼使然。革命党虽多，在安庆者实我一人"。

这份供词洋洋数百余言。此时的徐锡麟已抱定慷慨赴死之心，其铁骨铮然的豪迈之情一览无余，跃然纸上。正如他在《出塞》诗中所云：

175

> 军歌应唱大刀环，
>
> 誓灭胡奴出玉关。
>
> 只解沙场为国死，
>
> 何须马革裹尸还。

据章炳麟回忆说，徐锡麟早就抱定为革命抛弃一切的决心。他带妻儿去日本，回来时，有人劝他把家属留在海外，好歹留一点血脉，但徐慨然说："人都有妻子，难道别人也都移送海外吗？以自己安全，让别人危险，我感到可耻！"毅然率妻儿归国。因此，章炳麟大为感叹，称锡麟有项王风，抱必死精神，而伯平、宗汉"临难不挠，可谓死士矣"！

徐锡麟最后死得很悲壮，他被处以剖心凌迟极刑。当晚审讯结束后，各司道聚议，商讨如何处置此案。众人皆主张援引张文祥刺马新贻案例，将徐锡麟剖心致祭恩铭（有文章称，这个要求是恩铭的妻子提出的），只有冯煦力持不可，认为斩首国法也，挖心私刑也，不能以私废公。

冯煦，原名冯熙，字梦华，号蒿庵，江苏金坛五叶人。少好辞赋，有江南才子之称。光绪十二年（1886年）进士，授翰林院编修。历官安徽凤阳府知府、四川按察使、安徽布政使。恩铭死后接任安徽巡抚。

冯煦为何要帮徐锡麟说话？据说是因徐对他有不杀之恩。据凌孔彰回忆说，恩铭被救走后，现场一片混乱。冯煦吓傻了，呆若木鸡地立于礼堂之上。这时，徐锡麟推了他一把说："冯大人快走，这不关你的事！"直到这时，冯煦才回过神来，匆忙逃离。徐锡麟之所以不杀冯煦可能与他一贯的种族革命思想有关。他的革命宗旨便是推翻满族，光复汉族。在起义纪律中也明文规定，只杀满人，不杀汉官，因而手下留情，放过冯煦。或许正是这个原因，冯煦对他心生感激。既然死罪难逃，但活罪可免，于是便有了袒护之意。

但是，这个意见并没有被接受，最后决定还是挖心凌迟。在冯煦致清廷的电文中有"徐锡麟未便久稽显戮，立即在辕门前正法，援张文祥刺马新贻办法，剖心致祭"等语。

7月6日，即徐锡麟被抓获的当天夜里，便被带到抚署东辕门外刑场杀害。他被杀害的过程极为残忍。刽子手将其头颅割下，尔后再将其心挖出，盛放于碟中祭供于恩铭尸前。卫队中有人取其肝烹而食之，"谓味极美"。不过，据陶成章回忆，三司衙门的师爷均为绍兴人，与锡麟是同乡，听有剖心一说，便使人先将徐睾丸砸碎，等到剖心时，他早已归天。

徐锡麟被害后，马宗汉也英勇就义。他在牢里关了五十多天，备受毒刑拷打，但咬紧牙关，坚不吐实。牺牲时年仅二十四岁。

巡警学堂举事失败后，浙江也岌岌可危。7月13日，秋瑾在大通被捕。两天后就义于绍兴轩亭口。

徐锡麟起义从组织发动上看存在诸多不足。由于事先缺乏周密的计划和组织发动，仅靠少数人冒险，没有充分发动群众，而且由于时间一变再变，以至仓促发动，最后孤军奋战而陷入失败。但是，他们的英雄壮举却极大地震慑了清廷，鼓舞了广大的革命者。两江总督端方在致陆军部尚书铁良的电报中惊呼："吾等自此以后，无安枕之日。"而一般高官显贵更是感到"革命军不足畏，惟暗杀实可怕"。安徽巡抚同两江总督、军机处之间来往电函如雪片乱飞。仅徐锡麟起义两个月内，有档可查的电报就有一百六十份之多。

然而，革命的火焰已无法扑灭。宣统三年（1911年），辛亥革命爆发，清王朝的丧钟终于敲响了。

九、1911年的谋杀案

公元 1911 年，旧历辛亥。这一年 10 月 10 日，武昌起义爆发。消息传来，清廷大为震骇。内阁集议，一致主剿，并调集水陆大军南下平叛。然而，就在武昌激战正酣之时，从石家庄传来了一桩震惊全国的谋杀案。此案发生得极为蹊跷，而且被谋杀者是一位陆军高级军官，因而他的死引起了极大的轰动。一时间，报章喧腾，沸沸扬扬。

被谋杀者名叫吴禄贞。他是陆军中将，新军第六镇统制。谋杀发生在 11 月 7 日晚上。此时距武昌起义爆发还不到一个月。据曾在吴禄贞司令部任参谋的何遂回忆，当时已是夜间，他在睡梦中被枪声惊醒，只听见外边枪声四起，人声嘈杂。混乱中有人在喊：

"兵变！兵变！"

何遂一摸身边的手枪，没有找到，便随手抓起一把短剑冲出门去。深秋的午夜，寒风飒飒，月光很亮，令人奇怪的是站台上的卫兵均不知去向，连个人影也没有。忽然，一队黑影从车站票房里窜出来。那里正是吴禄贞的司令部。何遂大叫："站住！站住！"

那些人并不搭理，慌慌张张，急速而去，很快就不见影儿。何遂心里顿觉不妙，连忙向前跑去，奔跑中忽听地上有人痛苦呻吟，低头一看，原来是参谋长张世膺倒在那里。何遂叫道："华飞（张世膺的字），华飞，你怎么啦？"

张世膺已不能说话。他的头被刀劈开了，眼珠突出，脑浆流了一地，即将断气。何遂赶紧向司令部里跑，在卧室门口被绊了一下，借着月光一看，地上躺着一个人，身着军大衣，胸前闪烁着一颗双龙宝星，浑身上下全是血污，双手冰凉，脑袋也被残忍地割去了。他就是第六镇统制、陆军中将吴禄贞。

吴禄贞死得很惨。《辛亥六镇兵变纪实》对现场有如下描述："禄贞失头，胸洞二孔，肋腿均受刃，肠出矣。"与吴一起被杀的，除了联军参谋长张世膺，还有书记官周惟桢。许多年过去后，何遂回忆起这些仍然感到震惊不已。

吴禄贞是晚清著名人物。在当时的军界，他与二十镇统制张绍曾、第二混成协协统蓝天蔚并称"士官三杰"。他曾在湖北和北京练兵处担任要职，并出任过延吉边务大臣。就在遇刺前不久，他还被朝廷任为山西巡抚。如此一个重要人物，突然遇害，自然引来了各方关注。据何遂回忆，当天晚上，吴禄贞刚去山西与阎锡山会晤，商量成立燕晋联军，以吴禄贞为大都督兼总司令，阎锡山为副都督兼副总司令，并决定于近日发动反清起义。没想到他刚从山西返回便惨遭谋杀了。他的死显然不是一个简单的事件。事实也正是如此。在随后的调查中，更是迷雾重重，错综复杂，直到如今仍然众说纷纭，真相成谜。

吴禄贞，字绶卿，湖北云梦县人。其曾祖是道光进士，做过常州知府；祖父为贡生，当过黄陂县学官；父亲乃县学生，累世以儒学传家。但由于父亲早逝，家道中落，家中的生活只有靠母亲做针线活维持。年幼的吴禄贞曾入织布局做童工，十七岁投身营伍。其后，他考入湖北武备学堂，并被保送日本陆军士官学校，从此逐步在军界崭露头角。据胡赟（曾任湖北夏口厅厅长）回忆，吴禄贞之所以青云直上，获得成功，与张之洞的提携有很大关系。张之洞是晚清重臣，时任湖广总督。有一年，他为女儿物色针线娘，教习针黹，有人向他推荐了吴禄贞的母亲。张之洞经过考察，发现吴母工女红，兼通翰墨，而且吴家还是读书人家，禄贞的父亲还与张之洞的哥哥张之万为县考同年，张之洞很满意，此后便对禄贞母子关照有加。后来吴禄贞进入湖北武备学堂，以及被保送日本士官学校，都是张之洞悉意栽培的结果。

然而，吴禄贞并不是一个热心做官的人。他自幼受岳飞、文天祥等民族英雄的影响，痛恨异族统治，素抱种族革命思想。在日本留学期间，他认识了孙中山先生，并加入了兴中会。1900年，庚子事变发生，八国联军打入北京，国内形势发生重大变化。不久，由孙中山策划指导的唐才常大通起义爆发了。吴禄贞受中山先生委托回国参加了这次起义。起义失败后，吴禄贞带人劫了大通厘局，并用劫来的资金疏散同志，自己再次东渡日本。

对于吴禄贞的这些表现，张之洞当然有所耳闻，十分恼火。当他留学回来被召见时，张之洞便很不高兴地训斥他："你干的好事！你在日本究竟学了什么？说来听听。"

没想到，吴禄贞不慌不忙，侃侃而谈，从政治谈到军事，从国际谈到国内，对列强野心、官场腐败，以及瓜分之祸，迫在眉睫，更是忧心如焚，痛心疾首。他还恳请张之洞以其声望，改革图存，救国救民于倒悬。张之洞听后，内心颇受触动，更为吴的才华所吸引。一番谈话之后，他的气不仅消了，而且对吴禄贞更加器重，先后委任他为湖北军务处会办、武备学堂会办、将弁学堂总教习、湖北陆军总教习等要职。

吴禄贞在湖北期间，利用自己的职务和影响，秘密从事革命活动。后来许多在湖北乃至全国叱咤风云的人物，如刘静庵、孙武、蓝天蔚、李书城、万声扬等等，都是在他的引导下走上革命道路的。因此，对于湖北革命来说，"追根溯源，禄贞都功莫大矣"。有文章记，吴禄贞在武昌陆军中学任监修时，后来成为中国共产党领导人之一的董必武也曾来投考，并受到吴的赏识。

公元1903年冬，清光绪二十九年，华兴会成立大会在长沙举行。应黄兴之邀，吴禄贞前往参会。就在这时，北京来电，要他速去报到。原来朝廷决定设立练兵处，从各地广调士官学生。此举的目的是为了对付北洋派军人，集军权于皇族。吴禄贞本不愿去，但黄兴和一些同志都劝他说："殷之兴，伊挚在夏；周之兴，吕牙在殷。不入虎穴，焉得虎子？如果乘此机会，抓住北方兵权，为我所用，伺机而动，岂非好事？"在他们的鼓动下，吴禄贞欣然前往。到了北京，被委以练兵处骑兵监督，这为他日后在军界担任要职打下了基础。

吴禄贞是个才华横溢之人，自幼聪颖，读书过目成诵，在湖北武备学堂和日本士官学校学习期间，就显出了过人才华。他不仅军学深厚，而且文武全才，诗也做得好，出口成章，文采华丽。但吴禄贞的毛病是，性格太张扬，说话做事率性而为，兴头上来，完全不计后果。王照（曾任礼部主事）谈到一件事：1904年我在京师与吴禄贞等人一起喝酒。喝到畅快时，禄贞环顾在座者，大声说："诸公还记得庚子夏，大通厘局被劫的事吗？知道这是谁干的吗？"他的声音很大，语惊四座，在座者都感到愕然，无人接话。禄贞右手举酒满杯，左手指着自己的鼻尖，说："不敢骗大家，此人就是在下我啊！"说完举杯一吸而空。当时良弼（时任练兵处军学司监督）、姚锡光（陆军部侍郎）等均在座，听了这话脸都变色了。是的，像这样谋反杀头的大罪，如此公开张扬，毫无顾忌，除了吴禄贞，恐怕再也找不出第二人了。

东北革命党人宁武评价吴禄贞说："有革命勇气，也有才能，但骄矜自恃，常以中国华盛顿自居，主观性强，不易接受同志们的意见。"这些评价从一个侧面反映了吴禄贞的性格特点，而这样的性格当然很难见容于官场。因此他到练兵处后，日子并不好过。当时掌管练兵处的是陆军部尚书铁良，尽管他对吴禄贞的才华很赏识，但鉴于吴平日之言行常露异志，且满汉畛隙，本已有之，便对他很不放心，处处戒备。吴禄贞本想利用自己任骑兵监督的机会，训练出一支铁骑精旅，为将来革命所用。可由于铁良的猜忌，使吴的抱负无法施展。这期间，吴禄贞视察内蒙古、陕甘等地，放言无忌，直击时弊，又把陕甘总督升允给得罪了。升允一状告到北京，差点整倒了吴禄贞。多亏良弼从中转圜，才化解了一场风波。

良弼与吴禄贞是日本士官学校的先后同学，虽不同期，但彼此意气相投，关系密切。当时在练兵处看好吴禄贞,并对他真心支持的人并不多,而良弼是其中之一。吴每至北京,必住良弼家,无话不谈。两人的共同点是,都对现状不满,且年轻有为,雄心勃勃,想成就一番大的事业;可各自的出发点却截然不同。良弼想的是革新图存,中兴清廷,而禄贞想的是种族革命,推翻满清。两人为此常发生争执,以至于面红耳赤,但这并没有妨碍他们之间的友谊。吴禄贞来练兵处,正是良弼所推荐。他希望能与吴禄贞同心协力,共创大业。有一次,良弼很真诚地对吴禄贞说:"我们两人亲如兄弟,如果携手练兵,抵御外侮,左提右挈,天下大事可为。届时,尊主庇民,何必非要革命?"吴禄贞表面上未加反驳,但革命决心早已铁定。良弼对此并非毫无觉察,只是还想感化他,争取他,因此对他的支持一以贯之。不过,良弼当时只是一个军学司监督,权力有限,特别是他与庆王父子不和,所以不能完全左右局面。

吴禄贞在练兵处郁郁不得志,便有去意。这期间,徐世昌出任东三省总督,因为在这之前,延吉驻军哗饷兵变,吴禄贞只身前往,很快平定,加之他多次视察边地,对东北的情况也比较熟悉,所以徐世昌便邀他去东北工作。

徐世昌赴东北是1906年。这一年,图谋不轨的日本开始纠缠所谓的"间岛问题"。延吉长白山一带自古就是中国领土,日本政府见此地朝鲜人甚多,便企图将此地变为间岛,并纳入日本领土。一时间,朝廷上下,束手无策。吴禄贞奉命前往交涉,勘定国界。日本人胡搅蛮缠,十分霸道,声称此地原属高丽,理应由他们接管。吴禄贞则列举事实,用中国人在当地生产、经商的一系列证据,予以驳斥。吴的日语很好,口才也是一流,日本人理屈词穷,无言以对,眼看说不过他,便动起硬来,派人强行插上木桩,作为国界,并遍张布告,试图造成既定事实。吴禄贞也不示弱。你不以理来,我亦不以理往。他联络民间武装,江湖豪杰,把日本人插的木桩一一拔去,布告也统统撕掉。日本人一看这架势,知道吴禄贞不好惹,只好忍下这口气。后来,经徐世昌举荐,吴禄贞被提拔为延吉边务大臣。

在边三年,勤政务实,颇有政声。可没几年,机构改革,延吉督办公署被撤销,吴禄贞又被调回北京,表面上授予镶黄旗蒙古副都统,但有职无权,抱负依然无法施展,内心十分苦闷。

宣统立朝以后,袁世凯被罢,北洋派军官受到排挤,一些高级军职开始纷纷更换人选。不久,段祺瑞明升暗降,调往清江,第六镇统制的位置空了出来。于是,良弼便极力举荐吴禄贞接任。时任军谘府大臣的载涛回忆说,良弼向我大力称誉吴禄贞,说吴在日本士官学校毕业学生中,不但是个学科术科兼优的后起之秀,而且是当今堪能独当一面的军事人才,因举荐他任第六镇的统制。我当时虽然也有任人不需专靠资格的意思,但以为吴尽管是个相当的人才,一下子任为统制,未免有资格过嫩之嫌,遂没有同意良弼的力荐。

不过,良弼的力荐不成,吴禄贞却另谋途径,不久便走通了庆亲王奕劻的路子。据吴禄贞的同乡、同学和密友李书城回忆说,吴禄贞调回北京后,有一次他从广西来,与他谈起眼下困境。李书城说:"你现在是副都统,与抚台职位相当,最好能设法出任湖南或山西巡抚,自己去打基础,这样手里有了实力,就比指望别人好多了。"吴禄贞说:"外放抚台不难,只要花银两万两,打通庆亲王,即可达到目的。"于是,李书城便去找黄元恺商量。黄元恺也是日本士官学校学生(五期,算是吴、李的小学弟)、同盟会员。他有一个哥哥是做棉纱生意的,很有钱,愿意赞助革命事业,便拿出两万两银子给了吴禄贞。吴将这笔巨资存入庆王管家开设的银号,换取存单一张,然后装入一个红封套,便去见王爷了。李书城描述说:"他(指吴禄贞)在向庆亲王请安的时候,从袖内取出红封套:'这点小礼奉上王爷,作为门生拜老师的贽敬。'这样,吴禄贞就成为庆亲王的门生了。没有几天,庆亲王告诉吴禄贞说:'各省巡抚还未出缺,现在保定陆军第六镇统制正需人补缺,你可先去履任,再候机会调一省缺给你。'"

这样一来,吴禄贞如愿以偿。他本来就想谋取第六镇统制一职,没想到歪打正着,庆亲王主动送上门来。这实在是一个意外的收获。在吴禄贞看来,巡抚虽为封疆大吏,但革命要抓武装,作为一个手握兵权的统制,实比巡抚更好,且保定离北京不远,将来起事也更为有利。

然而,吴禄贞上任后,他一心抓军队的想法却遭到了种种挫折。

第六镇是北洋军的老六镇之一,系袁世凯一手编练,段祺瑞曾几度出任该镇统制。因此,镇内北洋势力盘根错节,吴禄贞到任后处处受制,这让他极为恼火。加上镇内风气腐败,军纪松弛,这也令他难以容忍。于是,到任不久,他便拟定了一个改造计划,并决定头一个便拿第十二协协统周符麟开刀。

周符麟是个老北洋,也是段祺瑞的老部下,在第六镇中势力很大。吴禄贞到任后,他阳奉阴违,暗中与吴作对。吴禄贞对其极为厌恶,不久查访到他抽大烟的证据,便毫不留情,并下令将其撤职。可周符麟不服跑去陆军部告状,陆军大臣荫昌居然和他一个鼻孔出气,认为吴禄贞未经呈批便将周撤职不符合规定,对此不予批准。这一来,吴禄贞气愤不已,随即前往陆军部大吵大闹,指责陆军大臣失职,有负国家云云。这一来把荫昌也给得罪了,于是处境更加艰难。后来,吴禄贞写信致内务部大臣、肃亲王善耆。信中称:"受事三月,镇中情况已知梗概。军纪之腐败,军备之窳陋,教育之不完全,官长之无学问,名为陆军,实与旧营相差无几,禄贞便历东西各国,所见各国之军队,比之今之情状,深为焦灼。禄贞薄负时名,不负责任为暂时计则可,为永久计则不可;为一身计则可,为国家计则不可。倘蒙垂念,使其为暂时不负责任之人,而拯之于进退维谷之地,实所默祷。"其抱怨、不满和焦虑的心情在信中一览无余。他希望善耆能够支持他,但在当时朝中错综复杂的政治格局中,善耆却做不到这一点。不久,周符麟虽然被陆军部批准撤换了,可继任者吴鸿章仍是北洋派的人,而吴禄贞举荐的人选到了陆军部便被否决了。这让吴禄贞大为失望,遂萌生退意。此后,他便常常住在北京家中，很少去保定，镇里的事也不大过问了。

滦州秋操举行时，第六镇也奉命参加。吴禄贞觉得机会来了，便暗中联络张绍曾、蓝天蔚，计划借秋操发动起义。就在这期间，武昌起义发生。清军大举南下，11月1日，北洋军攻陷汉口。同日，袁世凯被任命为内阁总理大臣。就在南方战事对革命党不利的情况下，10月29日，新军第二十镇统制张绍曾忽然屯兵滦州发动兵谏。滦州靠近北京，一旦有变将危及中枢。于是，朝中风声鹤唳，就连正在孝感督师的袁世凯也大吃一惊。为了化解危机，朝廷先后派了几拨人前往滦州劝说张绍曾改弦更张，均不见效，后来病急乱投医，竟把吴禄贞也派去宣慰了。

派吴禄贞去滦州，据说是良弼的主意。尽管当时陆军部对吴禄贞心存戒备，可良弼却对吴笃信无疑，且对他寄予厚望。然而良弼这一次找错人了，吴禄贞是比张绍曾更激进的革命者，派他去滦州只能适得其反，使事态进一步扩大。

果然，吴禄贞风风火火赶到滦州，一见面就鼓动张绍曾，放弃兵谏，直接起义。他对张绍曾说："你若听从我的计划，联军进攻北京，此时早已推倒了清廷，偏要立宪有甚么用？现在虽然晚了一步，趁着袁世凯任职不久，部署未定，全部精力和兵力，都用在征讨武汉之际，机会还是有的。你和秀豪（蓝天蔚字）、卢永祥三军日内出发，合力进攻北京。京里仅有禁卫军不堪一击，其他军队都去南征，调不回来，北方可以不战而定。"

在滦期间，吴禄贞还制定了具体的进军部署：以滦州二十镇为第一军，奉天蓝天蔚部为第二军，新屯卢永祥为第三军，三军齐发，会师丰台以逼北京。

可是，张绍曾对这一计划迟疑不决，下不了决心，他对吴禄贞说："这事我得和部下们商议一下，看他们的意思如何。"

吴禄贞与张绍曾虽系知己，且都倾向革命，但两人无论性格，还是思想都有差距。吴禄贞夙抱种族革命思想，性情急躁，恨不能一下子就推倒满清统治，而张绍曾为人谨慎持重，特别是受康梁学说影响很深，认为具有千年帝制历史的中国，一旦推翻皇帝，改为共和政体，恐与民情不甚适合，不如君主立宪更合国情。这种性格和思想上的分歧，表现在行动中便导致了不同的结果。

张绍曾后来把手下两个协统潘矩楹、伍祥桢找来商量，可两人都态度暧昧，会议开了半天，毫无结果。然而，消息却走漏了出去。有回忆称是潘矩楹悄悄向袁世凯告了密。于是，袁世凯紧急布置，先是将滦州铁路上所有车辆都调回北京，防止二十镇利用铁路向北京开拔，接着又设法将吴禄贞调离滦州，把他与张绍曾分隔开来。

11月3日，朝廷电令吴禄贞率第六镇留守石家庄部队开赴娘子关，平定山西起义。吴禄贞接到电令后，对张绍曾等人说："朝廷要我打山西，我是不干的，我劝你们攻北京，自己怎么能去打山西呢？"不过，他认为，这个机会倒可以利用。此去娘子关，正好可以联络阎锡山，组织燕晋联军，从西边发动，而滦州部队从东边拔队，两边夹击，北京指日可下。临行前，他嘱咐张绍曾等待他的消息，切不可再有迟疑。

吴禄贞离滦后，立即奔赴石家庄，开始酝酿组织燕晋联军。第六镇原有兵力两协，即第十一协李纯部，第十二协吴鸿昌部。第十一协此时已随荫昌南下，只有第十二协留守保定。山西独立后，陆军部旋调吴禄贞前往弹压。在吴到达石家庄时，第六镇第十二协吴鸿章部已先期进驻。考虑到一协兵力单薄，不敷使用，良弼特调京旗第一镇第一协宫长贵部随同前往，以供吴禄贞调遣。早在滦州秋操时，吴禄贞策划反清起义时，就深感力量不足。他虽为第六镇统制，但镇内可以依靠的骨干并不多。由于长期不到镇里，与官兵们也日渐疏远。兵到用时，不能得心应手，这使吴禄贞颇感焦虑。为了控制部队，他急邀京津、奉天等地陆军同学速来保定，以为臂助。李书城回忆说，当时，吴禄贞也邀他前往襄助，可他刚到保定，载涛的电报就来了，要他速去南方。吴禄贞很是遗憾。临别前，他与李书城一边叙话，一边对着镜子感叹道："我简直是一个倒霉的相！"

从这句话流露出的急切、惆怅的语气，不难看出他当时的心情。不过，堪差告慰的是，在他的邀请下，一些陆军同学先后赶来。其中有奉天陆军小学堂总办张世膺（被吴任命为联军参谋长）、禁卫军马队队官元柏香（被吴委以马队司令），此外还有广西军官何遂——他是恰好来京，也被吴禄贞留在司令部里担任参谋。

当时，朝廷对吴禄贞的态度十分微妙：一方面不信任，另一方面又想利用他。有一个传说，吴禄贞去山西前，摄政王载沣曾召见过他。陛辞时，载沣给他一个盒子，让他回家再看。吴禄贞到家一打开，发现盒内全是检举他为革命党的告密书信。载沣的意思一来对他敲打警告，二来也有示好拉拢之意。

山西宣布独立后，新军军官阎锡山被推举为山西都督。山西驻军原本只有一个混成协，起义后跑的跑，散的散，剩下不足三千人，兵力十分空虚，派到娘子关防守的部队更是十分有限。如果吴禄贞率部进攻，不难得手，但吴禄贞的部队在石家庄集结后，只是虚晃一枪，朝娘子关开进了一下，很快又退了回来。11月4日，一列满载军需辎重的火车开进石家庄车站。车内装载的是北京运往武汉前线的急需物品，参谋何遂得到报告，立即将车扣押下来。之后，向吴禄贞报告。吴禄贞说："干得好！"

消息传出，北京大为震惊。荫昌扬言要对吴严厉追究，随后便有传言，说是吴禄贞已秘密布置要在荫昌回京时截获他的专车。一时间，搞得气氛非常紧张。陆军大臣行营秘书长恽宝惠回忆说，当时他们已向车站密令，只要荫大臣专车一到，立即扬旗放行，以防不测。

军谘府上下也是议论纷纷，就连一向支持吴禄贞的良弼也被搞得很被动，对此无法解释。后来，吴禄贞发来一个电报，说是他到山西后，派人向变兵宣布国家德意，敌军已有三十营完全就抚，良弼才转忧为喜。据时在军谘府任科长的李炳之回忆说，良弼接到吴禄贞的电报，很高兴，拿着这个电报说："吴绶卿真了不

189

起，山西巡抚不能不给他。"说着，立刻拿起电话（不知道是给载涛还是载沣）说："山西的事请放心吧，吴绶卿来了电报。"他建议委派吴为山西巡抚。

不知是因为良弼的建议，还是出于稳住吴禄贞的需要，这之后不久，任命吴禄贞为山西巡抚的电谕就下达了。其实，吴禄贞的电报完全是糊弄良弼的，为的是争取时间。与此同时，他与山西方面的联络却在暗中加紧进行。

11月7日，这是非常重要的一天。经过何遂等人的穿针引线，阎锡山同意与吴禄贞会晤，以便达成最后协议。会面地点定在娘子关正太铁路车站。当天下午1时左右，吴禄贞由石家庄赶到娘子关，随同他前往的有张世膺、何遂和孔庚等，均为吴的同志。阎锡山事先已乘火车抵达，亲自在车站恭候。接着，便召开了会议。参加会议的有山西的一些重要将领。何遂回忆说，会议开始后，阎锡山请吴禄贞训话。吴便登上讲台发表演说。他说："兄弟们！现在山西的成败很要紧。山西的独立使京畿震动。我已经和二十镇统制张绍曾、协统蓝天蔚联系好了，山西的军队，张、蓝的军队加上我们第六镇的队伍，会师北京是一定可以成功的。"

接着他又分析了形势，作了鼓动。在场的人都屏息静气，认真地听着。会场鸦雀无声，人们的心情都显得很激动。吴禄贞最后说："现在北京授命我做山西巡抚，我是革命党人，这对我真是笑话。阎都督是你们山西的主人，我是替他带兵的。"阎锡山这时从一旁站起来，振臂高呼："我们拥护吴公禄贞做燕晋联军大都督！"台下立时欢声雷动。会议最后决定成立燕晋联军，由吴禄贞统一指挥。

当天晚上，吴禄贞返回石家庄。此时，他的心情是紧张而兴奋的。整个计划都在顺利进行。可谓箭在弦上，一触即发。然而，他万万没有想到的是，一场阴谋这时正在朝他悄悄逼近。

就在吴禄贞去山西时，一个危险的人物来到了石家庄。此人就是当年被吴禄贞查处的第六镇第十一协原协统周符麟。周符麟一到，便把自己过去的一些老部下召集到一起，鬼鬼祟祟地开起会来。这些情况，很快就反馈到了吴禄贞那里，但吴却没有认真对待。何遂回忆说，当晚，他随吴禄贞从山西回到石家庄，就听到风声，说是周符麟到石家庄来了，正暗地召集军官们开会。他赶忙把这情况报告吴禄贞，想引起他的警惕，可吴禄贞说："不要紧的，骑兵营长马蕙田担任警戒，他是我的心腹，靠得住。"

吴禄贞说的马蕙田是江苏铜山人（一说是安徽人），保定速成学堂毕业，时任马队第六标第三营营长，人很年轻，长得也很英俊。吴禄贞对他颇为信任，特地指定他的营担任自己的卫队。然而，马蕙田却是一个不值得信任的人，他是周符麟的老部下，绰号赛吕布，心狠手辣。周符麟一到石家庄，首先就把他找了去。可吴禄贞却蒙在鼓里，居然把他视为心腹，丝毫没有警觉。

何遂为谨慎起见，提醒吴禄贞还是调换一下卫队，以防万一。他建议说："山西的队伍就快到了，是否派一营人来做你的卫队？"但吴禄贞却没有同意。何遂事后分析说，吴禄贞没有采纳他的建议，并非他没有一点疑惑，只是他的性格太要强，也太自信，他不相信那些人胆敢向他动手，更不肯向他们示弱。

据时任马队司令的元柏香回忆说，吴禄贞被刺那天晚上，他在站台上遇见马蕙田手下的一个排长于文泰。于文泰过去与他曾在六镇共过事，系拜盟兄弟，他悄悄透露说，今晚马蕙田要刺杀吴统制，你们早作准备。元柏香听他这样说，赶紧去找司令部参谋瞿寿程，让他尽快转告吴禄贞。当晚，吴禄贞从山西回来，听说这事，旋即把马蕙田叫来，厉声问道："听说你要杀我？要杀，你就杀吧！"

马蕙田连忙跪倒在地说："统制待我甚厚，我天胆也不敢。"

吴禄贞哼了一声，说："我量你也不敢！起来去吧。"

元柏香的回忆与何遂有相同之处，即吴禄贞事先已获知风声，只是他并未认真对待。这不能不说是一件非常令人遗憾的事。

事后据调查，谋杀吴禄贞的凶手就是马蕙田，参与谋杀的还有马手下的一些军官。关于刺杀的过程有许多版本，但有一点是肯定的，那就是马蕙田首先动的手。据说他是借请安为名，跪下后，乘吴禄贞不备，突然掏出手枪向吴射击，接着手下人一齐动手。吴禄贞身中数弹，在场的张世膺、周惟桢也未能幸免。谋杀发生的时间约在夜里1时左右。吴禄贞死时年仅三十二岁。

刺杀发生后，由于事发突然，枪声一响，石家庄驻军顿时惊慌失措，一下子炸了营。第六镇吴鸿昌部首先撤离，京旗第一镇宫长贵部和山西援军也胡乱地放了一阵枪，随后退走。石家庄很快成了一座空城。凶手也乘乱逃之夭夭。

吴案震惊了全国，朝野上下，全国各界无不反应强烈。这种公然暗杀高级官员的事件，在当时受到普遍的指责。良弼下令悬赏缉凶。朝廷迫于压力，也饬令袁世凯进行查办。11月8日，袁世凯委派段祺瑞查办此案。段祺瑞受命后，成立专门调查组，大张旗鼓，声势搞得很大，颇有不查清此案绝不罢休的架势。可查来查去，却毫无结果，最后连个下文也没有了。

吴禄贞的死，一般认为这是周符麟指使马蕙田等人所为。从表面看也确是如此。但是，如果说此案仅仅只是周符麟挟私报复的话，似乎难以让人信服。首先，周符麟报仇不早不晚偏偏发生在吴禄贞就任燕晋联军总司令，即将率部进攻北京的前一天，这难道仅仅是巧合吗？其次，是谁给了周符麟那么大的胆量？而且整个刺杀过程也是经过周密计划，刺杀行动也一路绿灯。特别是作为第十二协协统吴鸿昌，刺杀发生时枪一响居然不顾司令部安危，带头把部队撤了出去，这也有悖常理，令人生疑。甚至有一种传闻说，吴鸿昌也参与了此事。

种种迹象表明，吴禄贞被杀并不像单纯的仇杀那么简单，在其背后可能隐藏着更大的阴谋。那么，究竟谁是幕后黑手呢？

嫌疑最大的有两个：一是清政府，二是袁世凯。吴禄贞鼓动二十镇发难，截军火，劾荫昌，组织燕晋联军，合击北京，这对清政府构成极大威胁。清政府除掉吴禄贞,符合清政府的意愿,但载涛的回忆否认了这种可能。他说,吴禄贞被刺是朝廷干的并不可信。清朝当权各亲贵,在武昌起义的冲击下,早已慌作一团,形成朝不保夕的状态,连袁世凯的牢笼都不得不甘受,哪有处理吴禄贞的余裕。况且良弼又是吴禄贞的平生知己,如何能够公然下手买凶刺吴?

至于吴禄贞被刺的当天夜里,军谘府第三厅厅长陈其采刚好到了石家庄,似乎是个疑点。但载涛解释说,陈到石家庄并非政府指派,而是他个人行为。因他见到政局动荡,想去石家庄找吴禄贞为自己谋一条出路,恰巧刺杀发生了,这完全是一个巧合。而他事后又逃回向我报告,于是就产生杀吴与清朝当权者有关的谣传,甚至还有人说吴死后,周(符麟)以吴首级给我看过,我奖周以二十四万两白银等等,都是不足凭信的。

载涛身为军谘府大臣,又是摄政王载沣的亲弟弟,是当时清廷核心圈中的人物。清廷策划杀吴,他不可能不知道。如果他的话属实,清政府的嫌疑似乎可以排除。

时在军谘府任科长的李炳之也认为,杀吴绝非清廷所为。他撰文说,因为吴禄贞曾经扣留枪械,事情发生之后,就有人怀疑是清政府派人暗杀的。但据我了解,清室并没有这个计划。京旗镇(即指宫长贵部)仓皇撤退,便是证明。如果清政府已经掌握了吴禄贞响应革命与山西民军合流的情报,本可以将他拿问,或用京旗镇解决吴,无须采取暗杀手段。

如果排除了清廷所为,那么剩下的最大嫌疑就是袁世凯了。何遂回忆说,关于吴禄贞被刺,有说是清廷主使,也有说是袁世凯主谋。过了许多年以后,当1924年国民军占领北京的时候,段祺瑞又被捧出来执政。有一次我和段祺瑞的长子段宏业闲谈。他大赞马蕙田,说:"马蕙田是英雄,够朋友,他的行动省了不少不少的事。"他指的就是当年杀吴的事。何遂据此推测,这事可能是袁世凯干的。袁世凯杀了吴禄贞,也就破坏了北方军人起义的计划,使他的野心可以更顺利地实现了。

段祺瑞是袁世凯的亲信，又是北洋第六镇的老统制，周符麟和马蕙田都是他的部下，而吴被刺后，袁世凯又命段负责查办。在整个案件中，他是知情较多者。其子段宏业把马蕙田视为英雄，一语泄露天机，恐怕绝非是空穴来风。

另据任芝铭的回忆，他也曾听袁世凯的贴身随从唐天喜谈到这件事。任芝铭曾在唐天喜家中任教馆多年，与唐无话不谈。唐天喜曾亲口对他说，吴禄贞是袁世凯指使人杀的。袁世凯杀吴的动机由来已久。在新建陆军中，吴禄贞和良弼一直是与北洋派作对的。老头子（指袁世凯）不止一次说要除掉吴禄贞，有时不明说，用右手作砍头的手势。袁世凯复出后，吴禄贞又扣留了接济他的军火。袁世凯听了这个消息，急得吐了两口血。因此，他下决心要干掉吴禄贞。据任芝铭说，唐天喜当时还把袁世凯派什么人去贿通周符麟，给了多少万两银子，在哪一个银行拨的款，以及银行名称等都对他说了，可惜时间久了，他已经忘了。另有元柏香的回忆也提到这件事，他说马蕙田杀了吴禄贞，周符麟当面交给马五万酬金。马在保定妓院，买妓女"看蕊"就花了两万。

总之，在辛亥革命研究史中，袁世凯策划了这起血案几乎成了一种较为普遍的看法。但除了间接的线索和分析之外，并没有直接的证据能证明这事就是袁世凯干的，因此这件事一直扑朔迷离，难有定论。不过，可以肯定的是，吴禄贞被刺，袁世凯是最大的受益者，这是不争的事实。

袁世凯出山后，指挥北洋大军猛攻汉口，但作为权力中心的北京才是最重要的。二十镇兵谏，不啻是在后院里烧了一把野火。当消息传来，袁世凯着实吃惊不小。他令冯国璋、段祺瑞这些统兵大员写信、打电报，对张绍曾频频施加压力，迫使他不敢有进一步的过激之举。

就在这时，吴禄贞截军火，暗通山西的消息传来，袁世凯感到威胁越来越大。而且，朝廷电谕让他来京就任内阁总理大臣，吴禄贞、张绍曾这么闹腾，京师空虚，他岂敢贸然进京？因此，解决北方的问题已是迫在眉睫，不能再拖延下去。在袁世凯看来，张绍曾好对付，可吴禄贞却不易制服。而吴禄贞一死便可以使所有的问题迎刃而解。

事实也正是如此。吴禄贞死后，滦州兵谏随之瓦解，一场轰轰烈烈的北方革命便彻底被扼杀了。所以，吴禄贞的死符合袁世凯的利益。

值得注意的是，吴禄贞死后，袁世凯电令段祺瑞查办此事，可周符麟并没有受到查处，而作为直接凶手的马蕙田后来也死得不明不白。最蹊跷的是，11月16日，在吴案发生后不到十天，有个名叫温肃的御史上了一道奏折，揭发吴禄贞包藏祸心，勾结乱党，请求公布罪状，予以惩处。内容如下：

> 掌湖北道监察御史臣温肃跪奏，为已故大员包藏祸心，反形已著，请宣布罪状，以快人心而伸国法，恭折仰祈圣鉴事：
> 窃已故山西巡抚吴禄贞，跋扈素著，曾游学东洋，归国后昌言排满革命不讳。此次武昌事起，该员首与黎元洪通谋，又东说滦州军队，西煽太原叛兵，截留前敌军械，并欲阻绝南北交通，以抄第一军后路，皆该员主谋。以至旬日之间，畿甸几于震惊，朝廷为其要挟。旋于正定军次，欲遣人谋杀袁世凯，为其部下侦知，将该员戕毙，赴正定县出首。此事人言凿凿，一查便悉。当此军情扰攘之际，该员身为统帅，谋危国家。若不明正其罪，势将以仓猝被害，蒙邀恤典。而手下刺杀之人，且以凶手而罹法纲。是非不明，功罪倒置，则人心去矣。伏愿皇上迅奋乾断，立将该员阴谋罪状宣布天下，则军心必为之一肃。
> 愚戆之见，是否有当？伏乞皇上圣鉴训示。谨奏。

这份奏折不仅要求宣布吴禄贞的罪状，取消"恤典"，而且还要求为凶手平反。奇怪的是，前几天刚刚接手查办此案的袁世凯，却在同一天把上谕及温的奏折一起批给了直隶总督陈夔龙，让他查办。批复云：

内阁总理大臣字寄直隶总督陈。宣统三年九月二十六日（注：1911年11月16日）奉上谕：有人奏，已故大员包藏祸心，反形已著，请宣布罪状，以快人心而伸国法一折。着陈夔龙迅速查明，据实复奏。原折着抄给阅看。钦此。尊旨寄信前来。臣袁。

袁世凯的批复，虽有"尊旨寄信前来"一句，仿佛公事公办，但他要求陈夔龙"迅速查明，据实复奏"，又明显具有倾向性，而这事不早不晚恰巧发生在调查吴被谋杀之际，似乎也不仅仅是巧合所能解释的。至于温肃的奏折有无背景，是否有人授意，不得而知。此后，由于政局迅速发展，清廷土崩瓦解，吴案渐渐被淡化，而袁世凯也无心顾及此事。否则的话，是否会公布吴禄贞的罪状，为凶手平反也很难说。从这里，不难看出袁世凯对吴案的心态，而他自己是否清白，只有他心里最清楚。

十、大清帝国

1月的北京已进入隆冬季节。元旦过后，接连落了几场雪，天气更加寒冷。但与寒冷的天气相比，动乱的政局和持续的战争让紫禁城内更加寒气逼人。那些日子里，上至隆裕太后，下至皇族亲贵，无不惶恐不安。这天上午，内阁总理袁世凯上了一道密奏，顿时引起极大的震动。时在冲龄的宣统皇帝爱新觉罗·溥仪许多年后回忆起那天的情形时说，有一天在养心殿的东暖阁里，隆裕太后坐在靠南窗的炕上，用手绢擦眼，面前地上的红毡子垫上跪着一个粗胖的老头子，满脸泪痕。我坐在太后的右边，非常纳闷，不明白这两个大人为什么哭。这时殿里除了我们三个，别无他人，安静得很，胖老头很响地一边抽缩着鼻子一边说话，说的什么我全不懂。后来我才知道，这个胖老头就是袁世凯。这是我看见袁世凯唯一的一次，也是袁世凯觐见太后的最后一次。

　　事后，溥仪专门查过日期，那天正是宣统三年（1911年）十二月十七日，公历1月16日，袁世凯上内阁密奏的时间。不过，当时的溥仪年仅六岁，虽然贵为一国之君，每日上朝如仪，但对许多事情仍然处于懵懂之中，并不明白太后为什么会哭个不停。

　　隆裕太后出身高贵，她是叶赫那拉氏，满洲镶黄旗人。其父桂祥是慈禧太后之弟，光绪皇帝则为其表弟，后由慈禧钦点，与光绪成婚，成为皇后。慈禧太后死后，立醇王之子溥仪为嗣，并封醇王为监国摄政，以协助隆裕太后辅佐宣统。但是，无论隆裕，还是醇王都是毫无主见之人，面对天下大乱，各地纷纷独立，他们六神无主，惊慌失措，只能寄希望于袁世凯。然而，他们的想法简直是大错特错了。

袁世凯是晚清重臣。光绪时，曾出任过直隶总督、北洋大臣、军机大臣等要职。由于权势过大，宣统立朝后一度遭贬，但辛亥革命爆发后，清政府不得不重新起用袁世凯。之后不久，他又取代庆亲王奕劻出任内阁总理大臣，掌握了清政府的军政全权。此时，袁世凯的野心已经越来越大，取清而代之的条件也正在成熟，不过为了力避曹孟德夺权于孤儿寡母之手的唾骂，他开始玩起两面手法，这边应付朝廷，那边与南方玩起猫捉老鼠的游戏，或打或谈，欲擒故纵，以此借南方压朝廷，又以清廷逼南方，把两边都玩弄于股掌之中。当时，谁也闹不清他葫芦里卖的什么药。直到孙中山表示"虚位以待"，南方政府承诺，只要清帝退位，大总统一职非他莫属，他才露出了真正的面目。

1月16日，袁世凯开始"逼宫"了，他所上的内阁密奏便是一个前奏。在这道密奏中，他危言耸听，声称目前局势败坏，已不可收拾，且共和乃大势所趋，人心所向，而民军所争者政体，而非君位，所欲者共和，而非宗社。如果顺应民意，接受共和，那么皇室保存，还有优待。

这份密奏是袁世凯首次，也是正式向朝廷提出共和的主张。其措辞处心积虑，不仅极力渲染局势的危殆，人心尽失，一发不可收拾，而且还以法国大革命为例，指出"读法兰西革命之史，如能早顺舆情，何至路易之子孙，靡有孑遗也"。也就是说，如果朝廷再不俯鉴大势，以顺民心，则法国路易十六被处死的悲剧将在中国重演。

袁世凯的态度陡然转变让皇亲贵胄们措手不及。在与南方长达数月的断断续续的谈判中，朝廷的最后底线是君主立宪，而现在这个底线眼看就要守不住了。而实行共和，则皇权何存？接到密奏后，隆裕太后自然是大惊失色，完全乱了方寸。然而，袁世凯不愧是高明的演员，他作秀也算做到家了，在隆裕太后独对时，哭得比太后还要伤心，其难过的程度一点也不亚于太后。他"满脸泪痕"，"一边抽鼻子一边说话"，一副心痛不已的样子。然而，从宫中下来后，他却松了一口

199

气，谈笑风生，完全换了一副脸面。

上午11点多钟，袁世凯像往常一样回家了。袁世凯当时住在石大人胡同外务部大楼。石大人胡同据说是明朝尚书石亨的府第，后来改为外交部街，外务部大楼是当年为迎接德国皇太子访华而建造的，其后改作外务部迎宾馆。袁世凯进京后，全家便暂住这里。

袁世凯每次进宫的路线都是固定的：王府井大街——东安门市场——东华门大街——东华门。沿途都密布军警，予以保护。

这天，袁世凯乘坐的是特制的专用双套马车。该马车由上海龙飞所造，状似一绿呢大轿。车后跟随身挎德国刀的侍从数十名，车前则有两个"顶马"（即骑马前导的卫士）开道。这两个"顶马"，一个叫袁振标，一个叫杜保，两人威风凛凛，策马而行，马车则跟在后边，发出轰隆轰隆的声响，煞是威风。车子走到东华门大街将近东口时，突然发生了意外。先是传来一阵剧烈的爆炸声，响声震耳，烟雾四起，接着便出现了一片混乱。再接着，只见袁世凯乘坐的双套马车像发了疯似的狂奔起来，腾起一股蔽天黄尘。人们惊恐地望着眼前发生的这一幕，不知到底出了什么事情。在马车的后边，此刻那两个"顶马"已经摔倒在地上，浑身是血。现场一片狼藉……

原来是有人行刺。根据事后的调查，刺客使用的武器是炸弹。袁世凯的女儿袁静雪回忆说，炸弹是从当时有名的饭馆"东兴楼"的楼上扔下的，共三颗炸弹。其中的两颗当时便爆炸了，除了我父亲的顶马袁振标当场被炸死以外，还有另一顶马杜保和双套马车的两匹马，都被炸成了重伤。杜的伤势很重，过了不久也就死去。另外一颗炸弹扔到"东兴楼"下便道上自来水龙头旁边的水坑里去了，没有爆炸。那两匹马被炸伤以后便如飞地奔驰起来。车上的马夫虽然勒紧缰绳想控制住受惊马匹，但却无济于事，只得任它们飞奔，直到回到石大人胡同外务部门口方才站住。

这是一起专门针对袁世凯的暗杀。炸弹造成的后果是严重的。除了两个顶马先后死去外，拉车的两匹马也受了重伤。袁静雪说，弹片炸伤了马肚子，不久两匹马都因伤重死去。所幸的是，两匹马当时没有倒下，否则袁世凯的生命也将发生危险。

刺杀发生后，军警们很快包围了现场，并抓获了三个可疑分子。被抓的这三个人是：黄之萌、张先培、杨禹昌，都是京津同盟会的成员。京津同盟会是在武昌首义后成立的，直属于同盟会本部。该会的组织机构除了总务、军事、交通、财务和宣传这些照例都有的部门外，还特设了一个暗杀部。该部不设部长，直属于会长和副会长，成员有男女同志二十余人，主要任务就是铲除清朝巨头。为此，部里的成员还专门拉到京西门头沟和十三陵等荒山里进行过投掷炸弹等一系列速成训练。

据亲历者回忆说，当时暗杀部拟定的行刺目标主要是三人，一是袁世凯，二是良弼，三是载泽。袁世凯则是头号目标。计划实施前，他们对袁世凯上下朝的路线、时间等都进行过仔细研究，发现沿途虽然布置了军警，但这些军警比较松懈，警惕性也不高，完全有机可乘。从时间上看，袁入宫多在清晨，这时街上人少，容易引起注意，而到中午下朝时，正赶上一天最热闹的时候，街上人多，易于隐蔽。于是，行刺的时间最后就选定在1月16日中午。参加刺杀行动的人，经过挑选选出四人，即黄之萌、张先培、杨禹昌，还有一个名叫严伯勋。

计划制定得非常严密，共设三个攻击点：一是离东华门不远处的路南茶叶店门外，这是第一攻击点，由严伯勋执行；二是丁字街临街酒楼，这是第二攻击点，按分工由黄之萌、张先培蹲守；三是东安市场门口，这是第三攻击点，守候在这里的是杨禹昌。

袁世凯的马车开过来后，严伯勋首先行动。他投弹甚准，投出的炸弹正中袁的车下，但由于车行较速，炸弹猛烈爆炸时，车已过去，只炸死车后卫兵一人，伤数人。之后袁的马车立即改道折入路南一小街逃去，未走原来路线。这一来，打破了原定的计划。在丁字街酒楼上的黄、张两同志听到第一声炸弹爆炸，随即开窗持弹等候，但因袁车已改道，未能实施，反被街上军警发现，遭到逮捕。在东安市场门口的杨禹昌同志，闻得炸弹声，也持弹奔出，同样因形迹败露被捕。唯有第一个投弹的严伯勋乘人声鼎沸、军警慌乱之际，潜入茶叶店内，将手枪插入茶叶桶中，从容出门逸去。

以上这些都来自知情者的回忆，应该较为准确。袁世凯大难不死，除了耳朵略微受震外，几乎毫毛无损。袁静雪回忆说，父亲平安回到家后，见到我们只简单讲了一下情况，便哈哈笑了起来。袁世凯为何高兴？难道是因为意外逃生？当然不是。而是因为这一意外，反倒向清廷证明了自己的忠诚，否则革命党干吗要杀他呢？事实上，刺杀事件后，隆裕太后的确是对他更信任了。除此之外，这个意外事件也提供了一个机会。他可以借机告病在家，不再上朝，逼清帝退位之事也用不着自己亲自出面了，这就省去了许多麻烦。应该说，逼清帝退位，袁世凯内心有愧，他也害怕面对太后和小皇帝，更怕将来留下"夺权于孤儿寡母"的叛臣骂名。如能躲在幕后，放手让手下人去做，那就大大减轻了他良心上的负担。袁世凯当然是要高兴了。

第二天，袁世凯便上折子请假，声称受了惊吓不能上朝。谕旨很快下来了，说是"览奏殊深廑念"，批假三天，让他"速为调理"，病好后马上上班。

就在袁世凯请病假的同一天，由隆裕太后召集的御前会议举行了。会议内容就是讨论内阁密奏。据史料记载，从17日至19日，御前会议连续三天开了三次，都毫无结果。

时任外务大臣的胡惟德回忆说，17日第一次会议，宗室王公齐集。会上，贝勒溥伦主张自行颁布共和，庆亲王奕劻附和，醇亲王始终一言不发，但恭亲王溥伟和镇国公载泽坚决反对。尤其是溥伟态度异常激烈。

溥伟是老恭亲王奕䜣之孙,隶满洲镶蓝旗,光绪二十二年(1896年)封贝勒,光绪二十四年(1898年)承袭恭亲王爵,光绪三十四年(1908年)署理宗人府右宗正,充禁烟大臣。溥伟的行政职务虽不高,但在宗人府的地位却不低。宗人府是专门管理爱新觉罗家族事务的机构,最高领导为宗令,宗令之下设左右两个宗正,由亲王、贝勒等特简。溥伟署理右宗正,在家族内部有很高的权力。溥伟是个顽固派,对袁世凯尤为仇恨。当年两宫驾崩,他就力主杀袁。后来计划未能实施,他一直耿耿于怀。

辛亥变起,朝廷重新起用袁世凯,溥伟也是坚决的反对者之一。他曾去找过载沣,提醒他说袁世凯这个人野心大得很,重新用他显系"引虎自卫"。载沣沉默良久,这才结结巴巴地说,庆王、那桐再三力保,也许可以用一下吧。溥伟说,即使要用也得派些忠勇之士,削弱他的势力。载沣问派谁。溥伟说:"吾叔监国三年,群臣好坏,当然比我清楚。"

载沣说:"都是他们的人,我何曾有爪牙心腹?"

这样的回答让人哭笑不得。一个掌握大清朝命运的人竟然说出这样的话来,其懦弱无能,令人无言,难怪溥伟叹息不已。然而,软弱是要付出代价的。随着袁世凯羽翼日丰,老虎终于要吃人了。

据溥伟日记载,17日的会上他与袁内阁成员发生激烈争吵(溥伟日记与胡惟德所说有一些出入。溥伟日记说当天的会是在内阁召开的,隆裕太后并未参加,但醇亲王载沣、庆亲王奕劻,及蒙古王公均被邀到会。由于袁世凯请假,内阁方面由民政大臣赵秉钧、外务大臣胡惟德和邮传大臣梁士诒等出面代表)。

会议开始后,将近两三刻钟,大家互相扯着闲篇,谁都不提正事儿。溥伟这时耐不住了,首先发话,他说:"总理大臣邀请我们开会,究竟讨论什么呀?你们倒是说呀!"

赵秉钧听了这话,方才切入正题。他说:"革命党现在势头很大啊,各省都响应他们,光靠北方军队也平息不下去。袁总理有打算,想在天津另设临时政府,下一步与南方是谈是打,再定办法。"

赵秉钧此言一出,会场一片哗然。赵秉钧事后对人说,为什么要提另立政府,是因为当时南京已成立临时政府,而清帝退位又不能急转直下。另立天津政府,一方面胁迫清廷,一方面撇开北京与南京,可由袁独立支配一切。但这一提议遭到亲贵们的反对。溥伟尤为气愤,他当即责问道:"朝廷起用袁慰亭为钦差大臣,复又命他为内阁总揆,就是要他讨贼平乱。现在朝廷在此,却要到天津另外设立临时政府,这是何意?难道北京政府不行,天津政府就行吗?况且,汉阳已经收复,正宜乘胜痛剿,忽然罢战议和,是何道理!"

溥伟越说越气,话语中的火气也越来越大。梁士诒赶紧出来辩解,说另立政府主要是情形所迫,现在各省响应,北方无饷无械,这样做也是为了不惊扰皇上。这套鬼话显然不能自圆其说,立即遭到溥伟的反驳。他说:"从前长毛、捻匪之乱,危及畿辅,用兵二十多年,也没有议和之事,别设政府的做法。今天革命党之势,远不比发捻,为什么竟有此想法?如果打仗需要筹饷,这是我们诸大臣应尽之责,当勉为其难。如果遇贼就和,是人都能,朝廷又何必召回袁慰亭呢?"

溥伟的一番切责,言辞犀利,咄咄逼人,弄得赵秉钧和梁士诒都说不出话来。会场的气氛一下子僵住了。

这时,胡惟德说话了:"此次战乱,列邦很不愿意,我若一意主战,恐怕要引起外国人责难。"

胡惟德这样说是想用列强来压人,哪想到气头上的溥伟根本不吃这一套。他说:"中国自有主权对内平乱,外人凭什么干预?"他大声反诘道:"况且,英、德、俄、日,都是君主国家,万无强迫别国君主俯从乱党的道理。你既然这样说,请说是哪国人要责难,溥伟愿当面去问他们!"

话说到这个地步，讨论已经进行不下去了。后来，庆王奕劻说："议事不可争执，况且事体重大，我们也决定不了，应请旨办理。"大家都附和说对啊，接着就散会了。溥伟在日记中愤慨地写道："呜呼！群臣中竟没有一人再开口帮我说话的，真让人痛心啊。"

第二天，18日，继续开会。胡惟德日记说，第二次会议仍然没有任何结果，但值得注意的是：一、庆王没有出席；二、前一天赞同共和的溥伦突然改变了态度，反对共和。据说，这是因为宗社党挟持的缘故。

宗社党是由亲贵中死硬派组织而成，核心人物有良弼、铁良、溥伟等。他们反对议和与退位，仇视并密谋从袁世凯手中夺回权力，挽救垂死的帝国。在京中，宗社党颇有一些势力。尤其是良弼，长期从事军事工作，时任禁卫军协统，在旗兵中具有相当大的影响力和号召力。他们散发传单，扬言暴动。袁世凯被刺，外界也有传闻说是宗社党所为。庆王不出席会议，溥伦突然改变主张，是不是与宗社党胁迫有关？难下定论。不过，会上会下的明争暗斗一直非常激烈，从未停止。

溥伟日记载，19日，第三次会议召集前一天，醇亲王载沣打电话让他参加明天的会议。次日清晨，他来到上书房，载泽把他拉到一边对他说："昨天我见到冯国璋了，他说革命党没什么好怕的，只要发三个月的饷，就能打败他们。等会儿召见时，你先奏，我再详奏。"

早上7点钟以后，王公亲贵们进入养心殿。被召参加这次御前会议的有醇王、恭王、肃王、庄王、润贝勒、涛贝勒、朗贝勒、泽公、那王、贡王、宾图王、博公等。庆王仍然没有露面。会议开始后，隆裕太后说："你们看是君主好，还是共和好？"大家都说当然是君主好，请太后圣断，勿为逸言所惑。

太后说："我何尝要共和，都是奕劻同袁世凯说，革命党太厉害，我们没枪炮，没军饷，万不能打仗。我说可否求外国人帮助，他说等奴才同外国人说说看。过二天，奕劻说，外国人再三不肯，经奴才尽力说，他们才说，革命党是好百姓，

205

因为改良政治，才用兵，如要我们帮忙，必使摄政王退位。你们问载沣，是否是这样说的？"

载沣说是的。

溥伟说，现在摄政王已退了，外国人为什么还不帮忙？这明着是奕劻欺罔。那彦图也说，今后太后千万别再听奕劻的了。

接着，溥伟便把冯国璋请求发饷三月，即可打败乱党的事提了出来。太后听了这话，便犯起难来，她说："现在内帑早就空了，前次拿出的三万现金，还是皇帝内库的，我真没有了。"

溥伟碰头于地，举出当年日俄战争中日本王后用首饰珠宝赏军的事例，请太后效法。他说："库帑空虚，怎敢强求？既然冯国璋肯报效出力，请太后将宫中金银器皿，赏出几件，暂充战费，这对军人也是一种鼓励。如打一胜仗，则人心大定。请太后圣明三思！"

载泽也跟着奏道："恭亲王所说甚是，求太后圣断立行。"

太后说："胜了固然好，要是败了，连优待条件都没有，岂不是要亡国吗？"

溥伟说什么优待，不过是骗人的鬼话，如闯王不纳粮一样。"即使有优待，"他说，"以朝廷之尊，而受臣民优待，这不是贻笑列邦、贻笑千古吗？"

太后说："就是打仗，光靠冯国璋一个，怎么能打胜啊？"

肃亲王善耆这时说："除去乱党几人，中外诸臣，不无忠勇之士，太后不必忧虑。"

溥伟接着慷慨陈词："臣大胆，敢请太后、皇上赏兵，情愿杀贼报国。"

太后显然不相信溥伟的话，她转过脸来，问跪在一边不说话的军谘府大臣载涛说："载涛，你管陆军，知道我们的兵力怎么样？"

载涛答："奴才没打过仗，不知道。"

太后默然，过了好一会儿才叹了一口气说："你们先下去吧。"

溥伟在日记中无奈地写道，这天的会议被召的王公亲贵共十四人，但只有四人发言，其余的都没有说话。

一连三天的会议，几乎没有任何进展。虽然载泽、溥伟等坚决反对共和，但却拿不出一点解决办法。而内阁催促甚紧，请求太后速做决断。袁世凯这时已经完全掌握了太后的心理。这是一个没有主见的女人，而所谓的优待条件，使她食之不甘，弃之不舍。加上太后身边的心腹太监小德张此时也被袁世凯收买了。太后一回去，小德张便在她耳边煽风。他说泽公、恭王不过是嘴巴说说，一点本事也没有，连袁世凯都对付不了的事他们怎么能行？太后千万别听他们的。他还说革命党如何如何强大，打是打不了的，万一要败了，优待没了，那可真是一点退路也没有了。

隆裕太后最怕的就是这个。小德张在她耳边一絮叨，她更是一点主张也没有了。善耆过去一直掌管内务，有自己的情报网，对宫中的情况略有所知。御前会议后再三提醒太后，事关重大，会上的事回去后可别对身边太监提起，怕的就是他们动摇太后的决心。可善耆他们这样说，小德张又那样说，太后真是一头雾水，也不知该听谁的好了。

1月21日，又召开了一次御前会议。这次会议风向悄悄发生了变化。一连两天没上朝的奕劻又跑来开会了，而溥伟的身影却从会场上消失了。这种变化说明了什么？从载沣与溥伟的谈话中我们可以略窥一二。这次谈话就发生在会议召开之前。

载沣对溥伟说："前次奏对，你的话太激烈，太后很不喜欢。太后说了，说事情何至如此？恭亲王、肃亲王、那彦图三个人，爱说冒失话，你告诉他们，以后不准再如此。"

溥伟说："太后深居九重，不了解时局，既然不准溥伟说话，那以后的会还让我参加吗?"

载沣面有忧色,良久才说:"你别着急。"

溥伟说:"太后既然有旨,今后万无违旨说话之理,然而目睹危险,咫尺之内,当着太后的面,我怎能忍心沉默?"

载沣说:"我这里也是嫌疑之地,也不能多说话。"

溥伟说:"五叔与溥伟不同,既然五叔为难,以后会议,溥伟不来可也。"

载沣说:"这两日不知是怎样运动,老庆依然入朝,太后意思也颇活动,奈何奈何?"

这段对话见诸于溥伟日记。从太后批评恭王、肃王和那彦图(此三人均反对退位),不让溥伟参加会议,而让庆王入朝,就可以看出太后思想已发生偏移。显然,袁世凯的软硬兼施开始产生了作用。

南方的催逼这时也日紧一日。1月22日,孙中山打电报给袁世凯,明确承诺:"(孙)文当履行前言。"即只要清帝退位,他即辞去临时大总统,而袁世凯只要断绝与清政府的一切关系,而为中华民国国民,就可举他为大总统。随同电报,还附有清帝退位和举袁为总统的五条具体办法。

袁世凯拿到南方提出的退位条件,心里更有底数了。他让赵秉钧等继续向太后施压,于是内阁的态度越来越强硬。此后又开了几次御前会议,依然没有结果,但在内阁大臣们的步步紧逼之下,隆裕太后早已六神无主,心如乱麻。尽管反对派亲贵要她顶住,可她一个妇道人家,赤手空拳靠什么顶呢?面对那些危言耸听的内阁大臣们,软弱的隆裕太后真是一点办法也没有。她哀叹地说:"我真怕见他们!"可不见又不行。眼看着局势一天天败坏下去,许多事还非得和他们商议不可。

从16日遇刺以来,袁世凯一直躲在幕后始终不露面。病假到期后,他又续假,说自己"发烧未已","步履尚难照常",总之一句话就是身体不好,还不能上班。隆裕也拿他没办法。

1月23日，内阁收到段祺瑞发自湖广前敌的电报。这份电报看似平常，不过是禀报部队的动向，似乎不足为奇，但细细琢磨，却别有深意。电中称，据第四镇报告，二营军心不稳，"目兵鼓噪特甚"，"一三营亦有沾染"；还有据该镇陈统制报告，"该标目兵已与革军勾通，约今夜叛去。四镇亦有，云云"。并称共和思想，近来在将领中颇有"勃勃不可遏之势"。祺瑞职任所在，唯有尽力维持，"成败利钝未敢料也"。

段祺瑞是袁世凯的亲信爱将之一。自小站练兵时，他就跟随袁世凯鞍前马后，在北洋军的建立中立下汗马功劳。宣统立朝，袁世凯失势，段祺瑞也一度受到排挤，但在袁世凯重新复出后，他便立即得到重用，并受命为湖广总督，兼任第一军和第二军军统，几乎掌握了前敌所有的军队，是当时跺一脚地动山摇的人物。

他的电报不早不晚在这个时候发来，似乎并非偶然。其实，段祺瑞早就得到袁世凯的授意。和谈期间，他和他的幕僚们始终与北京保持着密切的联系。他一方面与南方暗通款曲，秘密联络；另一方面，在南方临时政府成立后，又立刻通电反对。他深知袁世凯的心思。袁世凯手上历来有两大法宝，一是外交，二是军队。内阁密奏之后，他先后授意驻俄大臣陆征祥、驻意大臣吴宗濂、驻日大臣汪大燮等打来电报，要求共和，效果似乎并不明显，现在该轮到军人上场了。作为袁世凯手中的一张王牌，段祺瑞清楚自己该做什么。

应该说，这份电报就是他配合"逼宫"的一个招数。而且，从字里行间看，这份电报的措辞也很有讲究，一方面报告部队倾向共和，出现不稳；另一方面，他有言在先，尽管自己恪守职任，但后果难以预料。当时，前线部队受到共和思想影响，投奔革命的情况确实存在，可段祺瑞这封电报却是醉翁之意不在酒。可以说是一种试探，也可以说是一种威胁。试想，连他这样手握重兵的统帅都控制不住部队了，这个情况还不够严重吗？

然而，更严重的情况还在后边。

两天后，段祺瑞再次来电。值得注意的是，这次电报的口气已大不同前，不仅强烈要求共和，而且公开点名，矛头直指溥伟和载泽等少数亲贵，谴责由于他们反对阻挠，致使事情陷入僵局。电中称，前敌诸将纷纷要求"人民进步，非共和不可"；"昨闻恭王、泽公阻挠共和，多愤愤不平，要求代奏"，并威胁"压制则立即暴动，敷衍亦必全溃"。

这封通电的意图已经毫不遮掩，公然宣称要联名通电，"立即暴动"，其恫吓之心，溢于言表。接到段祺瑞的电报后，袁世凯倒是反应迅速，立即唱起了"红脸"。他和徐世昌、冯国璋和王士珍四人联名复电段祺瑞。电报称："忠君爱国，天下大义。服从用命，军人大道。"并称："我辈同泽（载泽——引者注）有年，敢不忠告。务望剀切劝解，切勿轻举妄动。联奏一层，尤不可发。亦不能代递。我军名誉，卓著环球，此等举动，玷辱有余。倘渔人乘此牟利，大局益不可保。务望转饬诸将领三思。"

然而，一向对袁世凯言听计从的段祺瑞这一次却不听招呼了。在袁世凯明确要他"联奏一层，尤不可发"当天，他紧接着又来了一份电报，使局势陡然大变。

段祺瑞的这一次来电是前一天来电的升级版。一是形式变了，发的是通电；二是措辞更加激烈。通电中，段祺瑞以湖广总督会办剿抚事宜、第一军军统的身份，领衔北方诸军统兵大员四十二人、兵士四十万人，要求清廷宣布共和，这不啻扔下一颗重磅炸弹。电文洋洋千余言，摘要如下：

> 为痛陈利害，恳请立定共和政体，以巩皇位而奠大局，谨请代奏事：窃惟停战以来，议和两月，传闻宫廷俯鉴舆情，已定议立共和政体……乃闻为辅国公载泽、恭亲王溥伟等一二亲贵所尼，事遂中沮。政体仍待国会公决。

祺瑞等自应力修战备……死生敢保无他。而饷源告匮,兵气动摇,大势所趋,将心不固。一旦决裂,何所恃以为战?深恐丧师之后,宗社随倾。彼时皇室尊荣,宗藩生计,必均难求满志……祺瑞等治军无状,一死何惜……而君国永沦,追悔莫及……故敢比较利害,冒死陈言。恳请涣汗大号,明降谕旨,宣示中外,立定共和政体,以现内阁及国务大臣等,暂时代表政府,担任条约、国债及交涉未完各事项,再行召集国会,组织共和政府,俾中外人民,咸与维新……中国前途,实惟幸甚。不胜激切待命之至。谨请代奏。

据时任外务大臣的胡惟德回忆,内阁密奏后,又适袁总理被炸,京中气氛恐慌。太后召集御前会议,伦贝子(溥沦)主张自行颁布共和,庆邸(奕劻)附和之,皇太后抱皇帝大哭,醇邸(载沣)无言,恭邸(溥伟)、泽公(载泽)反对甚力,无结果。又几次续开会议,仍无结果。十二月初八日(公历1月26日),段军统电到,内阁召集有关人员会议,袁总理拿出电报,"人人变色,无敢有异词者"。此后,众人都同意在赞成共和的名单上签名。

其实,段祺瑞发出这份电报具有一定的偶然性。据多种回忆资料记载,段祺瑞的通电系"中央授意",事前早就拟好,由徐树铮执笔。作为前敌最高统兵大员,通电一旦发出,其分量可想而知。因此,"稿就多日,段搁置不发"。究竟何时发,段也没有拿定主意。因为就在通电发出的前一天,袁世凯还来电,要他"切勿轻举妄动",还说"联奏一层,尤不可发。亦不能代递"。所谓代递,就是说内阁不能帮他转呈太后和皇上。袁世凯为何不让发这份电报?也许是做做样子,给外界看的;也许是认为时机尚未成熟,具体情况不得而知。

可是,谁也没想到的是,那天晚上发生了一个意外。据段的幕僚曾毓隽回忆说,当时,段的司令部驻在孝感,传说第四镇第七旅发生兵变,有攻击司令部之说。广水驻军得信,急车来援,又与孝感兵车相撞,仓促间不能震慑,司令部的专车于是向北开，慌乱中将此电报发出，没想到竟收到意想不到的效果。

这份通电一到，亲贵们一下子全都闭上了嘴巴。就连态度顽固的溥伟和载泽也害怕起来，只有良弼还不肯服输。

然而，就在当天晚上，便传来了他遇刺的噩耗。

良弼，字赉臣，是满族亲贵中一个年轻有为的新派人物。他是清初睿亲王多尔衮的后裔，所谓"非觉罗而宗室"。觉罗，是指努尔哈赤的父亲显祖塔克世的伯叔兄弟旁支子孙，他们系红色腰带以示身份，俗称"红带子"；宗室，是指显祖塔克世的直系子孙，他们系黄色腰带表示身份，俗称"黄带子"。良弼的祖上本系宗室，系的当然也是黄带子，但后来因为犯罪而受到处罚，黄带子也被挑了，直到他这一代平反后，才又重新系上黄带子，恢复了宗室身份。良弼是在流放地四川出生、长大的，早年的平民生活使他避免沾染八旗纨绔恶习，相反对亲贵子弟声色犬马、骄奢淫逸的生活则十分反感和痛恨。良弼回到北京后，就立志要干一番大事。他报考日本士官学校，刻苦学习，磨炼自己，并以挽救清王朝的衰亡为己任，决心要做一代中兴名将。

回国后，良弼倡言革新，还带头剪了辫子，这使守旧派很看不惯，但良弼我行我素，毫不迁就，平日说话做事更是率性而为，锋芒毕露，咄咄逼人。据说他回京不久，有一次在前门外看到一个满族亲贵，正带着家丁强拉一个民女。民女的父亲上来阻拦，被家丁们一顿拳打脚踢倒在地上。围观的百姓远远地站着，目睹此景都敢怒不敢言。良弼这时走上去了，他拉开家丁，让他们住手。人们都吃惊地看着这个年轻人，不知他是什么来头，居然吃了豹子胆，敢管这个闲事？有人出于好意，小声提醒他说："那是振贝子爷，这事你可管不了！"

振贝子爷何许人也？他名叫载振，是军机大臣、庆亲王奕劻的儿子。靠着老子的权势，振贝子爷在当时可是手眼通天，无人敢惹，就连各地督抚见了也把他当太爷供着。良弼那时刚回京不久，从没见过载振，现经边上人一说，才知道眼前这个人就是振贝子。但他并不示弱，上前与载振评理。载振哪把他放在眼里，他蛮横无理，口出秽言。两人吵着吵着就动起手来。载振当然不是对手，于是吆喝着家丁们动手。这一来，双方打成一团。良弼膂力过人，家丁们虽然人多势众，却被打得跌跌爬爬。

混乱之中，巡警们闻声赶到。他们一见载振，便有心庇护，凶声凶气地拉开良弼，要把他带走。这时，良弼把衣服下襟往上一扯，露出里边系着的黄带子。他说："这是我们家里的事，你们管不了。你给送到宗人府去吧。"

巡警们一看，此人也是宗室，自然不敢得罪，只好把他们送到宗人府去了。到了宗人府，良弼当着堂官的面痛斥载振败坏纲纪，胡作非为。载振这时理屈词穷，气焰完全被压了下去。堂官弄清了事情原委，知道良弼有理，便将载振扣押下来进行处罚。直到第二天，庆王亲自出面求情，载振才被放了回来。

这件事很快传遍了京城，人们都说良弼这人了不起。的确，以良弼当时的地位敢于挑战庆王父子，没有相当的勇气那是做不到的。这件事充分反映了良弼不畏权贵的倔犟性格，但他这样做也付出了代价。由于得罪了庆王父子，以后在许多事情上都受到刁难、压制，抱负无法施展。

在日本学习期间，良弼目睹了日本明治维新的变化，深感改革的必要，对戊戌变法的失败，更是抱以惋惜和同情的态度。他在军谘府的部下李炳之回忆说，良弼一直赞成康、梁的主张，更钦佩谭嗣同的牺牲精神。有一次，他当着他们这些部下的面吟起谭嗣同的绝命诗。吟完之后，问："你们知道'去留肝胆两昆仑'是指什么吗？"

原来，戊戌政变前，日本方面派人给谭通风报信，让他去日本避难。正在这时，大刀王五来了。王五说，你走对皇上是不忠，而且要连累老爷子，更是不孝。只有牺牲自己，才能忠孝两全。谭嗣同听了这话，便决定留下来，并慨然说："西洋历史上，革命就必须流血，中国革命还没有人流过血呢，就从我谭嗣同开始吧。"良弼讲完这段故事，接着说："绝命诗上所谓两昆仑，就是指日本书记官和王五二人说的。"

言谈中对谭嗣同和这些"忠勇"之士深表敬意。实际上，在良弼内心深处，也一直希望效法这些人，像日本明治维新那样重振满清王朝。小站练兵之后，袁世凯的势力越来越大。良弼向来种族之见甚深，尤其反对汉人掌兵，而对袁世凯更是充满了警觉。为了削弱袁的权力，他提出了以士官生对抗北洋派的计划，得到朝中反袁亲贵的支持。当时，为了对抗袁世凯，朝廷也确实需要培养一些信得过的满族将才，而良弼一是满人，二又留过学，正是理想的人选。因此，他很快得到了善耆、铁良等人的提携，一路高升，成为军界中的一个重要人物。在练兵处的几年里，他延揽了大批士官学生，后来袁世凯被放逐回籍，他又帮助载洋、善耆等对北洋军进行清洗和改造，给北洋势力以不小的打击。然而，由于庆王的掣肘，这些目标并没有全部实现。

辛亥变起，朝廷重新起用袁世凯，良弼也极力反对。他甚至自告奋勇，主动请缨，愿意统兵南下，但庆王一句话就把他给否掉了。庆王说："他还太嫩了点儿，怎么轮也轮不到他吧。"

袁世凯出山后，大批任用北洋派，这让良弼颇为担忧。在起用段祺瑞时，他就不赞成，认为这些人都是袁的死党，让他们带兵就等于把军权全部交给袁世凯了，将来尾大不掉，非出乱子不可。议和开始后，袁世凯的野心逐步显露，良弼大声疾呼，誓死抗争。他拉拢冯国璋，召集满族军人，在报上发表讲话，散发传单，以暴动相威胁。在宗社党中，成了反对退位的最强硬人物。

然而，尽管良弼做了种种努力，但他势单力薄，孤立无援。在亲贵中间处境也很困难，不仅庆王与他作对，他的个性也不见好于其他权要，就连提携过他的铁良后来也对他有了看法。他想通过个人努力来改变历史潮流，挽救清王朝的灭亡，实际上是不可能的。但他始终没有放弃努力，直到临死前仍然如此。

1月26日，这天宫里又开了一次御前会议，由于段祺瑞领衔军人打来电报要求共和，会上无人再敢反对退位。会后，良弼很着急，连忙赶去肃王府，找善耆商量对策。就在他从肃王府回来时，刺杀突然发生了。

刺杀良弼的人名叫彭家珍，字席儒，四川资中人，日本士官学校毕业，原任奉天讲武堂教官，是四川籍京津同盟会会员。关于他刺杀良弼的动机有两种说法：其一是因为良弼反对退位，已成了革命的"元凶大憝"，必须清除；其二是，彭家珍刺良弼是为吴禄贞报仇，因为他一直认为吴禄贞被谋杀是良弼暗中指使。

不管彭家珍刺良动机如何，但行动却获得了成功。据时在国光新闻社工作的韩锋回忆说，当时，国光社是同盟会的一个秘密接头点，坐落在北京李铁拐斜街。自从刺袁事件发生后，京中清廷大员已如惊弓之鸟，防范甚严。如何接近良弼，这成了刺杀中需要解决的一个技术性问题。有一天，彭家珍去西河沿金台旅馆看人，那人不在。彭家珍坐在客厅里等候时，见桌上有一张片子，上边印着"陆军讲武堂监督崇恭"字样。于是，心里一动，便随手将片子装进了口袋。接着他问茶房，崇大人几时来过？茶房说，崇大人刚从奉天来，访友不遇，上保定去了，说是两三天后回来。他的房间还留着哩。

彭家珍听了这话，心里便有了主意。他回去后，立即借了一套军服，同时准备好了炸弹。晚上，在国光社碰头时，他便把自己的想法告诉大家。他说他打算冒充崇恭求见良弼，然后寻机将他炸死。

在说这番话时，彭家珍显然已是深思熟虑，下定了最后决心。说完之后，他便解下金表和金像盒交与付天民，托他转寄资中老家，交给朋友留作纪念。韩锋回忆说，他当时才二十一岁，看着彭家珍，心里很感动，便噙泪念了赵伯先送吴樾的那首诗："临歧握手莫咨嗟，小别千年一刹那。再见却知何处是，茫茫血海怒翻花。"彭家珍听了点头苦笑。

26日，刺杀行动付诸实施。彭家珍穿上借来的军装，佩上军刀，拿着崇恭的片子去找良弼了。他先去了良弼的办公室，但良弼却没有见他，让他有事晚上去家里谈。据李炳之回忆说，良弼当时看了片子，对他说，崇恭也是日本留学生，我和他不甚熟，不知来见我有何事。他不知道军谘府是军机密要的地方，不能随便会客么？

彭家珍在军谘府未能见到良弼，当晚便去了良弼家里。良弼家在西门大红罗厂。彭家珍乘马车前往时，参与行动的同志分散到报子胡同、帅府胡同东头、大拐棒胡同北头和小拐棒胡同西头打探消息，准备接应。谁知等了将近两个钟头，毫无动静。

事后才知道，彭家珍到良宅时，良弼去了肃王府还没有回来。接下去发生的事有两种说法。一种是：门房让彭在客室里等候，他说良大人过一会儿就会回来。过了一个多小时，门外响起了马车声——是良弼回来了。他的马车刚靠到门前的石阶上，彭家珍已经迎了出来。良弼这时左脚刚踏出车门，彭家珍便从怀里掏出炸弹扔了过去。只听轰的一声，良弼当时就倒下了，他的卫兵也被炸倒好几个。由于距离太近，彭家珍也不幸中弹牺牲。

另一种说法是：彭家珍去良弼家里，良弼不在。他等了一会儿，便乘车回去了，没想到在回去的路上看见良弼的马车回来了。彭家珍当时喊了一声"赉臣"，不知是没听见，还是其他原因，良弼的马车没有停，继续向前驰去。彭家珍急令车夫调转车头赶了上去。等到彭的车赶到良宅前，良弼已经下了马车，正踩着台阶向大门里走去。彭家珍跳下马车，在台阶下急急地投出炸弹，但炸弹碰到石阶上弹了回来。跟着，炸弹爆炸了。彭家珍当时就被炸倒，献出了生命，良弼也受了重伤。

整个行刺过程虽有细节出入，但结果却是相同的。彭家珍当场牺牲，良弼当时并未死，只是炸断了左腿。两天后，才在医院里咽气。

良弼死后，有人推测该案是袁世凯指使人干的，一时间传言甚多。一种说法是，良弼受伤住院后，西医替他做了手术，手术本来很成功，可在赵秉钧前往探望之后，情况却突然发生了变化。据说，赵推荐了一个中医，说是要替良弼解除体内的火毒，可良弼服药后不久便疼痛而死。舆论普遍认为，这极有可能是袁世凯买通医生在药里下了毒。

关于袁世凯害死良弼的说法，一直到民国后仍然众说纷纭。尽管彭家珍这时已被追认为烈士，可还是有人认为存在着一些难以解释的疑点。李炳之回忆说，民国成立后，他在参谋本部工作，经常看到一个四五十岁的四川人到部里来找陈宧，每月从陈那里领取一千块钱。陈宧当时是参谋次长，袁世凯的亲信之一。他亲口对李炳之说，这个四川人就是彭家珍的父亲。袁世凯为什么要给彭的父亲发钱？李炳之认为其中必有隐情。他认为杀良弼和杀吴禄贞一样都是袁世凯的阴谋。

但这种说法，并没有太多根据。至于人们为什么会产生这样的联想，原因就在于除掉良弼，有利于袁世凯。的确，良弼死后，朝中亲贵人人自危，惶惶不可终日。不久，溥伟、载泽也先后逃出北京，宗社党的势力几乎瞬间瓦解。局势急转直下，袁世凯逼宫的最后障碍也完全扫除了。

由于段祺瑞的通电和良弼之死，皇室高层已无人再敢反对共和。1月30日的御前会议充满了死亡的气息。本来反对退位的亲贵就占少数，现在死的死，跑的跑，留下来参会的王族亲贵们个个心存恐惧，面面相觑，几乎都成了哑巴。会场一片沉默。

过了许久，隆裕见没人吱声，便催促道："为什么都不说话呀？"

众人默然。

过了一会儿，隆裕又说："你们都说话呀？"

还是无人应答。

隆裕又气又急，说："你们都不说话，想让我一人承担啊！"说着，眼泪便止不住流下来。

从这一时刻起，清王室软弱的抵抗已经基本瓦解了。此后，退位与共和已不再是被讨论的问题。隆裕太后的精力也全都集中到了优待条件上。优待条件共三大部分二十款：一是关于皇帝的，二是关于皇族的，三是关于满、蒙、回、藏各族的。据叶恭绰回忆说，隆裕太后抠得很仔细，逐条逐句，反复提出修改。之后，又发给南方，南方提出意见后再发到北京，这样反反复复，来回七八次之多。袁世凯这时仍托病在家。

1月29日，隆裕要召见他，可他仍以病重无法应召为由在家调养。

2月5日，由于清廷对优待条件斤斤计较，没完没了地改来改去。时间一天天过去，南方等不及了，袁世凯也等不及了。于是，段祺瑞再次领衔前敌诸将打来通电，催发共和诏旨。而且，这一次措辞比1月26日的通电更为严厉。电中称："三年以来，皇族之败坏大局，罪难发数，事至今日，乃并皇太后、皇上欲求一安富尊荣之典，四万万人欲求一生活之路而不见允，祖宗有知，能不痛乎！……（祺）瑞等不忍宇内有此败类也，岂敢坐视乘舆之危而不救，谨率全军将士入京，与王公痛陈利害，祖宗神明，实式鉴之。挥泪登车，昧死上达。"

所谓"谨率全军将士入京，与王公痛陈利害"，这无疑就是兵谏了！这份电报一到，马上就起到了震慑作用。当天，隆裕太后对南方发回的优待条件就不再提意见了。

据段祺瑞的幕僚曾毓隽回忆说，这份电报是袁世凯为迫使清室退位，暗嘱靳云鹏（时任段祺瑞手下参议）携电稿至前线交段祺瑞，以前敌将领名义拍发。内有："陷九庙两宫为危险之地，此皆二三王公之咎也。"又有："三年以来，皇族之败坏大局，罪难发数。"此电着墨不多，极切要害。袁之出此，系再进一步威胁王公大臣也。

优待条件通过后,下边的事情就简单多了。退位程序迅速启动,最后只剩下退位诏书了。关于退位诏书,开始有人认为是阮忠枢起草的,因为袁世凯的重要文件,包括一些谕旨都是出自阮的手笔,但实际上阮忠枢并未参与此事。有的说,草稿是赵秉钧找洪述祖写的,后来交叶恭绰修改,可叶迟迟未动笔。最多的说法可能要算下面这一种了,即由张謇起草。张謇乃光绪年恩科状元,曾做过袁世凯的老师。这份诏书堪称"奇书",穷尽了中国文字的各种技巧,几乎每一句、每一个措辞、每一个段落,都有讲究。可以说,它综合了各方面的利益,兼容了各种想法和诉求,表面上波澜不惊,实则暗藏机锋,话中有话,令人叹为观止。特别是原稿中本无"袁世凯前经资政院选举为总理大臣。当兹新旧代谢之际,宜有南北统一之力,即由袁世凯以全权组织临时共和政府,与民军协商统一办法"一段,然而诏书正式发表时却加上了这一段。

这段是如何加上去的?说法也很多。有人说这段是由袁世凯身边的人,即汪衮甫、徐世昌所加。但袁世凯的亲信唐在礼回忆说,加上这段乃是隆裕太后的主意。太后在看了诏书后再三斟酌,认为没有这段不放心,她说:"这样下诏岂不是把天下双手交给革命党了吗?如果他们一翻脸,我们母子怎么活下去呢?"因此她两次提出要加上这样的句子,目的就是希望由袁世凯来主持共和。直到这时,她还抓着袁世凯这根稻草不放,岂不可悲?

袁世凯的计划顺利地迈过了最后一道坎。这对他并非一件易事。正如一个外国人指出的:"和平退位是通过可观的劝说技巧而实现的,使用了多种手段,包括恐吓、许诺。1912年1月在北京玩弄的这些复杂花招中,袁施展阴谋的才能充分表现出来。但是,绝不能认为他还有别的选择。"

公元1912年2月12日,这是清廷正式颁布退位诏书的日子。天刚亮,东华门外就已开始戒严。乾清宫宫门内东南角的廊子上(这里是候旨的地方)内阁大臣们穿戴整齐，早早地等候在这里了。他们是：外务大臣胡惟德、民政大臣赵秉钧、度支大臣绍英、陆军大臣王士珍、海军大臣谭学衡、学部大臣唐景崇、司法大臣沈家本、邮传大臣梁士诒、工农商大臣熙彦、理藩大臣达寿。所有的阁员都来了，只有袁世凯仍然托病未到。大约是心里有鬼，害怕面对太后，所以他便委托外务大臣胡惟德代替他接受诏书。

乾清宫是内廷重地，所谓"乾清坤宁，法象天地"，是皇权的象征。在乾清宫的旁边还有两座殿，东为江山殿，西为社稷殿，内供江山社稷之神，象征着皇帝对江山社稷的统治。然而，现在这一切都要结束了。

上午时分，宫里传出话来："太后即将御驾，请各位大臣上殿。"

于是，诸大臣在胡惟德的率领下鱼贯而入。殿内的御座前，四个太监站立两边。胡惟德走到离御座约一丈远处停下来，跟在后边的大臣们便依次走到胡惟德的两边，横列一行站好。在大臣的后边是四名侍从武官，他们穿着军装，佩戴军刀，笔挺肃立。

唐在礼就是这四名侍从武官中的一个。他回忆当时的情景说，待大臣们站立好后，一个太监入内请太后御驾。稍过片刻，有两个太监从里边先出来，在御座前分两边站好。接着，隆裕太后便出来了，跟她一起出来的还有小皇帝溥仪，在他们之后是几名扈从太监。

仪式很快开始了。胡惟德领着众人向太后三鞠躬。这是大臣们上朝第一次改变礼节，虽然他们身上穿的仍然是花翎袍服。隆裕太后点点头，作为还礼。之后，太后在正中落座，溥仪坐在她的旁边。

胡惟德上前一步，说："总理大臣袁世凯受惊之后，身体欠安，不能亲自见驾，叫我带领各国务大臣到宫里来给太后请安，给皇上请安。"

隆裕说："是。"

过了一会儿，隆裕从太监手里接过事先准备好的退位诏书，然后说："袁世凯世受皇恩，把这样的局面应付到今天，不容易了。为国家、为皇室都出了不少力。如今议和有成，能使南方满意，做到优待皇室等等条件，也是不容易的。我和皇上为了全国老百姓早一天得到安顿，国家早一天得到统一，过太平日子不打仗，所以我按照议和条件把国家大权交出来，交给袁世凯办共和政府。今天颁布诏书，实行退位，叫袁世凯早点出来，使天下早点安宁吧。"

隆裕说完，慢慢站起来，把手里的诏书递向胡惟德，接着说："胡惟德，你把我的意思告诉袁世凯，这道诏书也交给他吧。"

胡惟德毕恭毕敬地走到御座前，一边鞠躬，一边用双手接过诏书，并安慰了太后几句。宫内的气氛这时十分低沉，隆裕一副凄惨模样，溥仪则呆坐一旁。

胡惟德说完话后，隆裕不再说什么，之后便退朝了。

整个仪式进行得非常简短。这是隆裕太后和宣统皇帝作为皇太后、皇上最后一次召见，也是乾清宫作为皇权重地举行的最后仪式。

仪式结束后，一直捏着一把汗的胡惟德从宫中退下后暗自松了一口气。他领着众人直奔外交大楼袁世凯住处。在这里同样要进行一个交接仪式。大厅里已摆好条案，条案中间放着一个紫檀雕花的大帖架。卫队全副武装从大门口一直排到正厅。袁世凯早已等候在那里了，一直声称病体欠佳的他显得满面红光，镇静而沉稳。胡惟德领着内阁大臣们到达后，递交诏书的仪式就开始了。胡惟德双手呈上诏书，袁世凯略一躬身，恭恭敬敬地接过来，看也没看，然后就放到条案上的大帖架上。接着，胡惟德向袁世凯转达了太后的话。

袁世凯说："是。"

停了一会儿，他说大家辛苦了，请到后厅休息。交接就这样结束了。这是清王朝的最后晚餐。当天晚上，袁世凯剪掉了辫子。在剪辫子时，他哈哈大笑，显出了异乎寻常的高兴。唐在礼回忆说："袁的这种情况很难见到，后来也未曾见过。"

袁世凯终于如愿以偿了。第二天,清帝退位的消息开始传遍全国,传向世界。同日,孙中山履行诺言辞去临时大总统职务。两天后,十七省代表在南京投票选举大总统,袁世凯以全票当选,比孙中山当选时还多了一票。据说,查世界历史,满票当选为总统者仅华盛顿一人,因而此次袁世凯当选堪与华盛顿相媲美。当日,参议院在致袁世凯的电中把他誉为"世界之第二华盛顿""我中华民国之第一华盛顿",并称"统一之伟业,共和之幸福,实基此日"。电文最后欢呼:"共和万岁!中华民国万岁!"

中华民国的建立,标志着亚洲最早的共和国的诞生,也宣告了中国长达二千多年的封建统治的终结。这是一个伟大的时刻,但权力的交接却在紫禁城内悄悄完成了。这是一个鲜为外界所知的过程。整个过程都在袁世凯的秘密操控之中。无数先烈的流血牺牲,多少仁人志士的前仆后继,就这样在各种阴谋手段和暗箱操作中悄然改变了性质。在1912年的大动荡中,袁世凯成了最大赢家,这是历史的悲哀。

然而,历史的潮流谁也不能阻挡。随着1915年洪宪称帝失败,袁世凯最终被钉上了历史的耻辱柱,等待他的只能是历史的嘲笑和唾骂。

参考书目

赵尔巽等《清史稿》

小横香室主人《清朝野史大观》

孟森《清史讲义》

蔡美彪等《中国通史》

万依、王树卿、刘潞《清代宫廷史》

蒋焱兰、刘明军《太后下嫁之谜》

阎崇年《正说清朝十二帝》

（清）吴乘权等《纲鉴易知录》

（清）谷应泰《明史纪事本末》

（清）杨光先《不得已》

〔德〕魏特《汤若望传》

陈占山《杨光先评传》

顾长声《传教士与近代中国》

张承友、张普、王淑华《明末清初中外科技交流研究》

吕江英《康熙初年的历法之争与儒耶冲突》

郭廷以《太平天国史事日志》

简又文《太平天国全史》

罗尔纲《李秀成自述原稿注》

（清）赵烈文《能静居日记》

罗尔纲《太平天国史》

（清）刘体仁《异辞录》

王尔敏《淮军志》

苑书义《李鸿章传》

〔美〕费正清《剑桥中国晚清史》

翁飞《〈清实录〉所见刘铭传资料长编》

连横《台湾通史》

康有为《康南海自编年谱》

梁启超《戊戌政变记》

王照《小航文存》

黄彰健《戊戌变法史研究》

孙孝恩、丁琪《光绪传》

（清）恽毓鼎《崇陵传信录》

国家档案局明清档案馆《戊戌变法档案史料》

张国淦《北洋述闻》

袁克文《洹上私乘》

（清）罗惇曧《中日兵事本末》

张联棻《北洋军的建立》

蔡云万《蛰存斋笔记》

溥仪《我的前半生》

陶成章《浙案纪略》

故宫档案馆《徐锡麟安庆起义清方档案》

章炳麟《徐锡麟陈伯平马宗汉传》

凌孔彰《徐锡麟安庆起义纪实》

安徽省政协文史资料研究会编《徐锡麟发动安庆起义》

人尹郎《皖变始末记》

鹿钟麟《滦州起义的前前后后》

罗正纬《滦州革命纪实初稿》

胡赟《辛亥史话》

钱基博《吴禄贞传》

何遂《辛亥革命亲历记》

故宫档案馆《直隶起义清方档案》

故宫档案馆《关于南北议和清方档案》

张国淦《辛亥革命史料》

图书在版编目(CIP)数据

清朝大崩溃 / 季宇著. —南京:江苏凤凰文艺出版社,2019.4
ISBN 978-7-5594-3148-6

Ⅰ.①清… Ⅱ.①季… Ⅲ.①中国历史-清代-通俗读物 Ⅳ.①K249.09

中国版本图书馆 CIP 数据核字(2018)第 295689 号

清朝大崩溃
季宇 著

责任编辑	查品才
出版发行	江苏凤凰文艺出版社
	南京市中央路 165 号,邮编:210009
网　　址	http://www.jswenyi.com
印　　刷	南京新洲印刷有限公司
开　　本	718×1000 毫米　1/16
印　　张	14.75
字　　数	155 千字
版　　次	2019 年 4 月第 1 版　2019 年 4 月第 1 次印刷
书　　号	ISBN 978-7-5594-3148-6
定　　价	39.00 元

江苏凤凰文艺版图书凡印刷、装订错误可随时向承印厂调换